"流动的中国"丛书

LIUDONG DE ZHONGGUO CONGSHU

总策划 宁孜勤 卢海鸣

# 士商类要

（明）程春宇 辑

杨正泰 点校

南京出版传媒集团

南京出版社

图书在版编目（CIP）数据

士商类要 /（明）程春宇辑；杨正泰点校. -- 南京：

南京出版社，2019.8

（流动的中国）

ISBN 978-7-5533-2601-6

Ⅰ.①士… Ⅱ.①程… ②杨… Ⅲ.①商业经营—古

籍—中国—明代 Ⅳ.①F729.2

中国版本图书馆CIP数据核字（2019）第121358号


丛 书 名：流动的中国
书　　名：士商类要
作　　者：（明）程春宇
点　　校：杨正泰
出版发行：南京出版传媒集团
　　　　　南　京　出　版　社
　　社址：南京市太平门街53号　　　　　邮编：210016
　　网址：http://www.njcbs.cn　　　　　电子信箱：njcbs1988@163.com
　　天猫1店：https://njcbcmjtts.tmall.com/　　天猫2店：https://nanjingchubanshets.tmall.com/
　　联系电话：025-83283893、83283864（营销）　025-83112257（编务）

出 版 人：项晓宁
出 品 人：卢海鸣
责任编辑：汪　枫
装帧设计：王　俊
责任印制：杨福彬

制　　版：南京新华丰制版有限公司
印　　刷：南京工大印务有限公司
开　　本：890毫米×1240毫米　　1/32
印　　张：7.625
字　　数：190千
版　　次：2019年8月第1版
印　　次：2019年8月第1次印刷
书　　号：ISBN 978-7-5533-2601-6
定　　价：45.00元

天猫1店　　　　天猫2店

# 总　序

　　人流、商品流、资金流、信息流,是现代社会经济活动的主形式、主渠道、主脉搏和主动力。而在明清时期,借助于各地陆路交通、自然河流和人工运河的便利,邮驿、漕运、盐运、各种贸易物资的运输,以及不同人群的往来,对封建王朝的政治统治、国防军事、经济命脉、社会稳定等,起到了十分重要的作用。"驿通四方""邮传万里",偌大的中国,仿佛在普遍的"流动"中维系着社会经济的稳定与前行。

　　回顾历史,在自给自足为主的农业社会里,大多数百姓并不能随意流动,商人往往成为商业流动和社会流动中最活跃的因子。为了便于外出经商活动,明清时期一些走南闯北的商人在注意收集各地程图路引的同时,还通过各种渠道广泛了解当地的风土人情,这些内容构成了日后他们所编纂的商书的主体。从存世的明清商书中,我们能够窥见"流动的中国"的社会经济生态,获取破解封建社会经济发展的密钥。

　　"流动的中国"丛书,选取明清时期四种经典的商书,包括明代佚名编《寰宇通衢》、黄汴纂《一统路程图记》、程春宇辑《士商类要》以及清代吴中孚纂辑《商贾便览》。其中,《寰宇通衢》是记述明初驿站驿路的专书,《一统路程图记》是我国现存最早的商旅交通指南,《士商类要》是明代商书的代表作,《商贾便览》是清代商书的代表作,都具有很高的史料价值。为了更好地发挥丛书的作用,我们邀请致力于明清商书研究三十余年的杨正泰教授,通过整理点校的方式,将原先难得一见、不易阅读的古籍文献,打造成适于广大具有中等以上文化程度读者阅读的普及性读物。

为了尽量保持原书的面貌,除了必要的校注外,我们确定了如下整理原则:书中的通假字、异体字径改;可以确定的错漏字直接补上,无法臆补的用方框表示。为节省篇幅起见,丛书校注中的常用书名皆改用简称,如《明实录·太祖实录》作《太祖实录》,《明实录·太宗实录》作《太宗实录》,其他类推;《寰宇通志》作《寰宇志》;《读史方舆纪要》作《纪要》;《嘉庆重修一统志》作《清统志》;《古今图书集成》作《图书集成》;《一统路程图记》作《路程图记》;《天下路程图引》作《路程图引》;新安原版《士商类要》作《士商类要》;《新刻水陆路程便览》作《路程便览》,等等。

总之,我们希望这套丛书的出版,能为读者了解明清时期的山川地理、商业发展、社会经济、民间生活,描绘"流动的中国"意象提供帮助,同时也为专业人员研究明清交通史、商业史提供便利。

# 导　读

　　《士商类要》是明天启六年(1626)文林阁唐锦池刻印的士商用书。

　　作者程春宇是新安人。明归有光《震川先生集》卷一三《白庵程翁八十寿序》云："新安多大族,而其地在山谷之间,无平原旷野可为耕田,故虽士大夫之家,皆已畜贾游于四方,倚顿之盐,乌倮之畜,竹木之饶,珠玑犀象瑇瑁果布之珍,下至卖浆贩脂之业,天下都会所在,连屋列肆,乘坚策肥,被绮縠,拥赵女,鸣琴跕屣,多新安人也。"汪、程是新安大姓,据归有光考证,"程氏由洺水而徙,自晋太守梁忠壮公以来,世不乏人,子孙繁衍,散居海宁、黔、歙间,无虑数千家。"程春宇可能是其一支。程春宇生卒年无考,只知他"蚤失所天,甫成童而服贾,车尘马迹,几遍中原。"(《士商类要》叙)新安商人"乐与士大夫交",粗通文墨者甚多,程春宇也是其中一位。长期的经商生涯,使他对各地"土俗之淳漓,山河之险易,舟车辐辏之处,货物生殖之区",皆有所阅历,他又爱好推求天文、地理、古迹、遗墟,以及故老传闻,这就为他晚年著述积累了丰富的素材。"倦游税驾,息影风尘"之后,他遂"著述立言","取生平睹记,总汇成编",撰成是书。

　　新安原版《士商类要》四卷。卷首有图,目录载三幅,实际仅二幅。第一、二卷中,一卷半的文字记载水陆里程,在书中所占的篇幅最多;另外半卷记载《客商规略》《杂粮统论》《船脚总论》《为客十要》《买卖机关》《贸易赋》《经营说》《四时占候风云》等,皆直接与经商有关。卷三为商人须知的各种常识,包括地理知识、历史知识、运粮船数、王府分布情况、王子王孙官职俸录、文武官服式和科举成式。卷四内容与商人自我修养有关,较为庞杂,从《乾坤定位》《人伦三教》,到《起居之宜》《四时调摄》,乃至《四季杂占》《禁作无益》等,几乎都有。《士商类要》在当时很有实用价值,正如方一桂指出的那样,它"虽非紫府列三星刻石之文,青丘发六甲飞灵之字,然皆为士商切要,政犹之布帛菽粟,利用甚宏"。(《士商类要》叙)后来曾多次翻刻,在士商中广为流传。《士商类要》虽然未收入《四库全书》,但是它对社会经济的发展曾起过积极作用。用今天的眼光看,其文献价值也不低于其他史书。

　　《士商类要》是明代商书中编得较好的一部。笔者曾撰文论述过它和《一统路程图记》的资料价值、编著特点、与其他文献的关系,载于上海古籍出版社出版的《明代驿站考》和南京出版社出版的《一统路程图记》前言中,这里不再重复。《士商类要》保存的珍贵资料还有许多,例如它辑录的一百条水陆路引,可与《一统路程图记》相互补充,彼此验证;它记载的天启年间各府州县官吏的实际配备员额,可与《明会典》法定员额比较,供研究当时吏治作依据;它保存的天启五年(1625)以前历科会元、状元、榜眼、探花的名单很完整,可供研究明代科举制度和校勘古籍参考;它收录的鉴别货物优劣的各种办法,民间防潮、防霉、防舞弊的经验,至今仍然可用;

为帮助士商记忆历史知识和各种地名而编写的地名诗和路程歌也很有特色。又如它保存着川江段十分完备的洲、滩、碛、石等小地名,修建葛洲坝和三峡大坝后,大多洲、滩、碛、石均已淹没,若需查证这些河段以前的地形地貌,则非借助此书不可。再如今浙江千岛湖乃一人工淹没的水库,成湖前的村落和交通道路情况如何,亦可从书中探寻。它如尹喜留老子著《道德经》的讲经台、楚霸王自刎之处、汉甘罗墓在何方、杨六郎把守的"三关口"在哪里,书中皆有所记,可供读者参考。卷二至卷四收录了大量反映明代民风民俗和社会生活的资料,富有研究价值,今人应取其精华,去其糟粕。

《士商类要》成书的年代,卷首题天启丙寅(即天启六年),而卷内又有"当今七年"及"崇祯□年"字样,两者自相矛盾。一种可能是该书于天启六年辑成,次年(1627)七八月间定稿付梓,当时适逢天启、崇祯二朝更迭,故有天启和崇祯年号并存的现象。

新安原版《士商类要》现藏于日本东京大学东洋文化研究所图书馆。1987年,日本斯波义信教授将它的复印本寄赠谭其骧教授,这次整理就是利用谭其骧教授赠我的复印本点校排印的。整理本将双行小字改成单行。

又,本书卷三的文字过于简略,如果不加注释,一般读者很难了解它们的含义。现举例如下,供读者参考。

如:"济南府三同、六判。经、照。马政、料价、水利,岫嵝、辽阳、广宁管粮。临淄。辖四州二十六县。粮八十五万一千六百零。历城二丞。长山少主。章丘全。新城少丞。新泰一典。德州二判。"

三同、六判:三名同知、六名通判的简称《明史·职官志》:府"有知府一人,正四品;同知,正五品;通判无定员,正六品;推官一人,正七品"。此云济南府实际在任的官员人数。

经、照:经历、照磨的简称。《明史·职官志》:府属有"经历司经历一人,正八品;知事一人,正九品;司狱司司狱一人"。此云济南府实际在任的吏员人数。

马政、料价、水利,岫峪、辽阳、广宁管粮:指同知、通判分掌的工作。《明史·职官志》:"同知、通判分掌清军、巡捕、管粮、治民、水利、屯田、牧马等事。无常职,各府所掌不同,如延安、延绥同知又兼牧民,余不尽载。无定员,边府同知有增至六、七员者。"此云济南府同知、通判的分工情况。

临淄:济南府古名。

粮八十五万一千六百零:岁纳粮数。《明史·职官志》:"洪武六年分天下府三等:粮二十万石以上为上府,知府秩从三品;二十万石以下为中府,知府正四品;十万石以下为下府,知府从四品。已,并为正四品"。此处又有表示济南府级别的含义。

二丞:二名县丞的简称。《明史·职官志》:县有"知县一人,正七品;县丞一人,正八品。其属典史一人"。又云:"知县掌一县之政。县丞、主簿分掌粮马、巡捕之事。典史典文移出纳。如无县丞,或无主簿,则分领丞、簿职。县丞、主簿,添革不一。若编户不及二十里者,并裁"。此云历城县有二名县丞在任。

少主:缺少主簿。

全:官吏齐全。

少丞:缺少县丞。

一典:一名典史。

二判:二名通判的简称。《明史·职官志》:"凡州二:有属州,有直隶州。属州视县,直隶州视府,而品秩则同。同知、判官,俱视其州事之繁简,以供厥职"。又云:官有"知州一人,从五品;同知,从六品;判官无定员,从七品。里不及三十而无属县,裁同知、判官。有属县,裁同知"。此云德州在任通判有二名。

又如:"应天府尹、丞、治中、二判。全。江防、马政。金陵。建康。南京神策、英武卫、江阴、应天、虎贲左、横海。"

尹、丞、治中、二判:府尹、府丞、治中、二名通判的简称。《明史·职官志》:应天府有"府尹一人,府丞一人,治中一人,通判二人,推官一人;经历、知事、照磨、检校各一人"。此云应天府实际在任的官员人数。

全:指经历、知事、照磨、检校等吏员齐全。

江防、马政:二名通判分掌之事。

金陵、建康:应天府古名。

南京神策、英武卫、江阴、应天、虎贲左、横海:应天府境驻守诸卫的名称。

1994年6月和2006年11月上海古籍出版社出版《士商类要》(《明代驿站考》附录和《明代驿站考》增订本附录)时,皆为繁体汉字直排本,今南京出版社出版本书单行本时,已改为简体汉字横排本。在这次整理工作中,又调整了一些原来不尽合理的断句和标点符号,以及校勘中的疏漏。若有失误和欠妥之处,恳请读者不吝教正。

杨正泰

2019年2月于上海兴国路寓所

# 《士商类要》叙

　　暮春游艺金陵,问烟雨于鸡鸣山阁,适春宇程君远访话旧,沽酒相觞,抚景兴怀,真令人起千古几凭栏之慨。既而出奚囊相示,种种集自婆心,余因进蕉叶数四,而深叹赏曰:"人世虚华,转盼同归于尽,譬之轻尘栖弱草耳。唯是著述立言,庶分三不朽片席。君今所撰者,虽非紫府列三星刻石之文,青丘发六甲飞灵之字,然皆为士商切要,政犹之布帛菽粟,利用甚宏,奚羡夫火浣、冰蚕、龙鲊、肉芝之为珍异也。"盖君遭险衅,蚤失所天,甫成童而服贾,车尘马迹,几遍中原,故土俗之淳漓,山河之险易,舟车辐辏之处,货物生殖之区,皆其目中所阅历;至于天文、世代、古迹、遗墟,又悉心推测访求,或得诸故老之传闻,或按残篇之纪载,旁搜广摭,不啻若铁网取珊瑚,靡所漏佚。今虽倦游税驾,息影风尘,然一腔觉世深情,郁而不吐,则无以写照送怀,于是取生平睹记,总汇成编。余以斯集行,而旅客携之以游都邑,即姬公之指南、魏生之宝母在是,又奚事停骖问渡,而难取素封之富者乎!愿亟命之剞劂氏,以悬之国门,慎毋效中郎帐底秘《论衡》,淮南枕中藏鸿宝可也。程君益掀髯大喜,复进蕉叶酢余,曰:"成吾志者,方生也。乞为引其端,使斯集不至覆酱瓿甚幸。"余故托麴生之兴以应之。

天启丙寅岁孟秋朔日,古歙方一桂丹实氏题于秣陵鸡鸣山凭虚阁。

# 目　录

以上一卷之五十三皆江南水陆路程，二卷五十四之一百皆江北水陆路
程。《客商规略》、杂纪附于二卷之后，观者宜按此目录而查，庶乎其不差矣。

## 卷三

# 卷一

## 舆地图说

先王分天下为九州，或十二；或五服、六服、九服。《禹贡》止九州，冀、兖、青、徐、豫、荆、扬、梁、雍也。禹治水，后分冀州为幽州、并州，分青州为营州，肇十二州是也。五服：商在五服。侯、甸、男、采、卫也。《书》弼成五服。六服：王畿、侯、甸、绥、要、荒也。《书》六服承德。九服：周九服。侯、甸、男、采、卫、蛮、夷、镇、荒也。**汉承乎秦，分为十二部焉。唐承乎隋，分为二十六路焉。要之，两汉比迹夏、商，唐虽东则不及汉，而西实过之，若宋则北无燕、云，西无宁夏，斯不足论矣。**秦并天下，裂都会于郡邑，分为二十六部。汉因而仍之。隋混一天下，分舆地为二十六路，而唐高祖仍因之。两汉舆图之阔，与夏、商比隆。唐朝西边之所得，多不及汉，而东之上壤则又过之。前宋则燕、云，宁夏皆未曾得。**我国家混一区夏，削平僭逆，建两京十三省，盖唐、虞所不能臣，《职方》所不能载者，靡不归我版图，覃被德化。**我国家混一区宇，追逐元君，一战而平陈友谅，再战而克张士诚，命永忠而明玉珍降，遣汤和而方国珍窜，攻闽广而陈友定擒，击秦陇而李思齐破，指汴洛而左君弼归，收巴蜀而明升服，削平盗字、窃号、僭逆之徒，而建南北二京及十三省焉。**是故今之京师，即古之冀州地，而山西亦其境也。**京师北京，古幽、冀地，左环沧海，右挽太行，北枕居庸，南襟河淮，形胜甲天下，即辽、金、元旧都。而山西，古冀州地。虞分置并州，封周叔虞，曰唐国。春秋为晋。战国属赵。秦曰太原。**今之南京，即古之扬州地，而浙江、江西亦其境也。**

南京,《禹贡》扬州之域。春秋属吴;战国属越,后属楚。成王制金陵,秦始皇改曰秣陵,属鄣郡。汉属丹阳。吴自京山徙都于此,曰建业。晋曰建康。陈曰蒋州。唐曰江宁,又曰昇州,太祖定都于此,永乐中建都北平,此遂为南京云。浙江、江西,皆属扬州之域。浙江,春秋吴、越。战国楚。秦属会稽。东汉属吴。陈曰钱塘。隋曰杭州。唐曰余杭。宋高宗南渡,曰临安。江西,春秋、战国为吴、楚之交。秦九江。汉豫章。晋江州。隋、唐曰洪州。南唐曰南昌。宋曰隆兴。**今之山东,即古青州地,而陕西则古雍州也。**山东,《禹贡》青州之域。春秋、战国并齐。秦为齐郡。汉初,为济南国。魏曰齐州。唐曰临淄。陕西,古雍州域。周王畿。秦曰关中。汉曰渭南,曰内史。东汉曰雍州。自周、秦、汉、晋、西魏、后周、隋、唐,并都于此。**今之河南,即古豫州地,而湖广则古荆州也。**河南,古兖、豫二州之域。春秋,郑、卫、陈。战国,魏都此,曰大梁。秦属三川。汉曰陈留。东魏曰梁州,曰开封。后周、隋、唐,曰汴州。五代梁,曰东京。金曰南京。元曰汴梁。湖广,《禹贡》:荆州之域。周夷王属楚,楚自熊渠封其子江为鄂王,始名鄂渚。春秋曰夏汭。秦属南郡。汉曰江夏。三国吴曰武昌。刘宋曰郢州。隋、唐鄂州。五代唐曰武清。**今之四川,即古梁州地,而云南则其裔境也。**四川,梁州之域。古蜀国。秦曰蜀郡。汉曰益州,玄德都此。晋曰成都,曰锦城。唐曰剑南,曰南京,曰西川。云南,梁州界,古徼外西南夷所居。楚庄跻西略,王其地,曰滇国。汉曰益州,武帝朝,彩云见南中,云南之名始此。蜀汉曰建宁。晋曰宁州。隋曰昆州。唐初曰南宁,后为蒙氏据,分立六诏,而南诏最强。元曰中庆。**今之福建,即古闽越地,而广东、广西则百粤也。**福建,《禹贡》扬州之域。周时,七闽地。秦曰闽中。汉初,封无终为闽越王,都此。晋曰晋安。隋曰闽州,曰泉州。唐曰建州,曰福州,曰长乐。宋曰盛武。广东,扬州之南境。春秋为南越,旧称羊城。秦置南海郡,赵佗窃据,汉武帝收复。三国吴曰广州。隋曰番州。唐曰清海。广西,《禹贡》荆州之域。古百粤地。战国为楚、粤之交。秦桂林。东汉、三国吴曰始安。梁曰桂州。唐曰建陵。宋曰静江。**今之贵州,即古西南夷地,所谓罗施鬼国者也。**贵州,乃荆、梁二州之南界。本西南夷罗施鬼国地,属牂牁,即宋置大万谷乐总管。元改顺元路,隶湖广。**观之高阳之际,海裔来同,万里广愉,一统文**

轨。颛顼、高辛氏海裔来同，言北至幽陵，南至交趾，西至流沙，东至蟠木，莫不统属，而车同轨，书同文，天下一统矣。**唐、宋而下，东南衣冠之地，皆往古之蛮夷，西北左衽之乡，尽先王之都邑。苟天下之所弃，何有于华夏，天之所佑，何有于蛮荒。**东南衣冠文物之邦，亦是古之夷狄，而西北被发左衽之乡，亦是古之都会，顾天之佑不佑何如耳。天之所弃，何有于中国，设为天之所佑，何有于蛮夷。**如海表、蟠木之地，高阳之疆理也，而唐、虞弃之，无害其为荡荡巍巍之功。**海表，海滨之极界也。蟠木，东海中有山，名度索，上有大桃树，蟠屈三十里，故云。是颛顼之所臣服者，而尧、舜弃之，不损其为至治。**辽东，营州之地，唐、虞之疆理也，而隋、唐弃之，无害其为开元、贞观架克之隆。**辽东营州，自古所臣，附于中国。隋、唐时，辽东安市，高丽延寿、惠真等，拥众称帝，唐太宗发兵征之，竟不能成功。叹曰："魏徵若在，不使朕有此行也。"贞观，太宗年号。开元，玄宗年号。**燕云、河湟之地，隋、唐之疆理也，而宋朝弃之，无害其为圣圣承承百有七十年太平极治之烈。**燕云、河湟二地，皆隋、唐之地界，宋时已属金矣。故岳飞曰："唾手燕云，终欲复仇而报耻。"宋太祖至徽、钦，百有七十年。**如陕右、山南之地，夏、商以前，蛮夷之域也，而姬周资之，以兴王业。**陕右、山南，古夷狄地，后附于周，反得之以资王业。**剑南、岭表之地，姬周以前，蛮夷之域也，而秦汉辟之，以致富强。**唐曰剑南，即古蜀国。今成都府。岭表，即岭南，宋岭南立石寨。成汤以来，未尝属中国，拓其地自秦，汉始而得之，以致富强。**海隅、七闽之地，秦、汉以前，蛮夷之域也，而隋、唐理之，以臻盛美。**海隅，翰海地。七闽，闽于周分为七种，故云。今福建是也。秦、汉以前，埒为夷狄，而隋、唐得之，因致隆盛。

大明舆地，东起朝鲜，西至嘉峪，南尽滨海，北连沙漠，道路纤萦各万余里。其疆理之制，则以京、畿、府、州、县直隶六部，人□府州县分为十三布政司以统之，都司、卫、所又备置于其间，以为防御，犄与密哉。今据其图刻之，俾□路经者阅其图，则知某处在某方，以便易识云。

# 輿地總圖

契丹　鎮北關　丹　女直　日本　琉球

奴兒哈見　臨潢　遼陽　朝鮮　寧波　台州　嘉興　廣寧

山海關　永平　青州　登州　淮安　蘇州　松江　浙江杭州府　紹興　處州

單于　燕然　兗州　山東濟南府　揚州　鎮江　常州　衢州　金華　溫州

居庸關　順天府　北京　東昌　盧州　南京應天府　寧國　廣德　慶　福建福州府　建寧　興化　泉州

河間　保定　大名　鳳陽　安慶　太平　池州　饒州　臨安　建昌　延平　汀州

真定　順德　彰德　開德　黃州　江西南昌府　瑞州　袁州　吉安　南康　漳州　惠州

大同　廣安　衛輝　懷慶　德安　承天　荊　長沙　潮州　南雄　肇慶

韓峰　山西太原府　平陽　河南開封府　汝寧　襄陽　湖廣武昌府　韶州　廣州府　瓊州

賀蘭山　冀　汾州　南陽　荊州　常德　岳州　衡州　永州　廣　雷州　南寧

河華　延安　西安府　漢中　重慶　辰州　鎮遠　黎平　梧州　平樂　福州

慶陽　鳳翔　思南　貴州貴陽府　思州　廣西桂林府　南寧　太平

臨洮　平涼　寧　敘州　遵義　銅仁　石阡　鎮安　柳州　大同明

土魯番　嘉峪關　松潘　四川成都府　梁　馬湖　楚雄　澂江　廣西　廣南

哈烈　玉門關　西番　德安　江源　雲南雲南府　臨江　沅　順化　景東

昆侖山　大理　鎮沅　蒙化　永寧

# 九州图说

黄帝经理天下,立为万国。少皞氏之衰,其后制度无闻。黄帝有熊氏始立制度,经理天下,置野分州,得百里之国万区,命赵营国□置左右监,监于万国,万国以和。少皞金天氏,黄帝之子玄嚣也。少吴氏衰,九黎乱德,天下之相惧以人,相惑以怪,而制度无闻矣。颛帝之所建,帝喾受之,创制九州,统领万国,北至于幽陵,南至于交趾,西至于流沙,东至于蟠木。颛顼、高辛氏教化大行,北至幽陵,南至交趾,西至流沙,东至蟠木,动静之物,小大之神,日月所照,莫不隶属。在位七十八年崩。少吴孙帝喾□之九州,冀、兖、青、徐、雍、豫、梁、荆、扬也。幽陵,邑名,即顺天府。流沙,在张掖居延县。蟠木,注在前。唐尧遭洪水,而天下分绝,使禹平水土,还为九州,置五服。舜即位,分置十二州。唐尧之时,洪水为灾,天下已分绝矣。使禹治之,随山刊木,平治水土,分别土地,还为九州,则知地势之高下,以施治水之功矣。五服:甸服、侯服、绥服、要服、荒服也。十二州:九州之外,有加幽州、并州、营州也。夏氏革命,又为九州,涂山之会,亦云万国,四百年间,递相兼并。虞舜禅位于禹,禹复分天下为九州,及会诸侯于涂山,执玉帛者万国,而防风犹有后至之诛。夏得四百五十八年,其后夏政即衰,诸侯互相兼并。商汤受命,其能存者三千余国,亦为九州,分统天下。成汤革夏,受命而为天子,先伐韦,载伐顾,三伐昆吾,爰及夏桀,其能存者,仅三千余国,亦分天下为九州。周初尚有千八百国,而分天下为九畿。至成王时,亦曰九州,属职方氏。及获麟之末,诸侯相并,见于《春秋》经、传者百七十国焉。战国时,惟存七国。周之初,褒封帝王之后及辅佐之臣七十二国,封兄弟之国十五人,封姬姓之国四十人,凡千八百国。九畿中,千里为王畿,外曰侯、甸、男、采、卫、蛮、夷、镇、藩也。成王之时,职方所掌亦是九州,扬、荆、豫、青、兖、雍、幽、冀、并。视尧时,废徐、梁,增幽、并。自春秋西狩获麟之后,诸侯互相兼并,《春秋》所载尚有百七十国焉。至战国时,止存齐、楚、燕、韩、赵、魏、秦七国而已。秦制天下为四十郡,都关中。其地则西临洮而北沙漠,东萦南带,皆临大海。秦并六国,分天下为四十部（郡），建都关中，即今陕西是也。西极临洮之地，北极沙漠之远，东至漤邑，南至带地，四面皆临大海，东西九千里，南北则三千里。**汉兴，加置郡国，为十三州部。至哀、平之际，凡新置郡国六十三，亦都关中。光武并省郡国，其后亦为十三州部。渐复加置，至灵、献，郡凡百有五焉。后汉都河内，东乐浪郡，西敦煌郡，南日南郡，北雁门郡，四履之盛，与前汉同。三国分峙。**汉高帝起丰沛而有天下，置司隶、并、荆、兖、豫、扬、冀、幽、青、徐、益、交、凉十三州部。每州有一刺史，至汉哀帝、平帝时，王莽擅权，新置郡国六十有三。及光武帝中兴，旧制渐减。及至灵帝、献〔帝〕时，官爵泛滥，州部加至百有五焉。河内，魏地。乐浪，东夷地，今属〔朝〕鲜。汉武置乐浪郡。敦煌，属郡地名，原西羌也，内存玉门、阳关在内。日南，本秦象郡，以地在日之南界。雁门，梁州有雁塞山，有大池水，雁栖集之，故名。分峙，言蜀、魏、吴宰割山河，三分鼎峙。**晋武平定天下，分为十九州部，都洛阳。永嘉东渡，境宇殊狭，九州之地有其二焉。**司马炎代魏而有天下，国号晋，庙号武帝，分天下为十九州，建都河南之洛阳。瑯琊南渡，典午中微，天下土宇，十分之中仅有其二。**六朝偏安江左，皆建都金陵，即今南京，诸葛亮所谓"钟山龙蟠，石城虎踞，真帝王之居者"，此也。**南北朝：南朝晋、宋、齐、梁、陈居江左；北朝晋初渡，拓跋建国为元魏，后有东魏、西魏、北齐。后隋文帝取后周，封平陈而南北混焉。战国楚威王时，以其地有王气，埋金以镇之。诸葛亮谓"龙蟠虎踞"。而我朝冯国用亦曰："金陵龙蟠虎踞，其帝之都，愿先拔金陵而定鼎，然后命将四出。"**隋迁都长安，遂废诸郡，以州治民，炀帝移洛阳，东西九千三百里，南北万四千八百十五里，隋氏之盛，极于此矣。**南朝已先都江左，隋文帝杨坚得天下，南北混一，土地最广。前汉东西九千三百二里，而隋东西九千三百里，汉南北万三千三百六十六里，而隋南北万四千八百十五里，可谓极盛矣。**唐都长安，因山河影使，分为十道，南北如前汉之盛，东不及而西则过之。**唐高祖李渊受隋禅，立都长安，因地势之广狭，分天下为十道。言西过于汉者，惟开元盛时如此，后亦不然。**宋分天下为十五路，后又增为十八路，因五代之旧而都汴梁，东南皆既于海，西尽巴夔而无灵武，北际中山而无燕云。仁宗朝，范**

仲淹议修洛阳，为徙都关中之渐。其说不行，于是再和再退，定鼎钱塘，而疆舆日促矣。宋太祖兴，都于汴梁，虽西尽巴蜒，北际中出（山），而无灵武，无燕云，亦偏安一隅耳。虽仁宗朝已有修洛阳之议，而竟不行其说。后为金人所迫，朝请和，暮迁都，徙于杭州，迁于金陵，而疆场日促矣。**元并天下，定都于燕，即今北京，苏秦所谓"天府百二之国"，杜牧所谓"王不得不可以为王者"，此也。**元得天下，定都北京。**我太祖始都金陵，文皇帝迁都北平，并建两京，分天下为十三道，而一统之业成矣。**太祖高皇帝定鼎金陵，长江绕其西北，连山绕其东南，钟山龙蟠，石城虎据。成祖文皇帝迁都北平，都北京，北系重关叠嶂以界胡，南通漕河邮驿以受贡，左环沧海，右拥大川，苏秦所谓"天府百二之国"也。两京并峙，而分天下为江西、浙江、福建、湖广、河南、陕西、山东、山西、广东、广西、四川、云南、贵州十三道焉，天下一统矣。

# 九边图说

**国初，以辽东、延绥、宣府、大同、宁夏、甘肃为六镇，其后更置蓟州、榆林、固原为九边。**国家驱逐胡元，混一区宇，山川联络，列镇屯兵，带甲六十万，据大险以制诸夷。初设辽东、宣府、大同、延绥四镇，继设宁夏、甘肃为二镇，其后更置蓟州，专令文武大臣镇守提督之。又以山西镇抚统驭偏头三关，陕西镇抚统驭固原，亦称二镇，遂为九边。**辽东夷情与诸镇异，处置得宜，足制其心，但常革马市之奸欺，纠验放之抑勒，塞请开之贡路，禁驿传之骚扰，增台军之且给，教百姓之储蓄也。**辽东，《禹贡》青、冀二州之域。我朝设安乐、自在二州，以处附内夷人。其外附者，东北则建州、毛怜、女直等卫，西北则朵颜、福余、泰宁三卫，分地授官，互市通贡，事虽羁縻，势成藩蔽。但辽东夷性与诸镇异，要在随势安束，处置得宜，先事申严，防守不惰，恩威并立，是制其心耳。革马市六事，专制一方者，不得不任其责矣。**蓟州地方，黄花镇拥护陵寝，潮河川密迩边关，非召兵垦田、积谷、建墩，难以守矣。**蓟州，京师左辅也。黄花镇拥护陵寝，京师后门。

今本兵逃亡,止余二百,谓宜更番增戍。而关外闲田,可募为兵积谷垦田可矣。潮河川,残元避暑故道,尤为虏冲,作桥则浮沙难立,为堑则涨水易淤,都御史洪钟虽设有关城,势孤难守,今须塞川,大建石墩数十,令其错综宛转,不碍水路,庶几可以久矣。

**宣府,汉之上谷。土木之变,此地益重。若补张峪城、镇边城之募军,修浮图峪与插箭岭之防守,不可已也。**宣府,汉上谷郡也。去京师不四百里,锁匙之地,要害可知。土木之变,独石八城皆破,虽旋收复,而宣府特重矣,第不可不为经画者。若曰长峪城、镇边城两处之募兵,当补浮图峪、插箭岭二地之防守,当重留茂山卫京操之士,以益紫荆;筑李信城交界之堡,以固两镇,此不可已矣。**大同川原平衍,大寇屡至,偏头、宁武、雁门三关最为难守。兹者五堡修复,藩屏既固,内境虽曰稍安,但大边之外,即为丰州,地方饶沃,黠虏驻牧,于此厝火积薪,不可不深虑也。**大同,古云中地,川原平衍,故多大举之寇,偏头、宁武、雁门三关,各称要害,而偏头迫近黄河,焦家坪、娘娘滩、羊圈子等处,皆套虏渡口,往来蹂躏,藏无虚日,尤为难守。五堡,弘赐堡、镇川堡、镇边堡、镇虏堡、镇河堡,虽云修复,而灵州在大边外,虏人住牧于此,乘虚而入,不可不虑。**延绥襟带千里,当一面之险,自徙镇榆林,内地久安,后虏据河套,边境多事,议者谓青山隘口为虑,必由之地。若屯置军器,修筑边城,刍粮克足,水陆并运,榆林可长且无事矣。**榆林,旧治绥德,袤延千里,当一面之险,虏轻骑入掠,镇兵御之,每不及而返。成化九年,都御史余子俊建议徙镇榆林堡,襟吭既援,内地遂安。自我朝失河套之后,边境渐尔不宁,然青山隘口乃虏人出没之地,愚谓榆林地险而防严,将士敢勇,故当屯置军器,修筑边城,则捍御不难。且镇城远处于不毛,军众仰哺于腹里,生理既难,粮道又难,故要刍粮饶足,水陆并运,则可保长无事。**宁夏花马池一带,旧为虏冲,因近前后大臣建议,择地设官,分屯驻兵,亦既得地利矣。若贺兰山诸口尽建墩堡,铁柱泉近地设兵据守,不惟得扼吭先制之策,且榆宁应援相及,亦常山蛇势也。**宁夏,古朔方、河西地。国初,置宁夏等五卫,西北据贺兰山,东南带黄河,内有汉、唐二渠,险固饶沃。自虏入套以来,边患渐剧,而清水、兴武、花马池一带,尤称要害。近时廷臣建议,择花马池便利之地,添设参将、游击,总制居之,分屯重兵,于清水、兴武等营二百里内,旗帜相望,刁斗相闻,得地利矣。乃贺兰山诸口大建城堡,其铁柱泉等处水草、大路,设兵据守,此不惟得扼吭先制之计,东援榆林,西援宁夏,亦常山蛇势也。**甘肃四郡孤悬凡二千里,经制长策,自古已难。哈密藩篱,陷于土鲁番久矣。恢复之议,自先朝大臣马文升、许进讨平之,后又经彭清经略,王琼抚绥,竟不能服。盖在彼则丧亡殆尽,而在我则劳费无赀也,此当在所缓,明矣。其后复本色以给边塞之储,则宪臣之策是也;增兵嘉峪关以为内外之防,则辅臣之策是也。** 甘肃,汉河西四郡地,武帝所开,以断匈奴右臂者。自固镇起,至嘉峪关几二千里,惟一线通道,西控西域,南蔽羌戎,北捍胡虏,称孤悬重镇。哈密,甘肃藩篱,诸番领袖,成化以来,陷于土鲁番。恢复之议,又厪累朝,虽其后马文升询袭杀牙兰之策于杨翥,奏敕巡抚许进如翥策进兵,驻师嘉峪关外,侵罕东兵久不至,乃与制总兵彭清督兵进至哈密城,牙兰遁去,斩首四十余级而还,而竟不能服。则夫给复本色以裕边塞军需,嘉峪关增兵以固内外之防者,自不容已。**固原自火筛入掠,遂为要冲,隶以四卫,而守之重臣,屹然巨镇矣。然山后之虏,踏冰驰践,则兰、靖、安、会之间便为祸阶。而西、凤、临、巩之卒多未经战,说者云:"不添洮河之堡,不屯常戍之兵,则固原未可息肩也。"真知言哉。** 固原,开城县地也。成化以前,套虏未炽,所备者靖虏一面耳。自弘治十四年,火筛入掠,遂为虏冲,于是改五州卫,以固、靖、甘、兰四卫隶之,设总制、参、游等官,屹然一巨镇矣。靖虏一带,每岁黄河冰合,一望千里。若贺兰山后之虏,踏冰驰踔,则兰、靖、安、会之间,便为祸阶,调兵防守,候在冰冻。而西、凤、临、巩二卫卒未经战,安能捍御,须要沿河添堡,屯兵常戍,则可全无事矣。

九邊總圖

# 一　徽州府由徐州至北京陆路程

本府。十里至**吴山铺**。十里至**牌头**。十里至**新馆**。十里至**龙溪**①。十里至**雄路**。右往宁国大路。十里至**孔林**。十里**九里坑**。有祥云古洞。十里**新岭顶**。轿马每名与过岭常例一分。十里**镇头**。巡司。十里至**冯村铺**。五里至**临阳滩**。五里至**界首铺**。十里**将军庙**。十里**旌德县**。五里**跳仙桥**。十里**薰口**。十五里**三溪**。巡司。五里**吴家桥**。五里**窄南铺**。五里**马渡桥**。五里**强风铺**②。五里**茹麻司**。五里**白花**。十里**破脚岭**。三里**山坦**。七里**考坑**。十里至**石山**。五里**晏公堂**。五里**山口铺**。五里**小路口**。五里过河，**下坊渡**。十里**仙石铺**。五里**仓板桥**。五里**湖冲铺**。十里**分界山**。十里**神庵塘**③。十里**南陵县**。十里**箭塘铺**。十里**平沟铺**。十里**新亭铺**。十里**蔡家铺**。十里**桃充铺**④。十五里过河，至**石跪**。五里**高冈铺**。十五里**山口铺**。十五里**芜湖县**。过浮桥，出北门，二十里至陶阳铺，二十里至代桥，二十里太平府，二十里采石，二十里至慈湖，二十五里木龙亭，十五里**江宁镇**⑤，二十里板桥，二十里善桥，十里安德门，十里聚宝门。渡江，四十里**西梁山**。三十里**亩下**。三十里**和州**。东门外，四十里至乌江，系楚霸王自刎处，有庙在焉。四十里**香泉**。有温泉可浴。三十里**后河**。过河，三十里至**全椒县**。二十五里**腰铺**。二十五里**滁州**。滁阳驿。南门

---

① "龙"，底本作"临"，据《路程图记》卷八之一三、《水陆路程》卷八之一三改。

② "强风"，底本作"长枫"，据《路程图记》卷八之一三、《水陆路程》卷八之一三改。

③ "神庵"，底本作"城埠"，据《路程图记》卷八之一三、《水陆路程》卷八之一三改。

④ "充"，底本作"冲"，据《路程图记》卷八之一三、《水陆路程》卷八之一三改。

⑤ "宁"，底本作"陵"，据《纪要》卷二〇、《明史·地理志》改。

外有丰山<sup>①</sup>，上有醉翁亭、百子堂、天下第三泉在焉。二十五里过关山。十五里**珠龙桥**。二十里**大柳树**。驿。四十里**池河驿**。二十五里**崇家铺**。二十里**红心驿**。三十里**总铺**。西三十里至凤阳府。北三十里至**濠梁驿**。过黄河，二十五里至**三铺**。三十里至**王庄驿**。三十里至**连城铺**。三十里至**固镇驿**。三十里至**马庄铺**。即仁桥。如起夫马，走大路远些。三十里大店驿。六十里至宿州。二十里**菊花庄**。二十里至**水市铺**。三十里至**宿州**。睢阳驿。西去汴城。二十里至**符离桥**。过河，二十里至**褚庄铺**。二十里至**夹沟驿**。十里至**新封集**。马太后父、母、徐王坟在此处。三十里至**桃山驿**。闵子骞墓在此<sup>②</sup>。五十里**徐州**。东岸马驿。如短雇头口，由西路，走汶上县近些。北关雇驴二十里新河口。过河，三十五里丁家集。二十五里豆腐店。三十里沛县。三十里庙道口。二十里沙河驿。二十里王家楼。二十里南阳。二十里鲁桥。二十五里新店。三十里济宁州。二十里至二十里铺。二十里康庄驿。四十五里汶上县。长行，骡马于东门外雇。过黄河。十五里至**秦梁洪**。二十五里**柳前**。三十里至**利国监**。驿。三十里**拖犁沟**。三十里至**沙沟**。二十里至**临城驿**。三十里至**官桥**。三十里至**南沙河**。店。二十里**滕县**。滕阳驿。古薛邑，齐孟尝君封地。三十五里至**界河驿**。三十里至**二家店**。二十五里至**邹县**。邾城驿。有孟母断机堂。二十里至**东滩店**。三十里过河，**兖州府**。昌平驿。四十里**新嘉驿**。四十五里**汶上县**。新桥驿。五里过河，二十里**沙河站**。三十五里至**东平州**。东原驿。宋梁灏故里。四十里**阳谷店**。三十里至**东阿县**。旧县驿。出阿胶。五里过河，三十五里**铜城驿**。三十里至三十里**铺**。三十里至**茌平县**。茌山驿。三十里**南镇公馆**。三十里至**高唐州**。鱼丘驿。有管仲三归台。四十里至**腰站**。十里至**金鸡店**。过河，二十里至**恩县**。太平驿。三十里**苦水铺**。四十里至**德州**。安德驿。渡卫河，三十里至**南留智**。三十里至**景州**。东光驿。汉仲舒故里。三十里**漫河**。二十里至**阜城县**。阜城驿。二十里**新店**。二十里至

---

① "丰山"，底本"丰"下有"乐"字，据《纪要》卷二九、《清统志》卷一三
〇删。

② "骞"，底本作"蹇"，盖误。据《寰宇志》卷三二改。

富庄驿。三十里至**单家桥**。巡司。三十里至**献县**。乐城驿。三十里**商家林**。三十里至**河间府**①。瀛海驿。唐十八学士登瀛洲之处。四十里至**新中驿**。三十里至**任丘县**。鄚城驿②。四十里鄚州镇。宋杨六郎把守三关之处。三十里至**雄县**。归义驿。三十里**白沟河**。三十里至**新城县**。汾水驿。三十里**三甲店**。三十里至**涿州**。涿鹿驿。黄帝擒蚩尤处。三十里**琉璃河**。十里至**杜店**。三十里至**良乡县**③。固节驿。三十里芦沟桥。三十里至**北京顺成门**④。上京货物,预将临清、河西务红单赴户部投报。除临清税过十分之二,每钱一文,连景府条钱、船钱,共纳六厘之数。加耗使用,俱在内外门摊,每车五分,骡驮三分,崇文门太监收。

《北京九门诗》曰:

要识都门九座分,正阳、宣武及崇文。

阜成、东直与西直,安定、朝阳、德胜门。

## 二 徽州府由严州至杭州水路程

本府。梁下搭船。十里**浦口**。七里至**梅口**。三里至**狼源口**。十里至**瀹潭**。五里至**薛坑口**。五里**庄潭**。五里**绵潭**。五里**蓬寨**。五里**九里潭**。五里**深渡**。十里**白石岭**。五里**境口**。对河**大川口**。五里**小沟**。五里**山茶坪**。五里**结坞头**。五里**横石**。五里**牵毗滩**。五里**米滩**。五里**八郎庙**。五里**街口**。巡司。五里**王家潭**。三里**滚滩**。二里**常潭**。二里**和尚岭**。三里**威坪滩**。十里**竹节矶**⑤。五里至**云头潭**。五里**锡行渡**。五里**老人窗**。十里**慈滩**。对河**橦梓源口**。十里**仰村冈**。对河**向山潭**。十里**小金山**。即上石渡。五里**羊**

---

① "间",底本作"涧",据《明史·地理志》改。
② "鄚",底本作"郑",据《寰宇志》卷二、《纪要》卷一三改。
③ "良",底本作"梁",据《寰宇志》卷一〇、《清统志》卷九九改。
④ "成",底本作"城",误。按北京宣武门又名顺成门,据《纪要》卷一一改。
⑤ "矶",底本作"淇",据《路程图记》卷七之三七、《水陆路程》卷七之三七改。

须滩。五里淳安县。三里东溪源口。七里赖爵滩。十里遂安港口。十里塔行。十里藻河。十里至罗山墩。三里瓦窑埠。即关王庙前。七里至茶园。五里百步街。五里至小溪岩。五里猢狲淇。三里童埠。二里试金滩。七里仓后滩。三里白沙埠。进去寿昌县。十里杨溪。十里下衙。十里马没滩。十里宗潭。十里倒潭插。十里严州府。建德县。五里至东馆。富春驿。西南进横港,一百里至兰溪县。十里至乌石滩。十里至胥口。十里张村。十里冷水铺。七里钓台。有严子陵祠。三里至鸬鹚源口。五里黄山寮。七里六港滩。三里鹅湾。十里桐庐县。桐江驿。十里柏浦。十里至柴埠。十里窄溪。对河新城港口。十五里黄山寺。五里橦梓关。五里新店湾。十里至程坟。十里汤家埠。十里鹿山头。十里富阳县。会江驿。七里大岭头。三里赤松铺。十里庙山铺。十里大安浦。十里渡船埠。十里鱼浦口。绍兴所盐在此下船。十里至王家斗。五里至毛家堰。五里半边山。对江。朱桥十里范村。十里进垅浦。十里杭州江头。陆路。过万松岭,进凤山门。十里至杭州府。

《水程捷要歌》曰:

一自渔梁坝,百里至街口。八十淳安县,茶园六十有。九十严州府,钓台、桐庐守。橦梓关富阳,三浙垅江口。徽郡至杭州,水程六百走。

# 三 徽州府由景德镇至武当山路

本府。十里冷水铺。十里岩镇铺。十里茆田铺。十里至长充铺。十里涨山铺。十里休宁县。十里绿溪铺。八里蓝渡。十二里齐云岩脚。十里界首。十里渔亭。十里至椰木岭。十里横路头。十里新设铺。十里双溪楼。二十里至祁门县。搭船。下水,十里昌下。十里后潭。十里至塔坊。二十里坪里。二十里版石。二十里白桃。二十里倒湖。二十里滩下。二十里小北港。十里池滩。二十里小儿滩。二十里至石鼓岭。三十里浮梁县。二十里景德镇。十里官庄。二十里至石牌滩。二十里宗潭。二十里鞍山。十里狮子山。十里大阳埠。十里鸳鸯岭。二十里顾园渡。十里程家渡。二十里蚊虫湾。二十里磨刀石。二十里饶州府。芝山驿。如往江西省城，三十里至袁岸，二十里蛇尾，三十里康郎山①，二十里团鱼洲，四十里揽河口，二十里白涉港，三十里赵家围，四十里黄家渡，三十里江西省城。十里至竹鸡林。二十里八字脑。十里至洪家阅。十里团砎。二十里棠阴。巡司。十里打石湾。十里周溪。五里至钓台。十五里柴棚。巡司。二十里饶河口。六十里都昌县。六十里南康府。匡庐驿。六十里青山。六十里湖口县。彭蠡驿。六十里九江府。浔阳驿。八十里龙坪②。巡司。三十里至武家穴③。三十里蟠塘。三十里马口。二十里蕲州。蕲阳驿。三十里至渔阳口。三十里道士洑④。三十里散花料。二十里回风矶。二十里兰溪。驿。三十里巴河。三十里黄州府。临皋驿。三十里三江口。二十里团风。巡司⑤。三十里矮柳铺。二十里双流夹。三十里阳逻驿。三十里青山。巡司。十五里至马公洲。二十五里汉口。进襄河。六十里蔡店。巡司。五十里至云口。五十里汉川县。五十里至关王庙。六十里陈柏亭。十五里麦芒嘴。六十里尖刀嘴。十五里塘湾。五十五里彭石河。四十里岳家口。五里狮子河。二十里渔泛洪。十里黑牛渡。二十里塔儿湾。二十里泽口。西北水通潜江县。十里至夜叉口。西北下水，一百八十里至荆州。东去，上水，十里至史港。三十里蚌湖望。二十里车罗院。二十里至多宝湾。二十里新城。巡司。十里沙阳。十里小河口。十里茅草林。十里旧口驿。十里茶园。十

---

① "康郎山"，底本脱"郎"字，据《纪要》卷八五、《清统志》卷三一一补。
② "坪"，底本作"平"，据《纪要》卷七六、《清统志》卷三一一改。以下径改。
③ "武"，底本作"邬"，据《纪要》卷七六、《清统志》卷三四一改。以下径改。
④ "洑"，底本作"伏"，据《纪要》卷七六、《明史·地理志》改。
⑤ "团风巡司"，底本作"团风驿"，误。《纪要》卷七六、《明史·地理志》作"团风镇巡司"，据改。以下径改。

里马梁。二十里至石牌。十里至溜连口。十里塘港。十里板桥滩。十里至承天府。二十里池河渡。十里毕家港。二十里盛家店。四十里丰乐河。三十里龙王洲。二十里清水港。三十里宜城县。三十里毛家港。三十里潼口驿。三十里观音阁。三十里襄阳府。对河樊城。九十里至柴店冈。九十里光化县。六十里至小江口。九十里均州。有净乐宫，系当原净乐国王殿基址，祖师所生之地。出南门，四十里石板滩。有迎恩宫。七里至紫阳观。一里周府茶庵。玄岳宫。二里草店。二里至沐浴堂。自在庵。修真观。一里冲虚庵。会真观。玄岳门。一里仙关。二里襄府茶庵。一里遇真宫。有张三丰金斗蓬、金拐杖在焉。右往老管宫及五龙宫。左去，三里至元和观。过好汉坡。五里回龙观。九里磨针井。一里至关王庙。二里老君殿。即太和观。五里太子坡。有九曲城、复真观。后有太子修道处。观前有化钱炉并拜香台，可登台朝拜金殿。三里平台。雇驴止此。二里龙泉观。观前大石桥，即九渡涧。八里黑虎庙。九里至威烈观。一里至太玄紫霄宫。后有晨旗峰、七星崖、雷神洞。三里乌鸦庙。一里南天门。山后有太圣南崖宫。正殿上有金灯一盏，殿前有圣泽玉露井，殿后有圣父母殿。前有龙头香，左有石梁、石柱，殿内坐五百位灵官，傍有下棋亭，右有文昌祠、南秉亭。正殿后，右边有五龙捧圣亭，下即舍身崖。各宫景致，惟有南崖最多。谚云："南崖景，紫霄杪，到了五龙不思家。"登山观览，斯言信之矣。二里榔梅仙祠。系祖师插梅寄榔处。祠前左边，有榔梅树在焉。过黑虎岩、黄龙洞，至雪桥。有文昌祠。共二里，上有五老峰、天嶂峰，至朝天宫。共五里。雇轿止此。又三里，至一天门。三里二天门。一里三天门。一里朝圣门。一里过神厨。圣父母殿。元君殿。太岳太和宫。进紫金城。南天门有王灵官把守，最宜恭敬。过古铜殿，上至金顶。即天柱峰。此峰高耸，万山来朝。金殿。坐西朝东，深阔各一丈二尺，高九尺。内坐老爷金身、金炉瓶、金案桌、金侍从四尊，金龟、蛇二将，金轿一乘。

**御制联曰**：顶镇乾坤，天下无双圣境；峰连霄汉，大明第一仙山。

## 四　徽州府由金华至温州府路

本府梁下。搭船,五十里至**深渡**。五十里**街口**。巡司。四十里**云头潭**。四十里**淳安县**。三十里**遂安港口**。三十里**茶园**。九十里至**严州府**。转搭横港船,二十里**大洋**。三十里**山河**。三十里**汝埠**。巡司。十五里至**兰溪县**。南门外搭永康船,五十里**金华府**。双溪驿。七十里**白溪口**。起旱,五里**武义县**。荽道驿。十五里**溪里**。十里**大树下**。五里**破竹园**。十里**龙门岭**。五里至**李村**。十里**鸡沟岭**。十五里**库头**。十五里至**西溪**。十里**洪渡**。五里**双溪**。十里**小安**。五里**竹洲**。十里**柴弄口**。十里**花街**。十里**处州府**。括苍驿。南去五里有南明山,上有高阳洞,石梁在焉。五里至**下河**。搭船,二十里至**苦竹渡**。二十里**经水**。二十里**小群**。二十里至**海口**。四十里**株溪头**。三十里**青田县**。芝田驿。三十里至**安溪**。五十里**小泾**。四十里**温州府**。永嘉县象浦驿。有江心寺、双浮屠。双门内,宋王十朋状元坊。城东缘有华盖山,《道书》第十八太玉洞天。山下有容成洞,相传黄帝时,容成子修道于此。宋仁宗尝三遣使访之,但有三生石在耳。

## 五　徽州由开化县至常山陆路

本府。三十里**茆田铺**。十里**茆镇**。十五里**东干**。十里至**隆阜**。十里**临溪**。十里**汉口**。十五里**许家墩**。十五里至**王源**。过马金岭,共二十五里至**古楼坦**。五里**陈村**。五里**桃林**。十里**思鸡田**。十五里**岭里**。二十里至**霞山**。五里**网巾街**。十里至**地本**。十里**明廉**。五里**音坑**。十里**开化县**。十里**青山底**。二十里**夏埠**。五十里**常山县**。广济驿。

## 六　徽州由青阳县至池州府陆路

本府。过万年桥,五里至**仰村**。三里**徐村**。二里**沙溪**。五里**富塌**。五里凤凰。十里跳石。十里许村。二十里茅舍。十里岭头。二十里至箬岭脚。十五里谈家桥。十五里长源。十五里至山口。十五里至白叶山。十五里感坦。五十里石埭县①,四十里南阳湾,四十里至九华山。十里黄泥港。十五里汪王岭。十五里石村河。十五里阴凉桥。十里洪觉寺。十里陵阳镇②。十五里梅村党。十五里至龙口。十五里至白花桥。十五里至青阳县。十里清泉铺。十里五溪铺。十里石墨铺。十里中饭铺。十里柿树铺。十里童婆铺。十里白沙铺。十里池州府。又六十里至殷家汇,三十里至黄溢,渡江,三十里至安庆府。

## 七　徽州府由玉山至崇安县陆路

徽州府。二十里岩镇铺。十里茆田铺。十里茆岭。十里梅林。二十里至霞富。渡。十里五城。十里山斗。十里新岭脚。二十里至黄茆。住。二十里三保桥。二十里至大阪。二十里大容田。三十里下坞。住。二十里方村。三十里孝塘。二十里升口。二十里竭埠。住。三十里夜溪岭。二十里毬里。二十里桥村。三十里玉山县。每人用银二分,搭船至傍罗头,或铅山河口③。三十里南山塘。二十里沙溪铺。十里黄石。十里劝石潭。十里龙溪。二十里广信府。葛溪驿。十里至龙潭。十里花园滩。十里白沙。十里至古埠。十里傍罗头。十里界石潭。十里铅山河口。三十里铅山县。二十里至杨元牌。二十里紫溪。十里竹方篱。十里车盘岭。十里乌石街。十里分水关。三十里大安驿。四十里至崇安县。

---

① "埭",底本作"代",按南直隶境内无"石代县",路线所经,惟有石埭县。地望正合,据改。
② "陵",底本作"临",据《纪要》卷二七改。
③ "铅",底本作"沿",据《纪要》卷八五、《明史·地理志》改。

# 八　徽州府由常山县至建宁府路

徽州府。下水，一百里至街口。八十里至淳安县。六十里至茶园。九十里严州府。进横港。上水，一百里兰溪县。瀫水驿。九十里龙游县。亭步驿。八十里衢州府。上杭埠驿。八十里至常山县。四十里至草萍驿。今革。四十里至玉山县。五十里至沙溪铺。五十里至广信府。五十里至旁罗头。三十里至铅山河口。三十里至铅山县。陆路。四十里至紫溪。三十里至乌石街。四十里至大安驿。四十里至崇安县。下水，三十里至武夷山。《道书》第十八洞天，山景绝胜，朱文公精舍在焉。四十里兴田驿。五十里至天滩。十里挂滩。十里走马滩。十里考亭。朱文公墓在此处。五十里至漳滩。险。五十里至双溪口。十里白沙铺。十里和尚滩。二十里至叶坊驿。十里羊角滩。十里青铜滩。十里挨脚滩。十里建宁府。建安县城西驿。

朱文公作《武夷山九曲棹歌》，以识其胜概云。其一曰：一曲溪边上钓船，幔亭峰影蘸平川，虹桥一断无消息，万壑千岩琐翠烟。二曲亭亭玉女峰，插花临水为谁容，道人不识阳台梦，兴入前山翠几重。三曲君看架壑船，不知移棹几何年，桑田海水今如许，泡沫风灯寂自怜。四曲东西两石岩，岩花垂露碧㲯㲯，金鸡叫罢无人见，满目空山水满潭。五曲山高云气深，长时烟雾暗平林，林中有客无人识，欸待人间万古心。六曲苍屏绕碧湾，茅茨竟日掩柴关，客来停棹岩花落，猿鸟不惊意自闲。七曲移船上碧滩，隐屏、仙掌更回看，却怜昨夜峰头雨，添得飞流一道寒。八曲风烟翠欲开，鼓楼岩下水潆回，莫言此地无佳境，自是游人不上来。九曲将穷眼豁然，桑麻雨露见平川，闲时觅得桃源路，除是人间别有天。

# 九　杭州由余杭县至齐云岩陆路

杭州府。出北关门，过湖州墅，共十五里至卖鱼桥，左进混堂巷，搭船，四十五里至余杭县。起旱。十里丁桥铺。远。十里青山。远。十里五柳。十里西市。

十里过河,至钱王庙。即凌村铺。二里金头。七里化龙铺。十里横塘。十里至藻溪。十里戴石。远。十里镇角头。十里方员铺。十里至太阳铺。二里太阳桥。八里芦岭铺。十里昌化县。十里白日桥。远。十里手牵巡检司[①]。远。前面有三条小岭,俗谓画眉三跳。十里朱柳。有东平王庙,递年七月二十日起大会。十里颊口。远。十二里车盘岭脚。远,路崎岖。过才人岭,至顺溪。四里杨家塘。六里界山。有汪、王分界圣迹。七里老竹岭脚。三里老竹铺。十里叶村。三里王干巡司。十里中岭。无店。十里杞梓里。三里齐坞。七里苏村。八里斜干桥。二里蛇坑。十里山后铺。无店。五里郑坑口。五里七贤。五里方村。二里北岸。二里大佛。七里蔡坞口。三里章祁。十里稠木岭。三里七里头。七里徽州府。二十里岩镇铺。十里茆田铺。二十里万安街。十里休宁县。二十里双篮渡。十里齐云岩脚。上山,十里祖师殿。右上,有南天门、栖贞岩、天门、珍珠帘、文昌岩、天梯、香炉峰;左边有沉香洞、骆驼峰、舍身崖、五老峰、紫霄崖、天柱峰。后有玉屏峰、钟峰、鼓峰、碧霄峰、拱日峰、展旗峰,皆为绝胜。自宋初年,真武化身百鸟,衔泥塑立神像,迄今数百余年,金容如始云。

# 一〇　杭州府由苏州至扬州府水路

杭州府。十里武林门。十里北新关。水路。十里谢村。二十里武林港。西北五十里至双林,五十里菱湖,又四十里湖州府。十里至塘栖。一路由滥溪出平望近些。塘栖四十里至新市,二十里寒山,二十里连市,三十里乌镇,十八里至十八里桥,九里师姑桥,九里钱马头,九里乌龙浜,九里大船坊,九里平望。九里落瓜桥。九里五黄桥。九里双桥。九里大茅桥。九里宋老桥。一里远店桥。九里至崇德县。皂林驿。二十里石门。巡司。二十里至桐乡县。皂林。巡司。二十里斗门。二十里嘉兴府。西水驿。东一百二十里至松江府。五里杉青闸。巡司。

①"手",底本作"水",据《纪要》卷九〇、《明史·地理志》改。

十五里至**金桥铺**。十五里**王江泾**。巡司。三十里至**平望**。驿。二十里**八尺**。二十里**吴江县**。松陵驿。二十里**尹山桥**。十五里**灭渡桥**①。五里至**盘门**。二里**胥门**。姑苏驿。三里至**阊门**。十里**枫桥**。二十里**浒墅关**。二十里**望亭**。十里**新安**。三十里至**无锡县**。锡山驿。十里至**王婆墩**。左去宜兴县一百四十里。五里**高桥**。巡司。下港由此桥下去。五里**潘枫铺**。十里**落社**。十里**五牧**。十里**横林**。十里**戚墅堰**。十里**丁堰**。十里至**白家桥**。十里**常州府**。毗陵驿。十里至**新闸**。五里**连江桥**。十二里至**三里庵**。茅山由此进。三里**奔牛**。巡司。往孟河，由此桥下去。十里**张店**。十里**吕城**。十里**锡口**。十里**陵口**②。十里**杨青铺**。三里**七里桥**。往金坛，由此进。七里至**丹阳县**。云阳驿。七里至**七里庙**。十三里**张官渡**。五里**黄泥坝**。十五里**新丰**。九里**大渎山**。九里至**月河**。九里**丹徒**。巡司。十里至**猪婆滩**。十里**镇江府**。京口驿。五里至**马头瓜洲**。十五里**八里铺**。五里**红庙**。五里**杨子桥**。十五里**扬州府**。江都县广陵驿。

　　杭州至镇江，路七站，水皆平，古称平江，盖自有来矣。船户和柔，官塘河岸，拽纤可穿鞋袜，人烟稠密，是处可泊。惟滥溪小路，由塘栖至平望，人家少而水荡多，荒年勿往，早晚勿行。且小桥多而纤路少，纵遇顺风，篷桅展舒费力。平望、八尺、五龙桥、虎丘山脚数处，凶年多盗，宜防。江南苏、松、常、镇、嘉、湖等府皆系门摊，客货不税，于是商贾益聚于苏州云云。

# 一一　杭州由江山县至福建省路

　　**杭州江口**。搭船。九十里至**富阳县**。会江驿。九十里**桐庐县**。桐江驿。八十里**东馆**。富春驿。进横港，一百里至**兰溪县**。瀫水驿。九十里**龙游县**。亭步驿。八十里**衢州府**。上杭埠驿。九十里至**江山县**。二十里**清湖**。起旱。五里**竹簥店**。

① "渡"，底本作"渍"，据《路程图记》卷七之五、《纪要》卷二四改。下同。
② "陵"，底本作"凌"，《纪要》卷二五："陵口在丹阳县东，盖南朝陵墓也。"据改。

十里石门街。十五里江郎山。其山甚秀。十五里峡口。过渡。十里三溪口。有观音阁。二十里保安桥。五里仙霞岭。巡检司。十里杨姑岭。十里龙溪口。十里下溪口。十里南楼。浙、直分界处。五里至大枫岭。十里九牧铺。二十里渔梁街。十里仙阳街。三十里浦城县。雇清流船,水路竟到省城。四十里观前。八十里陈步。三十里瓯宁县。十二里小湖滩。十八里双溪口。西去崇安县。十里叶坊驿。六十里建宁府。城西驿。四十里太平驿。四十里大横驿。六十里延平府。剑浦驿。六十里茶阳驿。四十里沧峡。巡司。二十里黄田驿。五十里至水口驿。四十里大箬铺。十里至小箬驿。八十里白沙驿。二十里竹崎所。四十里芋源驿。二十里福州府。闽县、候官县三山驿。

## 一二　杭州由长安至上海县水路

钱塘江口。十五里回回坟。上夜航船,十里东新桥。五里沈塘湾。四十五里龙平山。三十五里长安坝。换船。二十里至崇德县。二十里石门。二十里皂林。二十里斗门。二十里嘉兴府。十里东栅口。南六十里至平湖县。东三里七里桥。二十四里嘉善县。六里张泾汇。十二里风泾[①]。十八里泖桥。九里朱泾。十二里斜塘桥。十五里松江府。三十里泗泾。二十里七宝[②]。二十四里黄浦。十二里上海县。

## 一三　杭州由西兴至诸暨县陆路

杭州凤山门。出南新桥,兵马司前过江,至西兴。上岸,十里至萧山县。二十里至白露塘。十里临浦。二十里板桥。十里和尚店。四十里诸暨县。

---

① "风",底本作"丰",据《纪要》卷二四、《清统志》卷八三改。
② "宝",底本作"保",据《纪要》卷二四、《清统志》卷八三改。

## 一四　杭州由绍、台二府至处州路

杭州府。出草桥门，渡江，二十里西兴槐树下。搭船。九十里绍兴府。八里蒿坝。七十里三界公馆。三十里仙岩公馆。四十里嵊县。三十里新昌县。陆路。四十里至会寺岭。二十里关岭。四十里天台县。九十里台州府。赤城驿。下船。一百里黄岩县。六十里岭店驿。六十里窑奥驿。六十里乐清县。东九十里有雁荡山，颠有湖，惟雁宿焉，人莫能至，因名。雁荡峰峦峭拔，千态万状，天下峰峦未有胜于此者。四十里馆头驿。四十里温州府。象浦驿。一百二十里至青田县。芝田驿。六十里至石门。洞内有瀑布飞泉，甚好观玩。八十里处州府。丽水县括苍驿。

## 一五　宁波府由台州至温州陆路

宁波府。东渡门外搭船，一百七十里至沈家庄。起旱。短盘驴，九十里铜岩岭。过岭，九十里台州府。北门。六十里黄岩县。北门里雇驴。七十里大荆驿①。一百零五里至乐清县。朝阳门外，五十里至馆头。江船。四十里至温州府。

## 一六　处州府由龙游至衢州陆路

处州府。过河，二十里至石牛。过河，十里至九龙。十里碧湖。十里宝定。十里堰头。十里寓溪。十里净居。十五里至五尺口。五里至石佛岭。五里水车。十五里至松阳县。二十里至旧市。十五里界首。十五里二都街。西十里遂昌县。二十里马埠。十里甘溪。十里至北界。十五里上塘。十五里溪

---

① “荆”，底本作“京”，据《寰宇志》卷三二、《纪要》卷九四改。此为元代驿名，明初已改岭店马驿。

口。五里灵山。十五里泠水。十里官村。二十里龙游县。八十里衢州府。

## 一七 苏州由四安至徽州府陆路

苏州阊门。三里胥门。二里盘门。五里灭渡桥。十五里尹山桥。二十里吴江县。二十里八尺。二十里平望。十二里梅堰。十八里双阳桥。八里震泽。巡司。十二里南浔。十二里东迁。十五里旧馆。十八里昇山[①]。九里八里店。九里至湖州府。西门搭夜航船。十里杨家庄。十里严家坟。西南水往梅溪。十里至四安塘。二十里隐龙桥。十里红心桥。十五里三汊河。五里林顺桥。三十六里四安镇。起旱。二十五里上牌。二十五里广德州。十五里失羊铺。十五里汪家桥。十里土桥。二十里至柏店。十五里前冲铺。十五里杨滩。二十里长洪。十里周村铺。十里阮村铺。五里河沥溪。五里宁国县。十里杨维冈。十里竹下铺。十里瓦窑铺。十里桥头铺。十里云门。十里甲路。十里周易铺。十里尘岭。五里小临塘。五里胡乐司[②]。十里沙岭[③]。十里观音桥。十里黄上坳。十里丛山关。十里杨溪。十里岩下铺。十里绩溪县。十里至雄路。二里龙塘。八里临溪。五里界牌岭。五里至新馆。十里牌头。十里吴山铺。十里徽州府。

苏州水路三百里至四安镇，起旱，五十里至广德州，又一百四十里至宁国县，又二百二十里至徽州府，共计水、陆七百里。

---

①“昇”，底本作“申”，据《纪要》卷七一、《清统志》卷二八九改。

②“胡乐”，底本作“河洛”，据《明会典》卷一三八、《纪要》卷二八改。以下径改。

③“岭”，底本作“埁”，据《纪要》卷二八引《舆程记》改。

## 一八　苏州由杭州府至南海水路

苏州阊门。四十五里吴江县。四十里至平望。九里大船坊。九里乌龙浜。九里钱马头。九里师姑桥。九里十八里桥。十八里至乌镇。二十七里琏市。十八里寒山。十八里新市。三十六里至塘栖。十里武林港。二十里谢村。十里北新关。十里至武林门。十里朝天门。十里草桥门。每人用银五厘，过钱塘江，至西兴。上岸，搭曹娥船，每人与银二分。十里至萧山县。三十里白鹤院。十里钱清塔。四十里绍兴府。八十里东关驿。上岸，每人用银二厘，过曹娥江，又搭梁湖船，每人与银三分。十里至上虞县。二十里坝上。十八里至中坝。四十五里余姚县。八十里西坝。四十里宁波府。进西堰门，出东大门，至桃花渡上香船，每人送店主人家银一钱，吃饭一餐，朝香回日，又饭一餐，连船钱往返俱在内。

船往普陀山，出浑水洋，顺风甚快，无风难期。山在海中，郁然丛林。嘉靖年间，被倭寇烧毁，今渐盖殿宇禅房。惟春末夏初可去，秋冬不可往矣。本山观音道场，景有潮音洞、一窍通天、善财洞。盘陀石可坐百人。三摩地有亭，奇石错立。真歇庵、无畏石、狮子岩、正趣峰、灵鹫峰、观音峰，皆为绝胜。

## 一九　苏州由双塔至松江府水路

阊门。新开河搭双塔夜航船，九里至盘门。九里葑门。六里黄天荡①。六里独树湖。六里高店。六里大八间村②。六里大窑。十八里陈湖。三十里双塔。十八里澱山湖。十八里谢寨关。巡司。十二里至南路。十八里泖

---

① "荡"，底本作"锡"，据《路程图记》卷七之七、《纪要》卷二四改。
② "大八间村"，"大"，《路程图引》卷一之一九同，《路程图记》卷七之七作"十"。

湖[①]。十八里松江府。

## 二〇　苏州由太仓至南翔镇水路

娄门外。搭船。十里跨塘桥。二十里夷亭。十里至**进义**[②]。巴城巡司。二十里**昆山县**。四十里**太仓州**。西门。十里**盐铁口**。十八里**葛龙庙镇**[③]。八里**外冈**[④]。十二里**嘉定县**。二十四里**南翔**。

## 二一　苏州由东坝至芜湖县水路

**苏州府**。三十里**浒墅关**。七十里**无锡县**。四十里**阳山**。四十里**运村**。九十里**中溪桥**。九里**峨桥**。十三里**计亭**[⑤]。二十里**宜兴县**。北门外有张公洞，三面皆飞崖峭壁，惟北有一径可入。石上多唐人题咏，即张道陵修炼处。四十五里过湖荡，至**徐舍**。四十五里**溧阳县**。三十六里**南渡桥**。十八里**埪口**。十八里过三塔荡，至**河口**。二十七里**定埠**。十里**下坝**。过坝十里**上坝**。换船。十五里**湖口**。三十里**高淳县**。十五里**唐沟**。十五里**西斗门**。二十里**乌车港**。十里**黄池**。四十里**芜湖县**。

筑坝原由：东坝船达各处，东至定埠[⑥]、无锡，西至高淳、芜湖，南至广德、四安，北至溧水、应天府，东南至溧阳、宜兴，东北至金坛、丹

---

① "泖"，底本作"柳"，据《纪要》卷二四、《清统志》卷八二改。

② "进"，底本作"晋"，据《纪要》卷二四、《明史·地理志》改。

③ "葛龙庙镇"，底本"葛"作"角"，脱"庙"字，据《纪要》卷二四补正。

④ "冈"，底本作"江"，《纪要》卷二四："弘治四年，侍郎徐贯开浚娄江，自太仓州城南至嘉定外冈。""江"盖为"冈"字之误，据改。

⑤ "计"，底本作"咠"，《纪要》卷二五："计亭在宜兴县北二十里。"《舆程记》作"咠亭"，误也。今有计亭桥，自亭而北三十里，地名浪打川。据改。

⑥ "定"，底本作"邓"，按高淳县东坝以东无邓埠，水路东去无锡，必经定埠，据前文改。

阳,西南至宁国,西北至太平府。原无此坝,宣、歙、广德、建平诸水,一由苏州出刘家河,一由吴江出松江,流入大海。洪武初年,水淹吴下田禾,户部题请筑坝引水,由太平、芜湖入于江,遂将高淳、黄池一带,田没成湖,其税粮加派苏、松辨纳。如避长江而走芜湖者,此路近便无盗,但冬月水干,盘剥多费事耳。

## 二二　苏州由湖州至孝丰县水路

阊门。新开河搭湖州夜航船,每人与银二分。五十里吴江县。四十里平望。十二里至梅堰。十八里双杨桥。六里震泽。十二里南浔。换船,每人与银八厘。十二里至东迁。十五里旧馆。十八里昇山。九里八里店。八里湖州府。西门外搭夜航船,每人与银一分。九里杨家庄。九里至严家坟。西北往四安。九里潘店。九里木灰山。九里下严渡。十八里吴山湾。九里小溪口。九里金湾。九里梅溪。起旱。三十里至安吉州。十里三馆。远。十里沿干。远。五里白庙。十五里孝丰县。

## 二三　苏州由常熟县至通州水路

齐门。搭船。五里陆墓。二十里蠡口[①]。巡司。二十五里吴塔[②]。五里李王庙。二十里常熟县。四十里福山。上江船。江面阔八十里。至人家港。五里通州。

① "蠡",底本作"理",据《纪要》卷二四、《清统志》卷七八改。
② "吴",底本作"红",据《纪要》卷二四、《清统志》卷七八改。

－ 027 －

## 二四　太仓由常熟转至常州水路

太仓州。三十六里昆山县。二十七里巴城<sup>①</sup>。九里斜堰<sup>②</sup>。九里唐市。十八里七星桥。十八里常熟县。十八里至张母桥。九里大河。九里玉庄。十八里秦市。十里北郭。三十里务代桥。十里杨家桥。十里王村桥。十里云亭。二十里江阴县。南门。十里南闸。二十里石堰。十里至三河口。十里郑驮桥。三十里常州府。

## 二五　丹阳县由梅渚至徽州陆路

丹阳县。东门外搭船。七里至七里桥。八里横塘铺。五里夏家渡。十五里珥村。十五里黄连桥。五里荆成港。二十里至金坛县。小南门外搭船。顾龙山。二十五里湖溪。巡司。十里至指前标。十里庄店。十里罴桥。十里宜桥。三十里溧阳县<sup>③</sup>。西门外双桥头搭船。九里至吴潭渡。二十七里过南渡荡,至埝口。十八里过三塔荡,至河口。又过升平荡,二十七里梅渚。起旱。十里分龙庙。十里中桥。十里建平县。过河。二十里至方家铺。二十里十字铺。即田家店。十里张充领。无店。二十里姚村。五里佛子岭。五里谭村。五里青苔岭。无店。五里丫山。五里塘泥岭。无店。五里郭子庙。十里蔡厚。五里南头岭。七里白石。八里汪溪。十里五姑渡。过河。十里宁国县。二十里至竹下铺。二十里桥头铺。二十里甲路。三十里胡乐司。二十里观音桥。二十里丛山关。三十里绩溪县。六十里至徽州府。

---

① "城",底本作"站",据《纪要》卷二四、《清统志》卷七八改。

② "斜",底本作"谢",据《纪要》卷二四改。

③ "溧",底本作"丽",按金坛县至建平县,路经溧阳县,而无丽阳县。据《纪要》卷二〇、《明史·地理志》改。

## 二六　丹阳县由句容至南京陆路

丹阳县。东门外马头上雇骡。十五里至**岸头**。五里丁庄铺。十里邓店。五里**木井栏**。十里白土。十五里行乡。五里**胥村**。十里**长巷**。十五里句容县。出南门，二十里至淤乡，又三十里至茅山，《道书》第八洞天第一福地。二十里**土桥**。十里**索墅**。二十里**关上**。即淳化镇①。五里**高庙**。十五里至**高桥门**。二十里进**通济门**。

## 二七　镇江由洋子江至荆州水路

镇江府。马头。上排湾好泊。三十里何家港。三十里**仪真县**。十里至**新河口**。即一戳港。十里**青山**。五里**方山**。十里**东沟**。十五里至**矶山**。十里**瓜埠**。二十里**燕子矶**。二十里**龙江关**。有望江楼。十里**中新河**。十里**上新河**。三十里至**大胜关**。驿。十里至**三山**。十里**江宁镇**。十里**上三山**。江北有芝麻港。十里**烈山**。江北有十步河。十里至**和尚港**。江北针鱼嘴，好泊。五里**人头矶**。十里**望夫矶**。五里**采石**。驿。四十里**东梁山**。巡司。江北**西梁山**。好泊船。二十里**裕溪口**。往巢县、庐州府由此进。十里**四合山**。五里**赤矶窑**。十里一矶。五里**芜湖县**。澛港驿。江北有枭姬山。十里**澛港**。十里**螃蟹矶**。十里**三山夹**。十里至**教化渡**。二十里**芦席夹**。十里**旧县**。二十里**泥汊**。水通无为州。五里**板子矶**。五里**荻港**②。驿。三十里**钱家湾**。十里**丁家洲**。江北有灰河、土桥。十里**油榨港**。十里长山，至**铜陵县**。十里至**窑头**。对江系六百丈。十里至**杨山矶**。十里**大通**。驿。十五里**老洲头**。进去汤家沟。对江梅根。十五里**黄家套**。对江郭港。五里**麻布料**。二十里**流波矶**。五里**清溪**。十里至**池口**。驿。三十里**乌沙夹**。十里**宗阳口**。十里**哪吒矶**。十

---

① "淳化"，底本作"雄华"，据《明会典》卷一三八、《清统志》卷七三改。

② "荻"，底本作"狄"，据《寰宇志》卷一〇、《纪要》卷二七改。以下径改。

里李阳河。驿。二里拦江矶。八里长枫夹。二十里祝家嘴。十里黄盆。二十里桑园。十里安庆府。同安驿。张家港。好泊。二十五里官口港。好泊。五里黄石矶。三十里吉阳湖。三十里东流县。水通建德县。二十里雷港。驿。二十里花扬镇。进口十五里，至吉水沟。对江香口。十里磨盘洲。二十里马当山<sup>①</sup>。二十里至小孤山。十里彭泽县。龙城驿。十里至胭脂港。二十里鲟鱼嘴。好泊。二十里至柘矶。十里八里江。对江湖口县。彭蠡驿。十里至它鹅洲。十里老鸦矶。巡司。十里段腰。进去孔家埫。三十里小池口。好泊。对江九江府。浔阳驿。上下船只在此纳料。五里官牌夹。如水大，夹里直上龙平。二十里猪婆料。三十里新开口。巡司。五里袁驮口。五里龙坪。巡司<sup>②</sup>。三十里萧家马头。五里武家穴。二十五里蟠塘。对江富池。驿。进去六十里，至兴国州。十里橹息窝。十里田家镇。十里至马口。十里杀人港。二十里蕲州。蕲阳驿。十里至挂口。二十里渔阳口。二十里毛山港。巡司。二十里道士洑。巡司<sup>③</sup>。二十里至散花料。十里黄石港。十里回风矶。二十里兰溪。驿。三十里巴河。三十里武昌县。十里黄州府。黄冈县临皋驿。赤壁在西门外二里许。三十里至三江口。二十里团风。驿。三十里矮柳铺。三十里至双流夹。对江白湖镇。巡司。二十里抽分厂。竹木在此抽分。十里阳逻。驿。对江五里八溪铺。十里沙口。十五里五通口。水通黄陂、孝感县。对江青山。巡司。五里马公洲。二十五里汉口。水通襄河。对江湖广省城。武昌府江夏县夏口驿。黄鹤楼在竹排village城楼上。东门外，去十里有洪山大寺院，又十里至琢刀泉，乃昔关公磨刀处。对江汉阳府。鲇鱼口。巡司。金沙洲。楠木庙。二十里串口。往沙湖由此口进。二十五里大均山。五里金口驿。十里白人矶。二十里

---

① "当"，底本作"铛"，据《纪要》卷二七、《清统志》卷三一八改。

② "巡司"，底本作"驿"，按黄州府无"龙坪驿"，底本误。本书卷一之三、《清统志》卷三四一作"龙坪镇巡司"，据改。

③ "巡司"，底本作"驿"，误。《纪要》卷七六、《明史·地理志》作"道士洑巡司"，据改。

东江脑。三十里牛角尖。二十里新滩口。十里下排洲[①]。驿。二十里上排洲。
巡司。十里蒿洲。十五里小临湾。二十五里嘉鱼县。鱼山驿。二十里至几家
洲。二十里六溪口。二十里石头口。驿。四十里茅埠。巡司。二十里新堤。
四十里白螺山[②]。巡司[③]。二十里临湘县。二十里道人矶。十里象湖港。二十
里城陵矶。驿。进洞庭湖,东南渡长沙、湘潭,西北常德、澧洲。六十里唐家洲。
三十里瓦子湾。三十里车水湾。三十里监利县。三十里塔市驿[④]。五十里调
弦驿。四十里石首县。石首驿。六十里柳子驿。六十里至公安县。孱陵驿。
二十里蚊虫脑。二十里黄潭。二十里荆州府。江陵县荆南驿。上下客货俱聚
于沙市发卖。

## 二八　南京由芜湖至徽州府陆路

聚宝门。十里安德门。十里善桥。二十里板桥。二十里江宁镇。
十五里木龙亭。二十五里慈湖。二十里采石。二十里太平府。二十里代桥。
二十里陶阳铺。二十里芜湖县。十五里山口铺。十五里高冈铺。五里石硊。
过河。十五里至桃充铺。十里蔡家铺。十里新亭铺。十里平沟铺。十里箭
塘铺。十里南陵县。十里神庵塘。十里分界山。十里湖冲铺。五里仓板桥。
五里仙石铺。十里下坊渡。过河。五里小路口。五里山口铺。五里晏公堂。
五里石山。十里考坑。七里山坦。三里破脚岭。十里白花。五里茹麻司。
五里强风铺。五里马度桥。五里窄南铺。五里吴家桥。五里三溪。巡司。
十里藁口。十五里跳仙桥。五里旌德县。十里将军庙。十里界首铺。五
里临阳滩。五里冯村铺。十里镇头。巡司。十里新岭顶。十里九里坑。

---

① "排",底本作"牌",据《纪要》卷七六、《清统志》卷三三六改。以下
径改。
② "螺",底本作"罗",据《纪要》卷七八、《清统志》卷三四四改。
③ "巡司",底本作"驿",据《明史·地理志》、《清统志》卷三四五改。
④ "塔",底本作"踏",据《寰宇志》卷五三、《纪要》卷七八改。

有祥云洞。十里至**孔林**。十里**雄路**。十里**龙溪**。十里**新馆**。十里**牌头**。十里**吴山铺**。十里**徽州府**。

## 二九　南京由漕河至北京水路程

**龙江关**。二十里**观音山**。三十里**瓜埠**。巡司。十里**矶山**。十里**龙潭驿**。二十里**青山**。二十里**仪真县**。仪真水驿。五里至**东关**。十里**新城**。二十里**朴树湾**。十里**东石人头**。五里**西石人头**。五里**冻青铺**。十里至**杨子桥**。十里**扬州府**。广陵驿。十五里**湾头**。东去一百里至泰州。五里**高庙**。十五里至**东西湾**。十里**邵伯驿**。巡司。十里**三沟**。十里**腰铺**。十五里**露觔庙**。十里**南车洛**。五里**北车洛**。十五里**高邮州**。盂城驿。二十五里至**清水潭**。十里**张家沟**。巡司。五里**六安闸**。二十里至**界首**。驿。十里**钪桥**。十里**氾水**①。五里**南闸**。五里至**瓦店**。十里**槐角楼**②。巡司。十五里**宝应县**。平安驿。二十里**黄浦**③。十里**泾河**。十里**平河桥**。巡司。十里**头铺**。十里**二铺**。十里至**杨家庙**。十里**淮安府**。淮阴驿。此处文出甘罗，武出韩信，孝出王祥，逆出杨耿，俗谓四绝之地。十五里至**板闸**。十五里**清江浦**。十五里**福兴闸**④。十里**新庄闸**。五里**清河县**。清口驿。十五里**西胡成**。五里**罗家营**。十里**三汊**。巡司。十八里**新河口**。十里**黄家嘴**。十里**桃源县**。桃源驿。十里至**满家湾**。三十里**崔镇**。二十里**古城**。驿。二十里**白洋河**。十五里**陆家墩**。十里**小河口**。十五里**宿迁县**。钟吾驿。伍子胥、楚霸王故里。十五里**落马湖口**。五里**董家沟**。十里**汊路口**。五里**毛儿庄**。三里**龙岗浅**。十二里**皂河**。十里**直河**。驿。

---

① "氾"，底本作"泛"，据《纪要》卷一二九、《清统志》卷九七改。
② "槐角"，底本作"怀阙"，据《纪要》卷一二九、《清统志》卷九七改。
③ "浦"，底本作"铺"，据《纪要》卷一二九、《清统志》卷九六改。
④ "福兴"，底本作"兴福"，据《纪要》卷一二九、《清统志》卷九四乙正。

－ 032 －

右进口,二十里田家口,二十里万庄集①,二十里猫儿窝②,十里徐塘桥③,十里二郎庙,十里王市闸,十里洳沟,三十里台儿庄,二十里邓家闸,十里踞梁桥④,三十里韩庄闸,六十里夏镇。直上十二里沙坊。十八里张陵铺。十里锄头湾。二十里邳州。下邳驿。无东门。南门外有桥,即张子房授书处。二十里乾沟⑤。二十里辛安⑥。驿。十里马家浅。二十里双沟。五里栲栳湾。十五里房村⑦。十里吕梁。房村驿⑧。二十里黄钟集。十五里樊家店。七里狼矢沟⑨。十八里至徐州。彭城水驿。项羽迁都之地。南关有吕布戏马台。二十里秦梁洪。十里茶城口。四十里留城⑩。驿。十五里豆腐店。十二里玉皇庙。八里陆家口。十里李家口。十里夏镇。八里杨庄闸。即杨家楼儿。十二里至大王庙。二十里珠梅闸。即宋家闸。八里新庄桥。四里至徐家口。四里满家口。八里马家口。四里孟家口。四里石家口。八里桥头。十二里利建闸。十八里南阳。闸。十五里枣林闸。三里鲁桥。驿。五里师家庄。闸。五里至仲家浅。闸。子路旧家。八里新闸。八里新店。十六里石佛闸。八里赵村。闸。六里济宁州。南城驿。在城闸。二里天井闸。二里至草桥。六里十里铺。五里安居。十五里火头湾。通济闸。十五里长沟。有会麟渡,昔夫子泣麒麟处。五里寺前铺。闸。十二里柳林闸。即南旺南闸。四里南旺。有分水龙王庙,汶水至此,南北两分。

---

① "万",底本作"马",据《纪要》卷二二、卷一二九改。

② "猫",底本作"毛",据《纪要》卷一二九、《清统志》卷一〇〇改。

③ "徐",《路程图引》卷一之二九同,《纪要》卷一二九作"齐"。

④ "踞",《路程图引》卷一之二九同,《纪要》卷一二九作"巨"。

⑤ "乾沟",底本作"唐石",《路程图记》卷五之二:"邳州二十里乾沟二十里辛安驿。"《纪要》卷一二九:"邳州又二十里至乾沟,又二十里至睢宁县之辛安驿。"据改。

⑥ "辛",底本作"新",据《寰宇志》卷二〇、《纪要》卷二一改。以下径改。

⑦ "房",底本作"防",据《路程图记》卷二之六八、《纪要》卷二一。以下径改。

⑧ "房",底本作"防",据《寰宇志》卷二二、《纪要》卷二九改。

⑨ "矢",底本作"石",据《纪要》卷一二九、《清统志》卷一〇〇改。

⑩ "留",底本作"流",据《路程图记》卷五之二、《纪要》卷一二九改。

四里至**北闸**。十二里至**开河**。驿。闸。十二里至**袁家口**<sup>①</sup>。闸。十八里**靳家口**。闸。

十五里**刘家庄**。十五里至**安山闸**。东平州水驿。三十里**戴家浅**<sup>②</sup>。闸。三十里

至**张秋**。荆门驿。十二里**荆门**。上下二闸。十二里至**阿城**。上下二闸。二十里

至**七级**。上下二闸。十五里至**官窑口**。十里**周店闸**。十五里**李海务**。二十

里**东昌府**。崇武驿。五里**永通闸**。二十里**疏地浅**。十里**梁家乡**。闸。十五

里**上桥闸**。十二里**魏家湾**。巡司。十里**清阳驿**。十里**戴家湾**。二十里**双浅**

**铺**。二十里**临清州**。清源驿。客货俱赴户部报税。货物皆聚于锅市发卖。粮船经

过,工部领帖,一票赴张家湾交纳。船过新闸、南版闸,出卫河。四十里至**油坊**。巡

司。四十里至**渡口驿**。三十里**武城县**。昔子游为武城宰,有弦歌台。五十里**甲**

**马营**。驿。昔宋太祖所生之地。二十五里**姚良门儿**。二十五里**郑家口**。三十

里至**防前**。二十里**故城县**。梁家庄驿。三十五里**四柳树**。二十五里至**德州**。

安德驿。三十五里至**老君堂**。三十五里**桑园儿**。良店驿。三十里**安陵**。巡司。

二十里**黄家园河口**。三十里**连儿窝**。连窝驿。属吴桥县。三十里**东光县**。十

里**油坊儿**。十里**下口**。二十里**泊头**。新桥驿,属交河县。犒。二十里至**齐家堰**。

二十里**薛家窝**。二十里**马家口**。十五里**砖河驿**。属沧州。十五里**掘地儿**。

十五里**沧州长芦**。巡司。四十里至**兴济县**。乾宁驿。张太后所生之地。十里

至**周官儿屯**。二十里至**青县**<sup>③</sup>。三汊河通真定、保定滹沱河。四十里**流河驿**。

二十里**唐官儿屯**。四十里至**双塘儿**。十五里**静海县**。奉新驿。二十里**独流**。

二十里**新口**。二十里**杨柳青**。二十里**曹家庄**。二十里**天津卫**。杨青驿。十

里至**丁字沽**。三汊河通涿州。十里至**尹儿湾**。十里**桃花口**。十里至**满沟儿**。

十里**下老米店**。十里**杨村驿**。巡司。三十里至**南北蔡村**。十里**砖厂**。十里

**黄家务**<sup>④</sup>。十里**蒙村**。十里至**白庙儿**。十里**河西务**。河西驿。上京货物赴户

---

① "家",底本作"老",据《纪要》卷一二九、《示我周行》卷一之一六改。

② "浅",底本作"庙",据《路程图记》卷五之二、《纪要》卷一二九改。

③ "青",底本作"清",据《寰宇志》卷三、《明史·地理志》改。

④ "务",底本作"甫",据《纪要》卷一二九改。

部起红单。十五里**王家摆渡口**。十里**鲁家渡**。五里**红庙**。十里**靳家庄**。十里**搬罾口**①。十里**萧家林**。十里**和合驿**。二十里**杨家庄**。十里至**漷县马头**。十里**火烧屯**。七里**公鸡店**。七里**沙孤堆**。六里**保运观**。即李儿寺。十里**张家湾**。起车。十五里**通州**。潞河驿。二十里**食米店**。十里**八里店**。十里**北京崇文门**。

《水驿捷要歌》：

试问南京至北京，水程经过几州城？

皇华四十有六处，途远三千三百零。

从此龙江、大江下，龙潭送过仪真坝。

广陵、邵伯达盂城，界首、安平近淮阴。

一出黄河是清口，桃源才过古城临。

钟吾、直河连下邳，辛安、房村、彭城期。

夹沟、泗亭、沙河驿，鲁桥城南夫马齐。

长沟四十到开河，安山水驿近张秋。

崇武北送清阳去，清源水顺卫河流。

渡口相接夹马营，梁家庄住安德行。

良店、连窝、新桥到，砖河驿过又乾宁。

流河远望奉新步，杨青、直沽、杨村渡。

河西、和合归潞河，只隔京师四十路。

逐一编歌记驿名，行人识此无差误。

# 三〇　南京由汝宁府至武当山路

**南京**。草鞋夹口渡江。**浦口**。五里江浦县**江淮驿**。四十五里至**东葛城驿**。

---

① "搬"，底本作"扳"，据《路程图记》卷五之二、《纪要》卷一二九改。

六十里滁州。六十里**大柳树驿**。五十里至**池河驿**。南六十里**定远县**。六十里**永康镇**。三十五里**白鹭桥**。四十里**姚呆店**。四十里**中心渡**。十里**寿州**。六十里至**正阳**。十五里**蔡间铺**。二十五里**四十里铺**。三十里**颍上县**。三十里**三十里铺**。三十里**六十里铺**。二十里**四十里铺**。四十里**颍州**。四十五里**高盘**。六十里至**长官集**。三十里**李家集**。十五里**瓦店**。二十里**姜寨**。三十里至**木轩李家店**。十五里**杨埠司**。三十里**冯家店**。十五里**苏家店**。二十里**方家集**。三十里**汝宁府**。五十里**韩庄**。五十里**确山县**。八十里**信阳州**。东五十里至**罗山县**。西三十里至**出山店**。四十里**平山关**。四十里**赵庄**。三十里**茅家嘴**。三十里至**高店**。三十里**马谷田**。三十里**泌阳县**。三十里**显灵店**。二十里**大河屯**。二十里**黄家店**。三十里**唐县**。五十五里**余家店**,四十里**沙堰**,三十里**新野县**,三十里**新店铺**,四十里**斗沟**,四十里**团山铺**,十里**襄阳府**。二十里至**张家店**。三十里**余家店**。十五里**田九店**。二十五里至**冈头**。二十里**黄庄**。二十里**鸡滩**。四十里**邓州**。四十里**半茶店**。二十里**九重院**。二十里至**武家店**。二十里**李大人坟**。三十里**党子口**。四十里**石鼓关**。三十里**嵩平**。二十里至**方山**。二十五里**槐树关**。五里**粉红渡**。过江,至**均州**。四十里**石版滩**。十里**草店**。三十里**太子坡**。三十里至**一天门**。五里**朝圣门**。二里**玄帝殿**。左边一提点,右边一千户,看守金殿,并收香钱。

# 三一 南京由铅山河口至福建路

**上新河**。一百里**采石**。八十里**芜湖县**。九十里**荻港**。八十里至**大通**。七十里**池口**。六十里**李阳河**。六十里**安庆府**。九十里**东流县**。四十里**花筵港**。六十里**彭泽县**。六十里至**湖口县**。二十里**大姑山**①。宁王《咏鞋山诗》曰:闻说鞋山似俨然,果然圣迹不虚传;风急踢开湖口浪,月明踏破水中天。但容过客回

---

① "姑",《纪要》卷八五、《清统志》卷三一八皆作"孤"。

头望,不许凡夫把脚穿;应是大姑懒收拾,留镇鄱湖万万年。四十里至**青山**。六十里
**南康府**。六十里**都昌县**。六十里至**康郎山**。有忠臣庙。六十里至**瑞洪**。西
往抚州。十里**富家格**。十里**驼背张**。十里**苦竹**。十里**渔家埠**。十里**坝口**。
二十里**龙窟**。十里**大九渡**。十里**大树埠**。十里**霞山**<sup>①</sup>。着港。十里**黄金埠**。
十里至**梅港**。十里**浮石**。十里**安仁县**。十里**石港**。十里**界牌**。十里**东溪**。
十里**鹰潭**<sup>②</sup>。十里**石鼓**。十里**金沙埠**。十里**九乌滩**。十里**贵溪县**。十里**留口**。
十里**大港**。十里**下村滩**。十里**上河潭**。十里**大岩**。下河潭。十里**桃花滩**。
十里**舒家港**。十里**小箬埠**。十里**横洪滩**。十里**弋阳县**<sup>③</sup>。十里**连珠滩**。十
里**西潼**。十里**烟望**。十里**松树滩**。十里**叫岩寺**。费阁老坟葬此。十里**大心滩**。
二十里**铅山河口**。东八十里至广信府。南饭罗墩。前金。白沙。安舟渡。
周村。共三十里至**铅山县**<sup>④</sup>。有五宝山、观音阁。陆路分水关。十里**赤土铺**。
十里**杨源铺**。十里**黄柏铺**。十里**渭墩铺**。十里**紫溪**。十里**竹方桥**。十里
至**车盘驿**。十里**乌石街**。十里**分水岭**。巡司。十里**黄连铺**。十里**大湾街**。
十里**大安驿**。有望郎回山,其石如妇人,手牵子立山头,常有云雾,人多不见,若见者
大吉利。对山乃吉门关。十里至**南岭**。十里**小将铺**。十里至**杨家庄**。十里**姚
岭铺**。十里**沙湾**。十里**军牙岭**。十里至**崇安县**。长平驿<sup>⑤</sup>。下水六十里**黄亭**。
出砂糖。六十里**建阳县**。五里至**考亭**。有朱文公书院,墓亦在此。**宸前**。三十
里**叶坊驿**。瓯宁县所属。四十里**建宁府**。城西驿。又搭船。四十里**太平驿**。
四十里**大横驿**。二十五里**张湖**。十五里**黯淡滩**。险。五十里**延平府**。剑浦驿。

---

① "霞山",《路程图引》卷一之三一同,《路程图记》卷七之一四作"留步
滩"。

② "鹰",底本作"英",据《清统志》卷三一四改。

③ "弋",底本作"戈",据《纪要》卷八三、《明史·地理志》改。

④ "铅",底本作"沿",据《纪要》卷八五、《明史·地理志》改。

⑤ "长平",底本作"大安",按《纪要》卷九七云:"长平驿在崇安县治南,大
安驿在县西北。"《清统志》卷四三一同。"大安驿"盖为"长平驿"之误,
据改。

西至邵武府。东五十里至**茶阳驿**。属南平县。二十里至**罗汉阁**。二十里**沧峡**。二十里**黄田驿**。五十里**水口驿**。大船泊此。四十里至**小箬驿**。八十五里**白沙驿**。六十五里**芋源驿**①。即洪塘。十五里**福州府**。**三山驿**。

## 三二  芜湖由太平县至徽州府路

**芜湖县**。二十里**杨清河口**。二十里**石人渡**。难泊。二十里**谢家河**。二十里**方山**。二十里**杨官渡**。三十里**牌湾**。十里**青油港**。可泊。十里**施家渡**。十里**白果树**。二十里**马头**。十里**几村**。十里**下坊渡**。二十里**风坑**。三十里至**张家渡**。三十里**桃花渡**。难泊。十里**水东**。二十里**小河口**。难泊。八十里**太平县**。起旱。五里**官庄岭**。五里**山口**。五里**将军庙**。五里**汪和岭**。五里**长源**。十里**古林坳**。五里**唐官桥**。五里**黄胖岭**。五里**吴家桥**。五里**岭脚**。五里至**连刀湾**。七里**八里矼**。八里**横培**。七里**大庙**。五里**茶坦**。五里**茅舍**。五里**榜溪**。五里**坑口**。五里**禁岭**。五里**许村**。十里至**跳石**。十里**凤凰**。五里**富竭**。五里**沙溪**。三里至**徐村**。五里**仰村**。五里**徽州府**。

## 三三  芜湖由宁国府至河沥溪路

**本县**。十里**百家店**。十里**泾县河口**。十里**落蓬湾**。十里**黄池**。十里**乌车港**。十里**官陡门**。十五里**下水洋**。五里**上水洋**。十里**徐村坊**。十里**管家渡**。五里**新河庄**。五里**七里沟**。十里**陈村湾**。十里**油榨沟**。五里**峡石**。五里至**妙埠**。上水,起剥,雇纤夫。下水。本船收载,俱在此处。十里**乌盘沿**。十里**东溪桥**。十五里**乌坭埠**。十里**高桥坊**。五里**孙家埠**。七里**田家湾**。三里**下西**。十里**后潭**。十里**水东**。出麻。十里**港口**。出姜、粟。十里至**屯远**。

---

① "芋",底本作"羊",据《寰宇志》卷四五、《纪要》卷九六改。

五里**落公**等。五里**五姑渡**。往徽州货物,由此发排。一百一十里至胡乐司。雇车。陆路七十五里至灵山下。又雇排。五十五里至徽州府。十里**河沥溪**。

## 三四　芜湖由安庆转至团风镇路

**芜湖县**。九十里**荻港**。八十里**大通**。六十里**池口驿**。六十里至**李阳河**。六十里**安庆府**。竹排头搭石牌小船。八十里至**石牌**。如水小,就在此雇骡,如水大,竟搭船至太湖县起旱,头口钱略可省些。五十里至**仓前**。中火。三十里至**太湖县**。二十里**枫香驿**。住。二十里**丰家店**。四十里**亭前驿**。中火。三十里**桃花铺**。三十里**双城驿**。住。三十里至**金竹铺**。三十里**广济县**。中火。三十里**三铺**。三十里至**西河驿**。住。三十里**女儿铺**。二十里**李店铺**。中火。三十里**蕲水县**。四十里**朱店**。住。四十里**回龙山**。二十里至**团风**。下船。

## 三五　芜湖由巢县至庐州府水路

**芜湖县**。三十里**裕溪口**。十里**永安桥**。十里**瓮家城**。二十里至**王家渡**。十五里**运漕**。二十里**黄洛河**。十里**东关**。十里**钓鱼台**。十里**清溪**。三十里**巢县**。南去三十里芙蓉岭,二十里峡山铺,四十里至无为州,四十里泥汊,过江,十五里荻港,二十里马家坝,二十里繁昌县,五十里南陵县。起旱,出北门,十里至**回车铺**。对面有金庭山王乔洞,《道书》第十八福地。昔周时,王子乔炼丹处。十里**万家山**。十里**下皋**。三十里**柘皋**。四十里**西山驿**。三十里**店埠**。四十里**庐州府**。

## 三六　芜湖由江西樟树至广东路

**芜湖县**。一百八十里至**大通**。一百八十里至**安庆府**。二百二十里至**湖口县**。鞋山在鄱阳湖心。九十里至**南康府**。七十里**吴城**。一百七十里至**江西**

省城。六十里**市汉**。八十里**丰城县**。五十里**樟树镇**。以上驿路,俱详卷之

四十一。十五里至**临江河口**。十五里**萧滩驿**<sup>①</sup>。十五里**永泰**。十里**大杨洲**。

**小神福**。十五里**石口**。十里**河埠**。二十五里**新淦县**。**金川驿**。十里至**长牌**。

十里**童江湾**。十五里至**富口**。五里**玄坛观**。十五里**三曲滩**。有吉水县白沙驿。

三十里**大洲头**。十里**罗紫山**。有忠臣庙,文天祥墓在此。十里**吉安府**。三十里

**安福河口**。**永河埠头**。**张家渡**。文天祥故里。**花石潭**。**淘金驿**<sup>②</sup>。一站。

**鲜茶江口**。**泰和县**。**将军庙**。好泊。**牛江口**<sup>③</sup>。有小人。**束口洲**。**周公**

**潭**。**浩溪驿**。一站。**滩头**。巡司。**龙丘**。**柏树街**。**君滩**。**龙泉江口**。

西去七十里,至龙泉县。出袁姜。**万安县**。**五云驿**。有神福。一站。**惶恐滩**。险。

文天祥《至惶恐滩诗》曰:辛苦遭逢起一经,干戈寥落四周星。山河破碎水漂絮,身世浮

沉浪打萍。惶恐滩头说惶恐,丁零洋里叹丁零。人生自古谁无死,留取丹心照汗青。

**标神阁**。**棉绳滩**。**大溜滩**。**小溜滩**。**皂口驿**。一站。**匡风滩**。**五座滩**。

**黄金洲**。**凉滩**。**凉口**。**铜盆锡洲**。**攸镇驿**。一站。**石人坝**。**天子地**。

**九脚滩**。**大乌洲**。**天挂滩**。神福。**鳖滩**。**白涧滩**。**储潭庙**。神福。**水**

**东岸**。**赣州府**。赣县水西驿。一站。有东西二关,西关往南安府、广东,大路。东

往信丰、龙南二县。共一百二十里至**高楼**。出青靛。**黄金**。巡司。**九牛驿**。共

八十里。**南康县**。南野驿。共八十里至**小溪驿**。共一百二十里**峡口**。**新开河滩**。

**鸡足一连三滩**。**南安府**。大庾县横浦驿<sup>④</sup>。共一百二十里。起旱,过梅岭。唐开元,

张九龄辟而广之,有祠。六十里至**中站**。巡司。即红梅关。六十里至**南雄府**。保

昌县凌江驿。客货在此报税、搭船。下水,九十里至**黄塘驿**<sup>⑤</sup>。下有银筋滩,湾极险。

---

① "萧",底本作"潇",据《寰宇志》卷三七、《纪要》卷八七改。

② "淘",底本作"陶",据《寰宇志》卷三八、《清统志》卷三二八改。

③ "牛",底本作"吉",据《路程图记》卷七之一〇、《水陆路程》卷七之一

　〇改。

④ "横浦驿",底本脱"浦"字,据《寰宇志》卷四四、《纪要》卷八八补。

⑤ "黄",底本作"横",据《寰宇志》卷一〇三、《纪要》卷一〇二改。

五十里**始兴江口**①。下水，船泊此，买柴。至广州一百里。**平圃驿**②。一百里**韶州府**。曲江县芙蓉驿。东至六祖南华寺。有神福。一百二十里至**濛浬驿**③。下有牛尿滩，极险。一百里**清溪驿**。下有角滩，险。一百里至**英德县**。浈阳驿。有夜船至省城。一百里至**浈阳峡**④。连州江口。香炉峡。**大庙峡**。**横石矶驿**⑤。清远峡。有远来寺。**清远县**。安远驿，共九十里至**回岐驿**。共六十里**胥江驿**。此处有河二道，水大，由芦巴水口至官窑驿，止七十里。水小，一站至西南驿。**西南**。一站至**官窑**。一站**老鸦江**。二十里**广东省城**。广州府南海、番禺二县涩湖驿。

客货装至樟树镇，再换三扳船，上去无虞。万安县南十八滩，上水无虑，下滩小心。浈江多滩无石，上难而下易。赣州以上多有山岚瘴气，陆路出门宜迟，水路舟中无害。梅岭路隘，驴马遗溺甚臭，宜醉饱而行。至于广城，乃阳泄阴盛之地，冬不下雪，树不落叶，人多湿疾，宜保真元。

# 三七　广东由高、雷二府至崖州路

**广东省城**。八十里**官窑驿**。四十里**西南驿**。四十里至**肇庆府崧台驿**⑥。八十里**腰古驿**⑦。五十里**新昌驿**。七十五里至**独鹤驿**。八十五里**恩平驿**。七十里**莲塘驿**。六十里至**西平驿**。六十里**阳春县**。乐安驿。六十里**太平驿**。六十里**立石驿**。一百里**那夏驿**。七十里**高州府**。古潘驿。西去廉州府。南九十里**陵水驿**。一百一十里**新和驿**。一百里**桐油驿**。六十里至**城月驿**。

---

① “始”，底本作“姑”，据《纪要》卷一〇七、《明史·地理志》改。

② “圃”，底本作“浦”，据《寰宇志》卷一〇三、《纪要》卷一〇二改。

③ “浬”，底本作“里”，据《寰宇志》卷一〇三、《纪要》卷一〇二改。

④ “浈”，底本作“真”，据《路程图记》卷七之一〇、《纪要》卷一〇二改。

⑤ “横石矶驿”，底本脱“矶”字，据《寰宇志》卷一〇二、《纪要》卷一〇一补。

⑥ “崧”，底本作“松”，据《寰宇志》卷一〇二、《纪要》卷一〇一改。

⑦ “腰”，底本作“要”，据《寰宇志》卷一〇二、《纪要》卷一〇一改。

九十里**雷州府**。雷阳驿。六十里**将军驿**。七十里**英利驿**。一百里**沓磊驿**。六十里**白沙驿**。十里**琼州府**。琼台驿。东去万州。西四十里,至**西峰驿**。七十里**珠崖驿**。六十里至**归善驿** [①]。六十里**儋州**。古儋驿。四十里**田头驿**。四十里**大村驿**。三十里**大员驿**。四十里**昌江驿**。四十里**大南驿**。七十里**县门驿**。八十里**甘泉驿**。八十里**义宁驿**。六十里**德化驿**。一百里**崖州**。潮源驿。省城至雷州府,渡海,至白沙港登岸。陆路,十里至琼州府,四面皆海,中有五指山,乃黎人巢穴。本府东去万州,西去儋州,南去崖州,一府二州十县环绕五指山之外,惟崖州凌水县在五指山之极南也。

丘琼山作《五指山诗》曰:

五峰如指翠相连,撑起炎州半壁天。夜盥银河摘星斗,朝探碧落弄云烟。雨余玉笋空中现 [②],月出明珠掌上悬。想是巨灵伸一臂 [③],遥从海外数中原。

## 三八　广东由潮、惠二府至福建路

**五羊驿**。一百二十里**增城县**。东州驿。九十里**东莞县**。黄家山驿 [④]。八十里**铁冈驿**。七十里**苏州驿**。四十里**惠州府归善县**。欣乐驿。一百里**水东驿**。五十里**莫村驿**。属博罗县。一百三十里至**苦竹派驿**。九十里至**河源县**。宝江驿。六十里**义合驿**。一百七十里至**蓝口驿**。属河源县。六十里至**龙川县**。雷乡马驿。过岭。六十里至**通衢马驿**。六十里**兴宁水马驿**。下水。七十里至**七都驿**。属常乐县。八十里至**程乡县**。槐潭驿。七十里**程江驿**。六十里至**松口驿**。属程乡县。五十里至**大浦县**。四十里**三河驿**。一百里**产溪驿**。七十

---

① "善",《纪要》卷一〇五同,《明会典》卷一四五作"姜",《寰宇志》卷一〇六作"江"。

② "雨余",底本作"雪堆",据《丘文庄公集》卷一〇改。

③ "臂",底本作"掌",据《丘文庄公集》卷一〇改。

④ "黄家山驿",底本脱"家"字,据《寰宇志》卷一〇二、《纪要》卷一〇一改。

里潮州府。海阳县凤城驿。一百里至饶平县。黄冈马驿。八十里至福建漳州府。

## 三九　饶州由乐平县至徽州陆路

饶州府。二十里乔麦湾。五十里石头街。四十里岭前。三十里乐平县。三十里宝兴寺。三十里毛桥。三十里湾头。二十里黄沙。三十里庄坑。六十里婺源县。十里樟木铺。十里霍溪。十里古坑。三十里汪口。二十里至江家湾。五里中平。五里芙蓉岭。五里对境岭。五里至官亭。五里黄茅。十里新岭脚。十里山斗。十里至五城。十里溪口。十里隔山铺。十里闵口。五里高堰。七里至屯溪。二里朱塘铺。十里姚岭铺。十里黄墩。十里环山铺。十一里黄山拱秀。八里徽州府。

## 四○　南昌府由瑞州至花桥山路

南昌府。三十里高家渡。四十里市汊。七十里至松湖。六十里瑞州府。出西门。二十里湧桥。用九色银八分雇马，径到花桥山。二十五里坪山拗。二十里飞仙桥。二十里张坊。十五里花桥山。

## 四一　樟树镇由袁州至衡山县路

樟树镇。十五里临江河口。十五里萧滩。二十里滩头。二十里黄土。二十里罗家坊。二十里中郭市。三十里新喻县。十里杨村。六十里版壁铺。十里水口。十里至绣塘。十里钟山洪。十里分宜县。十里金堂铺。十里至昌山铺。有昌田洞，洞深十里，秉烛可游。滨江。有石乳洞，深五里，亦可游玩。十里深新铺。十里杨冈。十里石牌。十里桑岩。十里黄石。十里至下浦。十五里袁州府。十里十地江。十里五江口。十里岩凤下。十里沙泉。十里西村。十里张家坊。五里杨村湾。十里仙峰。二十五里芦溪。陆路。
五十里萍乡县。上小船。三十里至湘东。八十里醴陵县①。冷水滩。青泥湾。
牛阮洪。共九十里渌口。巡司。分水,去湘潭县止八十里。七十五里都石驿。
七十里衡山县。流霞驿。六十里七里驿。六十里衡州府。

南岳衡山在衡州府衡山县,即霍山,是南岳也,周围八百里,上有
七十二峰、十洞、十五岩、三十八泉、二十五溪。其峰高峻者五,而祝
融峰为最。回雁峰,雁止于此不前。有化生池,百鸟羽毛浮于水面。
无量寿佛真身,在涅盘湘山寺。

# 四二　湖口县由涂家埠至宁州路

湖口县。九十里南康府。七十里吴城。西南去江西省城等处。六十里至
涂家埠。对河淳湖后港。建昌县。十五里屈家湾。涂征。白插。五里
长乐平。马子滩。五里陶芜。五里三凤滩。五里龙虎三湾。十里箬溪头。
十里康滩。十里金口。十里潭头埠。五里坭泞铺。十里凤口。五里武宁县。
二十里吴滩。姚湾。三十里钝埠。二十里仙人潭。五里临江滩。五里里溪。
二十里清江。二十里柏树湾。五里石溪。对河梁口。三十里彭古。五里抱
子。十五里宁州。迎鬼门。三里犀角津。买卖炭舡皆泊于此。

# 四三　湖口由谢家埠至延平府路

湖口县。六十里青山。六十里南康府。二十里至左蠡。西往南昌、吉
安等处。二十里渚矶②。二十里都昌县。六十里饶河口。五十里至康郎山。

---

① "醴",底本作"澧",据《纪要》卷八〇、《明史·地理志》改。
② "渚矶",底本作"矶山",据《路程图记》卷七之三三、《水陆路程》卷七之
　　三三改。

五十里**八字脑**。三十里**柘林**。四十里**谢家埠**。六十里**清远驿**<sup>①</sup>。六十里**抚州府**。六十里**石门驿**。六十里至**建昌府**。陆路。六十里**峭石**。六十里**五福**。三十里至**杉关**。三十里**纸马街**。六十里**光泽县**。六十里**邵武府**。八十里至**拿口驿**<sup>②</sup>。六十里**富屯驿**。六十里**顺昌县**。双峰驿。三十里**上洋铺**。三十里**王台驿**。六十里**延平府**。

## 四四　福建省城至漳州府水路程

福州府。三山驿。五十里**大田驿**。四十五里**宏路驿**<sup>③</sup>。四十五里**蒜岭驿**。六十里**兴化府**。莆阳驿。六十里**枫亭驿**<sup>④</sup>。五十里**锦田驿**。五十里**泉州府**。晋江驿。五十里**康店驿**。五十里至**大轮驿**。六十里**深青驿**<sup>⑤</sup>。五十里**江东驿**。四十里**漳州府**。龙溪县丹霞驿。泉州府一百二十里至龙骨渡,搭船,一日到海城县,又四十里至漳州。

## 四五　湖广由安庆至徽州府路程

武昌府。六十里**阳逻驿**。六十里**李坪驿**。六十里至**黄州府**。六十里**巴水驿**。十里**竹瓦店**。二十里**朱店**。十里**蕲水县**。十里**石牛铺**。十里**分流铺**。十里**李店铺**。十里**六庙铺**。十里**女儿铺**。二十里**山阴铺**。十里**西河驿**。十里**三家店**。十里**山铺**。十里**高山铺**。二十里**广济县**。二十里至**青蒿铺**。十里**金竹铺**。十里**矛况铺**。十里**石笼铺**。十里**双城驿**。十里**版桥铺**。十里**石山铺**。十里**桃花铺**。十里**五祖山脚**。十里**山储铺**。十里**亭**

---

① "远",底本作"源",据《寰宇志》卷三五、《纪要》卷八六改。
② "拿",底本作"金",据《寰宇志》卷四七、《明会典》卷一四五改。
③ "宏",底本作"横",据《明会典》卷一四五、《纪要》卷九六改。
④ "枫",底本作"桃",据《寰宇志》卷四六、《纪要》卷九六改。
⑤ "青",底本作"清",据《寰宇志》卷四六、《明会典》卷一四五改。

前驿。十里菜子铺。十里密烟铺。十里凤凰铺。十里丰家店。十里仙田铺。十里枫香驿。十里唐梨铺。十里太湖县。三十里仓下。五十里至石牌。八十里安庆府。三十里渡江。黄溢①。八里至金竹山,有观音洞,圣迹颇奇。因烧香人众,官府洞口闭塞,惜哉。十里胡田铺。十里鸡公涧。十里上京段。十里东坑口。十里十字街。十里塔坑。十里至鸡儿滩。过渡十里沙坡。十里七里。十里柏山渡。十里香口。路通殷家汇。五里横堰渡。十里钓鱼台。十里沙塂。十里田角乐。十里猪头石。十里芦栗桥。十里黄岭。十里岭脚。三十里至大凤岭。十里排岭。十里枫树街。十里山岳岭。五里至黑桥。五里柏树街。十里山窝岭。五里九里冲。十五里横路头。十里椰木岭。十里渔亭。十里界首。十里齐云岸脚。十里尚田铺。二里蓝渡。八里绿溪铺。十里休宁县。六十里徽州府。

## 四六　湖广由辰州府至贵州水路

武昌府。水程。五百里城陵矶。陆路。六十里至马家林。四十里临江驿。六十里华容县。三十里锦江铺。可宿。三十里安乡县。四十里麻合渡。五十里新兴馆。七十里至常德府。三十里邹溪。中火。四十里桃源县。住。三十里水溪。三十里郑家驿。三十五里杨溪桥。三十五里至新店驿。四十里宁口。中火。四十里马鞍山。十里界亭驿。四十里狮子铺。中火。四十里马底驿。三十里至陶饭。中火。三十里辰州府。三十里麻溪。中火。四十里船溪驿②。三十里辰溪县。四十里山塘驿。三十里至大龙门。三十里怀化驿③。四十里盈口。四十里罗旧驿。四十里沅州。对河杨店。宿。四十里

---

① "溢",底本作"盆",据《纪要》卷二七、《清统志》卷一一八改。以下径改。

② "船",底本作"盘",据《寰宇志》卷五七、《纪要》卷八一改。

③ "怀化",底本作"槐花",据《寰宇志》卷五七、《纪要》卷八一改。

冷水铺。三十里便水驿。二十里波州。三十里晃州驿。二十里鲇鱼堡。三十里平溪卫。三十里至太平堡。二十五里清浪卫。二十五里椒溪。中火。五十里至镇远府。四十里刘安庄。中火。三十里偏桥卫。三十里至东坡。中火。三十里兴隆卫。二十五里重安江。中火。三十五里清平县。四十里杨老站。中火。三十里谷觉。三十里至贵州省城。

## 四七　城陵矶由澧州至九溪卫路

城陵矶。十里岳州府。《过洞庭湖诗》曰：洞庭野水碧天浮，万里潇潇芦荻秋。可在君山颜色厚，年年常对岳阳楼。过湖。十里至大江铺。二十里三家店。十里茅司铺。十里马家林。十里陈家林。十里高港铺。十里两山铺。十里楚阴铺。十里青山铺。十里板桥铺。十里射石嘴。十里渡白河。华容县。华容驿①。十里至中立铺。十五里蔡天铺。十里黄杨铺。十里新店。十里项港铺。四十里至安乡县。二十里澧州。四十里合山铺。三十里新安市镇。二十里至土地铺。三十里石门县。九十里慈利县。一百八十里永定卫。九十里九溪卫。

## 四八　湖广由长沙府至广西水路

武昌府。夏口驿。十里至南木庙。二十里串口。三十里金口驿。三十里东江脑。三十里牛角尖。二十里下排洲。驿。三十里蒿洲。四十里嘉鱼县。二十里几家洲。二十里六溪口。二十里石头口驿。江南有赤壁，系周瑜鏖兵处，山上有祭风台在焉。四十里至茅埠。六十里白罗山。二十里临湘县。二十里道人矶。三十里至城陵矶。十里岳州府。巴陵县岳阳驿。西门内城上

---

① "华容"，底本作"大江"，按明华容县境有华容驿，无"大江驿"，据《明会典》卷一四五、《纪要》卷八〇改。

有岳阳楼。诗曰:楼观岳阳尽,川回洞庭开,雁引愁心去,山衔好月来。三十里**扁山**。三十里**鹿角驿**。三十里**中庙**。三十里**磊石驿**。过洞庭湖驿。六十里至**营田驿**<sup>①</sup>。黄陵庙西去宝庆府芦陵滩,共七十里。至**湘阴县**。笔竹驿。六十里**彤关驿**。六十里**长沙府**。长沙、善化二县临湘驿。九十里**湘潭县**。湘潭驿。八十里**象石驿**<sup>②</sup>。六十里**禄口**。七十里**泗州驿**<sup>③</sup>。七十里至**都石驿**。六十里**衡山县**。皇华驿<sup>④</sup>。六十里**霞流驿**<sup>⑤</sup>。七十里至**七里驿**。九十里**衡州府**。临蒸驿。九十里**新塘驿**。六十里**柏坊驿**。六十里至**河州驿**。六十里**归阳驿**。九十里**祈阳县**。三吾驿。九十里**方潋驿**。六十里**永州府**。零陵县湘口驿。九十里至**界首**。石期驿。一百里**柳浦驿**。七十里**山角驿**。七十里至**全州**。城南驿。无量寿佛涅槃湘山寺,真身尚存。九十里**建安驿**<sup>⑥</sup>。一百三十里**兴安县**。白云驿。八十里**灵川县**。大龙驿。五十里**广西布政司**。桂林府临桂县东江驿。

## 四九　广西省由柳州至庆远府路

**桂林府**。六十里**苏桥驿**。过竹枫渡。四十里至**三里驿**。三十五里**永福县**。兰麻驿。三十五里**横塘驿**。一百二十里**大分驿**。一百二十里**江口驿**。一百二十里**云腾驿**。八十里**雷塘驿**。七十里至**柳州府**。马平县东江驿。六十里至**罗思驿**。五十里**大曹驿**。五十里**庆远府**。宜山县宜阳驿。此路瑶贼甚恶,水陆往来皆难。

---

① "营",底本作"荣",据《寰宇志》卷五五、《纪要》卷八〇改。

② "象石驿",按《寰宇志》卷五五、《明会典》卷一四五、《纪要》卷八〇皆未载此驿,疑误待考。

③ "州",底本作"水",据《明会典》卷一四五、《纪要》卷八〇改。

④ "皇",底本作"黄",据《寰宇志》卷五六、《纪要》卷八〇改。

⑤ "霞流",底本作"流霞",据嘉靖《衡山府志》卷三、《明会典》卷一四五乙正。

⑥ "建",底本作"连",据《寰宇志》卷一〇七、《明会典》卷一四五改。

# 五〇　仪真县由宁国府至徽州路

仪真县。渡江。陆路,十五里至河口。七十里句容县。五十里至望湖冈。四十里溧水县。十五里红南埠。搭船。九十里至唐沟。八十里水阳。七十里宁国府。起旱。二十里至板桥。十里寿松铺。十里王渡。二十里港口。十里延福铺。十里双溪铺。十里至宁国县。二十里竹下铺。二十里桥头铺。十里甲路。二十里尘岭①。十里胡乐司。二十里观音桥。二十里至丛山关。十里杨溪。二十里绩溪县。三里灵山下。七里雄路。十里龙溪。十里新馆。十里牌头。十里吴山铺。十里徽州府。

# 五一　仪真县由龙潭至南京陆路

仪真县。七里邓家窝。搭摆江船。四十里至龙潭。雇驴。五里东阳②。五里西沟。二十里东流。十里麒麟门。十五里孝陵卫前下马牌。三里朝阳门。

《南京十二门诗》曰:

神策、金川、仪凤门,定淮、清凉共石城。

三山、聚宝连通济,洪武、朝阳见太平。

# 五二　仪真由江西至吉安府水路

仪真县。五十里龙潭驿。五十里龙江关。驿。五十里大胜关。驿。九十里采石。驿。八十里芜湖县。澛港驿。九十里荻港。驿。八十里大通。驿。六十里清溪。池口驿。六十里李阳河。驿。六十里安庆府。同安驿。六十里雷港。驿。八十里彭泽县。龙城驿。八十里湖口县。彭蠡驿。十里至文昌洑。二十

---

① "尘",底本作"主",据《路程图记》卷八之三、《纪要》卷二八改。
② "阳",底本作"洋",据《纪要》卷二〇、《清统志》卷七四改。

里鞋山。五里女儿港。五里大孤塘。十里长岭。十里至青山头。二十里谢司港。五里神灵湖。五里南康府。匡庐驿。二十里至左蠡。东往饶州、抚州、福建等处。西十里莺子口。十里渚矶。三十里至吴城。驿。右往宁州。六十里昌邑。三十里牛栏三望。三十里樵舍驿。二十里八字脑。二十里石头口。十里江西省城。南浦驿。二十里生米观。即高家渡。河泊所。二十里象牙潭。十里市汊。驿。左往瑞州。二十里张吴渡。三十里大江口。慎小人。十里至小江口。慎小人。十五里曲港。十里丰城县。剑江驿。十五里黄土脑。十五里杨子洲。十里老虎口。十里樟树镇。药材俱聚于此。有神福。十五里临江河口。十五里萧滩驿。十五里永泰。十里太扬洲。小神福。十五里至石口。十里河埠。二十五里新淦县。金川驿。十里至长牌。十里童江湾。十里富口。五里玄坛观。十五里三曲滩。有吉水县白沙驿。三十里大洲头。十里罗紫山。有忠臣庙，文天祥墓在此。十里吉安府。庐陵县螺川驿。

解缙作《九县诗》嘲曰：

万安滩上水如梭，南有龙泉北泰和①。

地脉远通安福界，源流直接永新河。

永宁地僻行人少，吉水山高进士多。

惟有永丰人狡猾，庐陵平地起风波。

# 五三　瓜洲收孟渎河至常州府水路

瓜洲镇。二十里丹徒港。三十里大港。十五里至圌山。十里永新洲。十里妙港。进去口岸。十里李家港。四十里至黄家港。进去四十里，至泰兴县。江南孟渎河②。十二里泛水湾。二十四里至黄连树。十二里火烧庙。十二里谢店。十二里至奔牛。二十里常州府。

---

① “泰”，底本作“太”，据《纪要》卷八三、《明史·地理志》改。

② “孟渎河”，底本脱“渎”字，据《纪要》卷二五、《清统志》卷八六补。

# 卷二

## 五四 扬州府由泗州至河南府路

扬州府。西门三十里至甘泉山。三十里大仪。二十里至小店。三十里芦龙。二十里天长县。三十里石梁。过河。二十里至张公铺。二十五里平阳铺。二十里连塘。三十里至义井。二十里盱眙县。过河，至泗州。过小河。二十里管公集。三十里包家集。四十里双沟。二十里陈家冲。二十里上塘。前有九墩十八洼，旷野。三十里冷饭墩。二十里虹县。三里湾。三十里至长直沟。二十里灵璧县。三十里楼子庄。十里二陈店。二十里大店驿。即站里。二十五里至三十里铺。三十里宿州。出西关，三十里兰蕙铺。十里四铺。十里五铺。二十里百善道。驿。即站里。十里柳千庄。十里铁佛寺。即界首铺。十五里至何家庄。二十五里永城县。出西关，二十里柘树，二十里酂县城儿，二十五里爪子营，二十五里五马沟，二十里亳州。十五里十八里集。十五里鄮阳。三十里会亭。驿。二十五里至济阳。二十五里石留固。驿。二十里谷熟①。二十里蔡家道口。二十里归德府。二十里水池铺。二十里观音堂。二十里宁陵县。二十里阳驿铺。三十里睢州。三十里榆厢铺。二十里小河铺。三十里杞县。三十五里韩岗。二十五里陈留县。西门月城里，有蔡中郎祠。二十里太平岗。三十里汴城。出西关。四十里韩庄。三十里中牟县。昔曹操

---

① "熟"，底本作"属"，据《纪要》卷五〇改。

刺董卓逃,被陈宫所获之处。三十里**白沙**。四十五里**郑州**。三十里**须水**①。四十里**荥阳县**。四十里**氾水县**。即汉之虎牢关。四十里至**巩县**。东周建都之地,杜工部故里。二十五里**黑石渡**。过河。三十里至**偃师县**。三十里至**黄家店儿**。四十里**河南府**。即汉之洛阳,宋之西京。程氏二夫子故里,有祠在焉。

中岳嵩山在登封县东八里,庙在黄盖峰下,东曰太室,西曰少室,北极庙在绝顶。三将军柏在嵩阳宫,一大者围六人,汉武帝曾封禅于此。一祖面壁庵在少林寺后。有中山无影台,夏至日午,亭石柱无影。瀑布泉阔三丈,自顶而倾,岁旱不竭。立雪亭即惠可禅师侍达摩禅师雪深至腰处也。

## 五五　扬州由六合县至庐州府路

**扬州府**。搭小船。七十里**仪真县**。东关。走至西关雇驴。三十五里**陈保桥**。三十五里**六合县**。三十里**新店集**。十里**盘城**。三十里出河口大路。又十里至**东葛城驿**。十里**西葛城**②。二十里**界首**。三十里**全椒县**。二十里**白酒冈**。二十里**紫店冈**。三十里**大石街**。三十里至**石梁镇**。二十里**小延山**。三十里**石塘桥**。三十里**店埠**。四十里**庐州府**。

## 五六　扬州府由泰州至通州水路

**东关**。搭船。五十里**宜陵**③。六十里**泰州**。六十里至**姜堰**④。六十里**海安**。

---

① "须",底本作"睢",据《纪要》卷四七、《清统志》卷一八七改。
② "西葛城",底本"城"下有"驿"字,《纪要》卷二〇有西葛城,无"西葛城驿",据删。
③ "陵",底本作"林",据《纪要》卷二三、《清统志》卷九七改。
④ "姜",底本作"江",据《纪要》卷二三、《清统志》卷九七改。

十五里利发口 ①。北往挤搽 ②。掘港场去。二十里如皋县。四十里丁堰。四十里白蒲 ③。七十里通州。

## 五七 扬州府至山西平阳府陆路

扬州府。清凉寺前雇长骡,出西门三十里,至甘泉山。三十里大仪。五十里至芦龙。三十里天长县。三十里石梁。过河。二十里至张公铺。四十五里连塘。五十里盱眙县。过河泗州。又过小河,五十里至鲍家集。四十里双沟。四十里上塘。旷野。三十里至冷饭墩。二十里虹县。三十里长直沟。三十里灵璧县。三十里楼子庄。三十里大店驿。四十五里南宿州。出西关。四十里四铺。三十里至百善道。六十里永城县。六十里会亭驿。五十里至石榴固 ④。驿。六十里归德府。六十里宁陵县。五十里睢州。七十里至杞县。六十里陈留县。五十里汴城。翟家口过河。十里至俞家店。九十里黑阳山 ⑤。八十里莫兰店。七十里清化镇。三十里至王庄。上太行山。三十五里红花口。十五里浪车。八十里至周村。八十里刘村。五十里沁水县。三十里黄寨。九十里至翼城县。下太行山。五十里黄帝庙。五十里平阳府。

## 五八 高邮由沙沟至庙湾场水路

高邮州。北闸搭船。十五里至杨家庙。十五里马半生。三十里至查家店。二十里临泽。三十里时堡。巡司。十里沙沟。三十里至黄土沟。二十五里唐

① "利",《路程图引》卷二之五六同,《纪要》卷二三作"立"。
② "挤搽",《路程图引》卷二之五六同,《纪要》卷二三作"拼茶"。
③ "蒲",底本作"埠",据《纪要》卷二三、《清统志》卷一〇六改。
④ "榴",底本作"留",据《寰宇志》卷八三、《清统志》卷一八七改。
⑤ "阳",底本作"羊",据《纪要》卷四七、《明史·地理志》改。

桥。十五里**胡垛**。四十五里**朦胧**。清沟巡检司。五十里**喻口**<sup>①</sup>。十五里**庙湾场**。淮安海防同知、游击府驻扎此处。

## 五九 瓜洲由凤阳府至颍州陆路

**瓜洲**。西门外头闸、月河口雇长驴。二十里至**何家港**。二十里**新城**。十里**仪真县**。三十五里**陈保桥**。三十五里**六合县**。过桥。三十里至**姜家渡**。二十里**雷官集**。三十里**水口**。巡司。三十五里**滁州**。二十五里过**关山**,十里**朱龙桥**。十里**广武卫**。十里**大柳树**。驿。二十五里至**大山铺**。十五里至**池河驿**。南去六十里至定远县,六十里永康镇,三十五里白鹭桥,四十里姚杲店<sup>②</sup>,四十里中心渡,十里寿州,此路北走凤阳,近五十里,但路空僻,店不好宿。如头口少,并冬月日短,宜走凤阳为妙。西十五里至**刘家铺**。十里**崇家铺**。十里**黄连铺**。十里**红心驿**。十里**张家铺**。十里**黄泥铺**。十里**总铺**。西北往徐州。西南二十里**大通桥**。十里**凤阳府**。西去七十里荆山。十五里至**瓦屋楼**。三十五里**刘府**。二十里至**考城**。二十里山路至**上窑**。过河。二十里**新店**。二十里路旷野**陈家冈**。五里**安头铺**。二十里**鸦飞铺**。十五里过河,五里至**寿州**。南关二十里至**二十里铺**。十里**三十里铺**。三十里**正阳**。上下货船在此纳料。过河。八里至**八里垛儿**。七里**蔡涧铺**。十五里**三十里铺**。十里**四十里铺**。十二里**十八里铺**。十八里**颍上县**。管仲、鲍叔牙故里。南三十里至捣滩,又三十里南照集。三十里至**三十里铺**。三十里**六十里铺**。二十里**四十里铺**。四十里**颍州**。

---

① "喻",底本作"论",据《纪要》卷二二、《明史·地理志》改。

② "姚杲",底本作"饶高",据《路程图记》卷六之七、《水陆路程》卷六之七改。

# 六〇　湖广由汴城至北京陆路程

武昌府。江夏县将台驿。渡大江,至汉口。五十里**沙河口**。二十里至**阳
逻**。七十里**团风**。二十里**林山河**。十里**丁家荡**①。三十五里**道观河**②。十里
**沙河铺**。三十里**白堂铺**。三十里**麻城县**。四十里**王福店**。十五里**陈马冈**。
十五里**分水岭**。十里**界牌河**。二十里**长溜**。二十里**椿树店**③。二十里**泼皮河**。
二十里**由树店**。二十五里**光山县**。三十里**寨河**。二十里至**接官亭**。二十里
**叶家店**。十七里**中都店**。八里至**息县**。二十里**饭婆店**。二十里**彭老人店**。
二十里**张家店**。二十里至**油坊店**。三十里**郭家店**。二十里**黄冈儿**。二十里
至**孙王店**。二十五里**汝宁府**。五十里**邵店**。二十五里至**上蔡县**。二十里**横
桥**。二十里**瓜皮店**。二十里**砖桥儿**。四十里**小桃店**。二十五里**桃城**。六十
里**林渔**。三十里**许州**。十五里**湾店**。十五里**小赵铺**。十里**石相铺**。十里
**燕家店**。二十里**朱虚**。二十里**冯村**。二十里**尉氏县**。二十里至**卢间**。十里
**闹店**。十五里**朱仙镇**。十五里**好山铺**。三十里至**汴城**。开封府大梁马驿。
一千五百三十里至**北京**。驿路详八十九下。

京都八景

西苑　在皇城内。西北有太液池、瑶华岛,波光澄澈,烟云缭绕,
上有广寒殿,隐然仙府,为京师八景之二:一曰太液清波,一曰琼岛
春云。

西山　在府西三十里太行山。每大雪初霁,积素若画,为京师八
景之一,曰西山霁雪。

---

① "荡",底本作"当",据《路程图记》卷六之一三、《水陆路程》卷六之
一三改。
② "观",底本作"官",据《纪要》卷七六、《清统志》卷三四〇改。以下
径改。
③ "椿",底本作"春",据《路程图记》卷六之一三、《水陆路程》卷六之
一三改。

黄金台　在府东十六里。燕昭王于易水筑黄金台,以居贤士,后人慕其好贤筑台,为京师八景之一,曰金台夕照。

玉泉山　在府西二十里。凿石为螭头,泉从螭口中出,色若素练,流入西湖,为京师八景之一,曰玉泉垂虹。

卢沟河　在府西十五里。其源出山西太行山,入宛平境,其桥金建,本朝正统年重修,长二百余步,石栏杆刻狮子形,每早晨波光映月,为京师八景之一,曰卢沟晓月。

古蓟门　在府北。今止存二土阜,林木苍翠,为京师八景之一,曰蓟门烟树①。

居庸关　在府北一百二十里。关之南,重峦叠嶂,苍翠可爱,为京师八景之一,曰居庸叠翠。

# 六一　湖广省城至襄阳府陆路程

武昌府。渡江。八里至汉口。十里郭司渡。二十里至平塘湖。渡。三十里蔡店。三十里龚家渡。三十里汉川县。二十五里杨四港。五里刘家隔。渡。五里新河渡。十八里十八里店。六十里应城县。六十里接官亭。四十里观音崖。二十里至京山县。二十里合流铺。四十里郢东驿②。四十里至梅子涧。二十里木马铺。三十里承天府。二十里直河渡。十里毕家港。二十里盛家店。四十里至丰乐河。三十里龙王洲。渡。十里宜城县。三十里毛家港。渡。二十里至潼口驿。三十里泰山庙。二十里襄阳府。

---

① "烟",底本作"燕",据《长安客话》卷一改。

② "郢",底本作"永",据《明会典》卷一四五、《纪要》卷七七改。

## 六二　团风由麻城至光山县陆路

团风。十里瓦园铺。十里竹瓦铺。十里林山河。十里至丁家荡。中火。十五里黄连铺。十里久长铺。十里道观河。宿。十里至沙河铺。十里望花镇。十里白果铺。十里至白塘铺[①]。中火。三十里至麻城县。住。东路六十里至虎头关。中火。三十里至杨柳河。宿。十五里过东界岭，至张家楼。中火。五十里至院子。宿。十五里至商城县。十里至奇路江家。十里王福店。陈马冈。十五里分水岭。十里界牌河。二十里至长溜。十五里椿树店。十里桃树店。十里浚皮河。二十里至由树店。二十五里光山县。

## 六三　襄阳府由淅川县至陕西路

襄阳府。对江樊城。九十里柴店冈。九十里光化县。换小船。六十里小江口。西南往郧阳府。西北三十里党子口。三十里陈宽埠口。八十里淅川县。五十里幪围。四顾皆山。四十里至胡村。起旱。三十里至梳洗楼。六十里青山。四十里商南县。五十里清油河。四十里武关。五十里桃花铺。八十里白羊店。四十里至商州。三十里至麻涧。四十里秦岭。五十里大商远。四十里蓝侨。有韩湘子洞。走七盘坡，五十里蓝田县。四十里礼村。四十里至陕西省城。

## 六四　淮安由老鹳亭至赣榆县路

淮安府。十五里板闸。十五里清江浦。直上尽头，过黄河，至王家营。雇驴。二十里至浪石[②]。过河。十五里涧桥。八里金城。三十里老鹳亭。北

---

① "白塘铺"，底本"塘"字浸漶，据《路程图引》卷二之六二补。

② "浪"，底本作"朗"，据《纪要》卷二二改。

头有小船,可到沭阳县。二十里**苦水铺**。二十里**十字桥**。十五里**沭阳县**。东门外雇驴。十里**至寒枋**。过渡,十里至**万毗**。十里**桑墟**。东十五里至**堞上**,西去十里至**后镇集**。过河。二十里至**兴谷店儿**。十里**房山**①。三十里**驼峰**。过河。四十里至**沙河**。三十里**朱渡桥**。二十五里**赣榆县**。

## 六五　淮安由海州至胶州水陆路

**淮安府**。礼字坝搭船。九十里至**安东县**。过坝。三十里至**傅门镇**。二十五里至**八角墩**。五里**五港口**②。三十里**白头关**。十里**新安镇**。二十里至**龙沟**。十里**张家店**。三十里**大伊山**。三十里**木港口**。二十里**板浦**。二十里**塔儿湾**。起旱。十里**海州**。西门外南首雇长驴。三十里至**小河口**。四十里**青口**。十里**赣榆县**。二十五里**龙王庙**。十五里**九里戚**。十五里**柘汪**。二十里**分水**。货出滴水口,上船八里。二十里至**火山铺**。二十里**丰和山**。五里过河。十里**游所**。二十里**符滩**。过河。三里**寨上**。十二里**日照县**。西岭上货,出夹仓口三十五里,上海船。二十五里**河山店**。二十五里**两乡**。过河。正北去,二十里新店,十里水坡儿,二十里石桥儿,二十里柳树店,二十里货坟,二十里朱渡河,十里诸城县。十五里**厥上**。二十五里**井戈庄**。十里**塔山**。十五里**横河川**。五里**高戈庄**。四十里**张仓**。十五里**五岭庙**。二十五里**王台**。五十里**胶州**。

## 六六　淮安府由荆山至亳州陆路

**淮安府**。十里**杨家庙**。雇驴。三十里**陆家集**。二十里至**黄家集**。四十里**月城**。十五里**古沟**。宿。二十里**史家沟**。过河。十五里至**都管堂**。五十里**盱眙县**。宿。二十里**易河湾**。四十里过小河,至**旧县**。四十里过河,至**查家渡**。

---

① “房”,底本作“防”,据《纪要》卷二二改。
② “港”,底本作“江”,据《明史·地理志》、《清统志》卷九四改。

宿。三十里山路,空野。梅成寺。四十里至临淮县。二十里凤阳府。四十里徐家桥。四十里过河,至荆山。宿。五十里何家溜。四十里泽头。三十里双涧。宿。三十里至蒙城县。二十里吴家集。三十里西洋埠。四十里雉河。住。四十里白龙王庙。二十里沙土集。二十里泗上。二十里东家埠口。十里亳州。

## 六七　淮安府由新坝至墟沟营路

礼字坝。搭船。九十里至安东县。三十里傅门镇。七十里至新安镇。六十里大伊山。四十里新坝。搭船四十里,过海①,至南城。雇驴。二十里至大村。东上山,十里至青峰顶,即云台山。北三十里新县。三十里墟沟营。

## 六八　清江浦由宿迁至徐州陆路

清江浦。二十五里奶奶庙。过河。五里清河县。三十里三汊。十八里过河。十二里至桃源县。三十里崔镇。六十里至宿迁县。过河。五十里至凤山。十五里沙坊。六十里新安。三十里双沟②。二十里房村。二十里黄钟集。三十里徐州。

南关有戏马台,方孝孺诗曰:

盖世英雄酒一杯,悲歌只是后人哀。

平生废尽屠龙技,今日空留戏马台。

## 六九　清江浦由南河至汴梁水路

清江浦。三十里沟口。马头巡检司。六十里至洪泽。三十五里过湖,至

①　"过海",底本"过"上有"名"字,据《示我周行》卷一之三七删。

②　"沟",底本作"清",据《路程图引》卷二之六八、《纪要》卷一二九改。

草嘴。二十里挠子山。十五里步英沟。水通懽墩。五里龟山。上有无梁殿。三十里至泗州。十里二陈沟。五里易河湾。四十里旧县。上首金龙沟,水通查家渡;下首水通涧溪。二十里龙窝。二十里山冈。二十里双沟。水通界沟。十里失引庙。二十里浮山。上有灵岩寺。十里妙冈。二十里至五河县。西北水通固镇。十里小下市。十里小岐。二十里早巷。十里散汊。三十里凤阳旧城、临淮县。十里十里城儿。二十里长淮溜①。三十里半步溜。三十里荆山。西北水通亳州,三里至怀远县。西山有卞和洞,山后有凤凰池,前大白石堆系产良璧之处。西南三十里马头城。二十里至断窑。西南水通白路桥。三十里洛河。三十里石头铺。三十里至白龙潭。三十里下蔡。十五里肥河口。水通蒙城。十五里寿州河口。三十里焦冈。十五里笋椿河口。南十五里至正阳。西十里至八里垛。十里蔡涧铺。三十里三道冲。四十里颍上县。四十里江口。四十里流龙口。三十里回溜窝。四十里七里河。东三里至颍州。十里白庙。十五里泗河铺。六十里太和旧县。四十里税子铺。十五里界沟。二十里纸店。船户批关。二十里至王霸溜。二十里槐方集。陆路。一百一十里至赵老人埠口。二十里至牛埠口。十里王昌集。十里新站。十里富坝口。二十里牛家埠。三十里周家口。西北上去二十里至赵老人埠口,二十里邓城,三十里龙盛沟,三十里小窑,六十里郾城县,三十里新店,二十里北舞渡②,二十里馨掩,三十里横梁渡,二十里慈竹,二十里襄城县,陆路一百五十里至湖广均州。十五里李方店。三十里西华县。二十里龙石头。十五里李家桥。二十里红花集。四十五里扶沟县。二十里李家潭。四十里石家桥。三十里水坡。三十里朱仙镇。起车。四十里汴城。

---

① "长淮溜",底本"淮"下脱"溜"字,据《路程图记》卷五之三、《水陆路程》卷五之三补。

② "舞",底本作"乌",卷二之七六作"北舞渡",《纪要》卷五一有北舞镇,据改。

## 七〇　清江浦由小河至符离桥路

清江浦。三十里清河县。六十里桃源县。六十里古城。四十五里小河口。二十里耿车。三十里高座。十五里睢宁县。十五里茅竹港。二十里桐郡。七十里至孟山。二十里时村。七十里符离桥。七十里徐集口。

## 七一　宿迁县至郯城马头陆路程

宿迁县。二十五里小店儿。三十五里司务。二十里至龙泉沟。三十五里刘马庄。十五里红花埠。六十里至郯城马头。二十里郯城县。此路防山涧中藏断路贼，非货车驴驮，宜从直河起旱，更稳当些。

## 七二　隅头集由泇口至夏镇陆路

隅头集。二十五里张村。三十里柳林庄。二十里泇口。三十里台儿庄。三十里马连屯。二十里阴平。十二里周家营。六十里夏镇。

## 七三　直河口由隅头集至沂州路

直河。陆路。六十里由家口。过河。十五里隅头集。十五里至苏家集。过河。五里纪村。二十里谷沟。二十里至劳沟。二十里冷村。二十里郯城马头。六十里李家庄。五十里至沂州。有王羲之洗砚池。

## 七四　郯城马头转至青口陆路

马头。二十里郯城县。二十五里山子口。三十里至棠梨树。十五里拨旺集。十五里石榴树。二十里驼峰。四十里沙河。五十五里赣榆县。十二里青口。

## 七五  正阳由固始县至光山县路

正阳。十五里溜子口。过河。五十里白水塘。十里霍丘县。五里丰河。过渡。十五里至陈家铺。三十里郑塔铺。三十里至曹家店。二十里泉河铺。四十里固始县。西南二十里杨官店。五里曲河渡。五里新店。二十里胡族店。十里三家店。十里清河铺。三十里黄子冈。十里地路河。三十里至光州。四十里光山县。

## 七六  正阳由颍州至北舞渡陆路

正阳。过河。八里八里垛。七里蔡涧铺。十五里三十里铺。十里四十里铺。十二里十八里铺。十八里颍上县。三十里三十里铺。三十里六十里铺。二十里四十里铺。四十里颍州。十里白庙。过河。二十里泗河铺。十里樊家埠口。过河。十里王义官集。三十里太和县。十里旧县。二十里税子铺。二十里界沟。二十里纸店。二十里至新安集。二十里怀方店。四十里鲁台。二十里至洪塘。二十里穆家集。二十里陈州。东北四十里老冢集，又三十里至太康县。西二十里至柳林。二十里清河驿。二十里西华县。三十里至夏亭。三十里小窑。十五里诸葛寺。七里南头铺。三里陈村。五里黑龙潭。二十里郾城县。三十里新店。三十里北舞渡。二十里乐冈。三十里襄城县。

## 七七 颍州由归德府至临清陆路

颍州。出北关。十里过河,又十五里过河,又十里至**王义官集**。十里**界牌集**。二十五里**太和县**。八里**旧县**。十里**十八里铺**。二十里**双浮屠**。十五里**港沟铺**。十五里**孤堆**。即倪丘集。二十里至**桑家店**。十里**泚河口**。二十里**双沟**。二十五里**十字河**。三十里至**亳州**。进南关,出北关,三十里至**卢家庙**。三十里**乌厢**。三十里**阎家集**。三十里**归德府**。出东关,上北堤,三十里至**邓宾口**。二十里至**河崖**。过河,至傅家集。十五里**土山**。二十五里至**曹县**。二十五里**莘冢**。二十里**青冈**。二十里**马家集**。二十五里至**朱家店**。二十里**曹州**。二十五里**小溜集**。十二里**马村集**。十五里**王召集**。十二里**董家口**。十八里**象城**。三十里至**濮州**。三十里**柳杭头**。三十里**郭疃**。二十里**朝城县**。三十里至**黄路铺**。二十五里**莘县**。十五里**何店**。十五里**马桥**。十五里**青阳集**。二十里**新集**。二十里**柳林集**。四十里**临清州**。

## 七八 临清由汴城至荆州府陆路

临清州。三十里**斜店**。三十里**清水堡**①。四十里**冠县**②。二十五里**东小滩**。二十五里**张铁集**。三十里**贺村集**。二十里**南乐县**。十五里**南青店**。三十里**青丰县**。二十五里至**屹搭庙**。二十五里**开州**。即古澶渊。有重华台,卫灵公常坐台上,侍者数百人,仲叔圉谏曰:"昔桀、纣行此而亡,今君宠妾无乃盛欤。灵公尽出之,民大悦。二十里**梓岸**。二十里**宋林**。三十五里**老岸**。三十里**丁兰集**。二十五里**长垣县**。三十里**流光**。三十里**陈桥**。过河。四十里至**汴城**。有货宜

---

① "堡",底本作"铺",《纪要》卷三四:"冠县东北四十里有清水堡。"《明史·地理志》作"清水镇堡",据改。
② "冠",底本作"观",按冠县在临清州与南乐县之间,为道路所经,"观县"与地望不合,据改。

走东关,无货径走南关。三十里**好山铺**。十五里**朱仙镇**。十五里**闹店**。三十里至**尉氏县**。二十里**冯村**。二十里**朱虚**。二十里**燕家店**。十里**石相铺**。十里**小赵铺**。十五里**湾店**。十五里**许州**。二十里至**长店**。十里**湛店**。二十里**颍桥镇**。二十里**林树铺**。二十里至**襄城县**。二十五里**新店铺**。三十五里**叶县**。十里**尤漾**。二十里**旧县**。即罗山县①。三十里至**保安驿**。十里**东心店**。十里至**笃树**。即龙泉店。二十里至**招抚冈**。二十里**裕州**。三十五里**赵河铺**。二十五里**博望驿**。二十里**夏沟铺**。四十里**南阳府**。三十里**屯儿**。三十里**瓦店**。即林水驿。十五里至**界冲**。二十五里**妙堰铺**。三十里**新野县**。三十里**新店**。二十里**黄渠铺**。二十五里**吕堰驿**②。十里**柳堰铺**。十里**陈庄铺**。十里至**团山铺**。十里**七里桥**。二十里**樊城**。过河,至**襄阳府**。六十里至**潼口驿**③。二十五里**毛家沟**。二十五里**宜城县**。四十里至**新店铺**。十里**八里虹**。十里**丽阳驿**。二十里**班竹铺**。二十里至**乐乡关**。二十里**石桥驿**。二十五里**小南桥**。三十五里至**荆门州**。二十里**刹刀石**。二十里**园林铺**。十里**鸦陂铺**。十里**新店铺**。十五里**五里铺**。十五里**建阳驿**。十里至**石牌**。二十五里**四方铺**。三十里**龙背桥**。二十里**草市**。十里**荆州府**。买卖客货俱聚于沙市。

## 七九　济宁州至泰安州山顶陆路

**济宁州**。四十里**沿村店**。二十里**安桥**。三十里**宁阳县**。三十里**红边屯**。

---

① 按罗山县在汝宁府,与所经路线不合。《清统志》卷二一一:"叶县故城在今叶县南三十里,名旧县店。"本书所云旧县当为叶县故城,底本误。

② "吕堰",底本作"斗沟",按襄阳府无"斗沟驿",底本误。《纪要》卷七九:"吕堰驿在襄阳县北七十里。"《清统志》卷三四八同。吕堰驿与路线延伸方向并"斗沟驿"地望相符,据改。

③ "潼口驿",底本作"董口站",据《纪要》卷七九、《清统志》卷三四八改。

过渡。二十里**奶奶庙**。二十里**东巷店**。三十五里**灌口**<sup>①</sup>。二十五里<sup>②</sup>**泰安州**。十里**红门**。上山。五里**高老桥**。五里**水帘洞**。三十里至**泰山顶**。

东岳泰山,在济南府泰安州北门外十里。至红门上山,五里至高老桥,又五里至水帘洞,又二十里至十八里盘,十里至绝顶。上有石表,云秦时无字碑,高一丈二尺许。其祠曰青帝,曰碧霞。其古迹曰封禅台,曰五大夫松。秦李斯篆、唐磨崖碑,宋真宗御障。其石亭曰高山流水,亭之傍曰曝经处。

## 八〇 徐州由济宁至临清州陆路

**徐州**。北关雇驴。二十里至**茶城口**。如水路,不下坂搭小船,一百里至夏镇,又一百一十里至南阳,又四十里至新店起旱,便益些,且省盘缠。三十五里至**丁家集**。二十五里至**豆腐店**。三十里**沛县**。三十里**庙道口**。二十里**沙河驿**。二十里**王家楼**。倘路上有水,由谷亭走,远些。二十里**南阳**。二十里**鲁桥**。二十五里**新店**。三十里**济宁州**。二十里**二十里铺**。二十里至**康庄驿**。十五里**程村**。三十里**汶上县**。五里过河。二十里至**沙河站**。三十里**东平州**。南关尽头东去,十五里至**安山**。三十里至**戴家庙**。三十里**张秋**。二十里**阿城店儿**。三十里**官窑口**。四十里至**东昌府**。四十里**梁家乡**。四十里**孔家集**。三十里至**临清州**。

## 八一 徐州由永城县至亳州陆路

**徐州**。北关由河南岸走,十里至**九里沟**。十里**十八里屯儿**。十里至**小**

---

① "灌口",底本脱,据《路程图记》卷六之二二、《水陆路程》卷六之二二补。
② "二十五里",底本脱,据《路程图记》卷六之二二、《水陆路程》卷六之二二补。

王家山儿。二十里萧县。三十里孩子口。四十里至青梨集。十五里回村。三十五里永城县。出南关。二十里柘树。二十里鄜县城<sup>①</sup>。二十五里爪子营。二十里至五马沟。二十里亳州。

# 八二　徐州由丁家道口至归德路

徐州。出北门。二十里十八里屯儿。三十五里两河口。四十里曲里铺。三十里赵家圈。五十里韩家道口。三十五里师家道口。三十五里贺家集。二十五里马牧。东四十里至丁家道口。四十里归德府。

# 八三　徐州由蒙城县至颍州陆路

徐州。南关新店儿雇驴。二十里二铺。十里三铺。二十里桃山驿。三十里至新封。十里夹沟驿。二十里褚庄铺。二十里符离桥。二十里宿州。出西门。四十里南平集。三十里赵家集。二十里版桥集。三十里蒙城县。南一百三十里至下蔡，又三十里至寿州。西三十里至新店集。四十里董家集。二十五里小桥沟。二十里至谢家集。二十五里插花庙。三十里颍州。

# 八四　徐州由丰县至曹州陆路程

徐州。北关转西首雇驴。二十五里至塘沟。二十里郑家集。三十里至谷家口。十里黄家仁。住。二十五里华山。三十里丰县。二十五里赵家庄。十五里刘家集。住。二十五里至杜家店。二十五里单县。二十五里浮子集。二十五里城武县。住。二十五里至冉固。二十五里定陶县。二十五里金堤集。

---

① "鄜"，底本作"醝"，据《纪要》卷五〇、《清统志》卷一九七改。

三十里至**曹州**。

## 八五　汴梁由正阳至芜湖县陆路

**汴城**。二十里**柏木子冈**。二十里**关头**。二十里至**高庙**。二十里**通许县**。三十里**马头**。二十里**崔桥**。二十里至**长营儿**。二十里至**碎米口**。三十里**苗家集**。二十里至**观音堂**。二十里**陈州**。有伏羲陵、八卦台、孔子绝粮亭。二十五里至**瓦罐集**。二十五里**新站**。二十里**南顿镇**。四十里**怀方店**。二十里至**新安集**。二十里**纸店**。二十里**税子铺**。二十五里**界沟**。二十五里**太和旧县**。十里**望城铺**。十五里**界牌集**。十五里至**石羊铺**。十里**四河铺**。二十里**白庙儿**。十里**颍州**。六十里至**六十里铺**。三十里**三十里铺**。三十里**颍上县**。三十里**黄冈铺**。二十里**蔡涧铺**。二十里过淮河，至**正阳**。大市镇。水通七十二道山河。四十里至**四十里店**。五十里**瓦埠**。五十里**豪寨铺**。二十里**桑柯**。三十里**四十里铺**。二十里**高桥**。即城子铺。二十里至**庐州府**。合肥县金斗驿。四十里至**店埠**。三十里**西山口驿**①。四十里**柘皋**。三十里至**下皋**。三十里**巢县**。十五里**半汤铺**。有温泉可浴。十五里**清溪**。东去三十里至含山县，三十里腰铺，三十里和州，出东门，四十里乌江，二十五里桥里，三十五里江浦县，二十里浦口，六十里至六合县。三十里**石门山**。五里**陶家场**。二十里**后赶桥**。四十里至**西梁山**。渡江。四十里**芜湖县**。

## 八六　潼关由蒲州至山西省城路

**开封府**。四百二十里**河南府**。二百九十里**陕州**。一百七十里至**潼关**。渡黄河。六十里**蒲州**。八十里临晋县**樊桥驿**。八十里安邑县**泓芝驿**。六十里

----

① "西山口驿"，底本脱"口"字，据《路程图记》卷六之四、《明会典》卷一四五补。

闻喜县**涑川驿**①。七十里曲沃县**候马驿**。五十里**蒙城驿**。五十里**平阳府**。临汾县建雄驿②。六十里洪洞县**普润驿**③。八十里**霍州**。霍山驿。六十里灵石县**仁义驿**。三十五里**瑞石驿**。七十里介休县**义棠驿**④。七十里平遥县**洪善驿**。西八十里至汾州。南六十里祁县**贾令驿**。五十里徐沟县**同戈驿**。八十里**太原府**。阳曲、太原二县临汾驿。

## 八七 太原府由雁门关至蔚州路

**太原府**。八十里**成晋驿**。属阳曲县。七十里至**九原驿**⑤。属忻州。八十里至**原平驿**。属崞县。一百里**代州振武卫雁门关驿**。关内东走四十里至五台。北六十里至**广武驿**。属马邑县。九十里至**安银子驿**⑥。属应州。九十里**西安驿**。怀仁县。八十里**大同府**。大同县云中驿。八十里至**瓮城驿**。属大同县。五十里至**上盘铺驿**。属浑源州。二百二十里至**蔚州**。东南二百五十里至紫荆关。

诗曰：

雁门关外野人家，不养蚕桑不种麻。

说与江南人不信，早穿绵袄午穿纱。

---

① "涑"，底本作"冻"，据《寰宇志》卷七八、《清统志》卷一五六改。

② "雄"，底本作"崇"，据《寰宇志》卷七九、《清统志》卷一三八改。

③ "润"，底本作"闰"，据《寰宇志》卷七九、《清统志》卷一三八改。

④ "棠"，底本作"常"，据《寰宇志》卷八二、《清统志》卷一四四改。

⑤ "驿"，底本作"县"，按忻州无"九原县"，惟有九原驿，今据《寰宇志》卷一八、《清统志》卷一五〇改。

⑥ "驿"，底本作"邑"，据《清统志》卷一四六、《古今图书集成·职方典》卷三四七改。

## 八八　北京由庐州府至江西陆路

顺天府。一千五百里至徐州。驿程详一卷之一路下。五十里至桃山驿。四十里夹沟驿。六十里宿州。睢阳驿。六十里大店驿。六十里固镇驿。六十里王庄驿。六十里濠梁驿。三十里总铺，四十里定远县，五十里张桥驿。路虽近些，旷野，防小人。三十里总铺。三十里红心驿。六十里至池河驿。六十里张桥驿。山路。防小人。三十里响铃铺。五十里至护城驿。十五里梁店镇①。三十里店埠。三十五里庐州府。合肥县金斗驿。六十里派河驿。二十五里青阳镇。四十里至三沟驿。二十里舒城县。过河。四十里梅心驿。三十里北峡关。巡司。二十里至吕亭驿。过山。二十五里桐城县。四十五里陶冲驿。六十里中馆。二十里青口驿②。十五里潜山县。有天柱山，《道书》称司玄洞天，汉武帝常登封于此，以代南岳。四十里小池驿。四十里至太湖县。二十里至枫香驿。三十里凤凰铺。三十里亭前驿③。四十里至黄梅县。二十里濯港。过河。三十里孔家垅。四十里渡江，至九江府。德化县浔阳驿。六十里至元冲公馆。通远驿。三十里驿南铺。三十里至建昌县。十里杨柳青。十里至九里山。十里搭水铺。二十里至落花公馆。五十里石头口。四十里渡江，至江西省城。南昌府南昌、新建二县南浦驿。滕王阁在章江门外，唐高宗子元婴封滕王时所建④。铁树宫在广闰门里，许真君留偈曰：铁索炼洪洲，万年永不休。天下大乱，此处无忧。天下大旱，此处薄收。

---

① "店"，底本作"县"，据《纪要》卷二六改。

② "青"，底本作"靖"，据《寰宇志》卷一八、《纪要》卷二六改。

③ "亭前驿"，底本"亭"字浸漶，据《寰宇志》卷五一、《纪要》卷七六改。

④ "元婴"，底本复印件"婴"字模糊不清，据《新唐书·宗室世系表下》、《路程图引》卷二之八八改。

# 八九　北京由真定府至汴城陆路

北京正阳门。三十里卢沟桥。三十里良乡县。固节驿。四十里琉璃河。三十里涿州。涿鹿驿。四十里高碑。二十五里定兴县。宣化驿。二十里白沟。三十里安肃县。白沟驿。三十里荆棠铺。二十里徐河。十五里保定府。金台驿。十五里大谢铺。三十里陉阳驿。三十里方顺桥。三十里庆都县。翟城驿。三十里清风店。三十里至定州。永定驿<sup>①</sup>。三十里明儿店。三十里新乐县。西乐驿。四十五里至伏城驿<sup>②</sup>。三十里拐角铺。三十里真定府。恒山驿。西去六百五十里山西省城南关。二十里至水河铺。四十里栾城县<sup>③</sup>。关城驿。六十里赵州。鄗城驿。四十里王莽城。二十里柏乡县。槐水驿。三十里尹村河。渡。三十里内丘县。中丘驿。三十里至梁院店。三十里顺德府。龙冈驿。城内有豫让桥。三十里至沙河县。三十里临洺馆。三十里邯郸县。丛台驿。三十里赵王城。二十里车脚关。三十里磁州。滏阳驿。三十里过漳河，至丰乐镇。四十里彰德府。邺城驿。西去有羑里城，系纣囚文王处。四十里柳河铺。二十里汤阴县。宜沟驿。周文王墓。十五里至扁鹊墓。十五里宜沟镇<sup>④</sup>。三十里高村。三十里淇县。淇门驿。四十里段方铺。二十里至卫辉府。卫源驿。三十里沙门。二十五里搭儿铺。十五里至延津县。廪廷驿。二十里济益。三十里金铃口。四十里汴城。开封府祥符县大梁马驿，即宋之东京。

# 九〇　北京由陕西至四川省陆路

北京正阳门。三百二十里保定府。金台驿。三百里真定府。恒山驿。

---

① "定"，底本作"安"，据《寰宇志》卷四、《纪要》卷一四改。
② "伏"，底本作"付"，据《寰宇志》卷四、《纪要》卷一四改。以下径改。
③ "栾"，底本作"銮"，据《纪要》卷一四、《明史·地理志》改。以下径改。
④ "镇"，底本作"驿"。《明会典》卷一四五云：宜沟驿于"隆庆三年移汤阴县内，万历三年复改宜沟镇应付。"盖"驿"为"镇"字误，据改。

三百里顺德府。龙冈驿。二百二十里至彰德府。邺城驿。一百八十里卫辉府。卫源驿。二百七十里怀庆府。万善驿。一百五十里河南府。周南驿。四百六十里潼关。三百里至陕西省城。西安府咸宁、长安二县京兆郡。以上驿程详九十五路下。五十里咸阳县。渭水驿。五十里兴平县。白渠驿①。四十五里至长宁驿。四十五里武功县。邰城驿。五十里扶风县。凤泉驿。六十里岐山县。岐周驿。四十里第五村。二十里凤翔县②。岐阳驿。五十里③宝鸡县。十五里益门镇④。进连云栈。三十里至北新店儿。二十里东河桥。六十里草凉楼驿。五十里至梁山驿。六十里三岔驿。四十里南新店儿。三十里至松林驿。六十里安山驿。六十里马道驿。五十里鸡头关⑤。五里出栈。五里褒城县。开山驿。二十里纽项铺。东南六十里至汉中府。西北二十里至黄沙驿。至此，路始平。四十里至沔县。顺政驿。六十里青阳驿。六十里至金牛驿。后有金牛沱。四十里过五丁峡。二十里至柏林驿。十里至宁羌州。五十里黄坝驿⑥。六十里，过七盘关界⑦。神宣驿。四十里朝天岭。岭极高峻，西北去剑州。西南三十里至沙河驿。六十里至利州卫⑧。六十里龙潭驿。六十五里圆山驿⑨。六十里柏林驿。四十里施店驿。五十里槐树驿。七十五里保宁府。阆中县锦屏驿。

---

① "渠"，底本作"蕖"，据《寰宇志》卷九二、《纪要》卷五三改。

② "凤翔县"，底本脱"翔"字，按岐阳驿属凤翔县，而不属凤县，凤县盖为凤翔县之误，据《明会典》卷一四五、《明史·地理志》补。

③ "凤翔县岐阳驿五十里"，按以上九字原叙列于"北新店儿二十里"下，与所经驿站次序不合，据《路程图记》卷一之四、《水陆路程》卷一之四改。

④ "益"，底本作"夷"，据《纪要》卷五五、《清统志》卷二三六改。

⑤ "头"，底本作"鸣"，据《路程图记》卷一之四、《清统志》卷二三八改。

⑥ "黄坝驿"，底本脱以上三字，据《路程图记》卷一之四、《纪要》卷五六补。

⑦ "六十里过七盘关界"，底本脱以上八字，据《路程图记》卷一之四、《纪要》卷五六补。

⑧ "利州卫"，底本脱"卫"字，按保宁府无利州，惟利州卫在广元县治东，今据《纪要》卷六八补。

⑨ "圆"，底本作"元"，《清统志》卷三九一："圆山驿在广元县南七十里，水驿也。"据改。

六十里至隆山驿。六十里柳边驿。六十里富村驿。六十里云溪驿。六十里秋林驿。六十里潼川州。皇华驿。六十里建宁驿。五十里中江县。五城驿。六十里古店驿。六十里至汉州。广汉驿。六十里新都县。新都驿。四十里四川成都府。成都、华阳二县锦官驿。

四川至陕西,一由连云栈,即韩信明修之道;一由陈仓,即韩信暗渡之道。栈道自凤县三百二十里至褒城县,乔木夹道,皆大小缘坡岭而行,有缺处,以木续之,成道如桥,即栈道也,非若剑阁悬崖峭壁之险。一路有店舍,岩穴亦可宿,亦有带釜而炊者,种火以待来人。至褒城县,地始平。

## 九一　北京由德州至山东省陆路

顺城门。即宣武门。六十里至良乡县。七十里涿州。六十里至新城县。六十里雄县。七十里任丘县。七十里河间府①。六十里献县。六十里富庄驿。三十里阜城县。六十里至景州。七十里德州。如往临清,由河西走,三十里故城县,二十里郑家口,二十五里李家店,二十五里武城县,四十里油市,三十里过河,至临清。七十里至平原县。七十里禹城县。七十里齐河县。四十里山东布政司。济南府历城县谭城驿。大舜耕历山处。舜祠在府城内。祠下有舜泉,又名舜井,有亭罩焉。

## 九二　北京由真定府至山西陆路

北京。三百一十里至保定府。又三百三十里至真定府。驿路与走汴梁同。五十里至威州。九十里井陉县。五十里故关②。巡司。四十里至柏井驿。

---

① "间",底本作"涧",据《纪要》卷一〇、《明史·地理志》改。
② "故",底本作"固",据《路程图记》卷一之六、《纪要》卷一四改。

七十里芹泉驿。六十里平定州。六十里寿阳县。九十里至太安驿。五十里土桥。五十里鸣谦驿。五十里山西太原府。阳曲县临汾驿。

北岳恒山：古北岳在山西大同府浑源州南三十里。山高三千九百丈，上方三十里。《水经》谓之玄岳山，多奇花灵草，映带左右，斧斤不敢入。上有飞石窟，两岸壁立，豁然中虚。三代而下，秦、汉、隋、唐皆祀于浑源州。至五代，时因失河北之地，宋建都于汴，以真定府在北，移祀于曲阳县。国朝亦因之未更。

## 九三　北京由蓟州至辽东陆路程

崇文门。即哈鞑门。四十里至通州。七十里三河县。七十里蓟州。城北二十里至盘山，乃吕纯阳飞剑斩黄龙禅师处，仙剑犹插山顶，上有亭罩焉。北方眼科，称盘山眼药为最。七十里玉田县。八十里丰润县。八十里沙河驿。四十里至永平府。六十里抚宁县。七十里榆关驿①。六十里迁安驿②。四十里山海关。四十里高岭驿③。五十里小沙河中所④。五十里东关驿。四十里曹家庄驿⑤。五十里宁远卫。八十里连山驿。五十里至杏山驿。六十里小凌河驿⑥。二十五里十三山。五十里闾阳驿⑦。三十里至广宁大城。五十里盘山驿。五十里高平驿。四十里至沙岭。六十里三汊河。五十里牛庄驿⑧。四十里至鞍山。五十里辽东城。

---

① "榆关"，底本作"升河"，据路线延伸方向及《路程图记》卷四之一改。

② "六十里迁安驿"，底本脱，据《路程图记》卷四之一、《辽东志》卷二补。

③ "岭"，底本作"林"，据《辽东志》卷二、《全辽志》卷一改。

④ "小沙河"，底本作"杏前"，据《纪要》卷三七、《明史·地理志》改。

⑤ "曹家庄驿"，底本脱"庄"字，据《辽东志》卷二、《全辽志》卷一补。

⑥ "六十里小凌河驿"，底本脱以上七字，据《九边考》卷二、《路程图记》卷四之一补。

⑦ "闾"，底本作"吕"，据《辽东志》卷二、《全辽志》卷一改。

⑧ "牛庄驿"，底本作"蒲河卫"，据路线延伸方向及《路程图记》卷四之一改。

## 九四　北京由宣府至大同府陆路

北京德胜门。六十里榆河驿。六十里居庸关。十里至岔道口。五十里榆林驿。三十里怀来城。四十里浪山。十五里土木驿。五十里鸡鸣驿①。十里江崇岭。十里至下花园。十里上花园。十里响水铺。十里泥河。十里至样墩。十里宣府镇。六十里万全左卫②。六十里怀安卫。六十里天城卫。六十里阳和城③。六十里聚乐堡。二十里至二十里铺堡④。二十里大同城。

居庸、紫荆、倒马三关，在山西大同之东南，乃宣府之正南，京都之右辅，此为内三关；雁门、宁武、偏头为外三关，倚山势凑筑边墙，大道为关，小道为口，有人马并通者，有止通人者，缓急不同耳。东起开原城⑤，西止嘉峪关七千余里，国家夷夏之防，信为重地。巡抚都御史、镇朔将军、总兵驻宣府，巡抚、赞理军务都御史、管粮郎中、征西将军驻大同。

## 九五　北京由河南府至陕西陆路

北京正阳门。六十里良乡县。固节驿。七十里涿州。涿鹿驿。七十五里至定兴县。宣化驿。五十里安肃县。白沟驿。六十里保定府。金台驿。五十里泾阳驿。六十里庆都县。翟城驿。六十里定州。永定驿。六十里新乐

① "驿"，底本作"卫"，据《寰宇志》卷七、《纪要》卷一八改。
② "左卫"，底本作"都司"，按万全都司与宣府镇同治一地，路线所经乃万全左卫治所，据《路程图记》卷四之四、《水陆路程》卷四之四改。
③ "和"，底本作"河"，据《纪要》卷四四、《路程图记》卷四之四改。
④ "二十里铺堡"，底本脱"二十"二字，据《路程图记》卷四之四补。
⑤ "开原城"，底本"原"作"元"，"城"作"卫"，并据《九边考》卷首《九边图》《九边图说·辽东镇分图》改。

县。西乐驿。四十五里至**伏城驿**。六十里**真定府**。恒山驿。西去六百五十里至山西省城。南关六十里至**栾城县**。关城驿。六十里**赵州**。鄗城驿。六十里**柏乡县**。槐水驿。六十里至**内丘县**。中丘驿。六十里**顺德府**。龙冈驿。六十里**临洺驿**①。三十里**邯郸县**。丛台驿。七十里**磁州**。滏阳驿。六十里**彰德府**。邺城驿。六十里**汤阴县**。宜沟驿。六十里**淇县**。淇门驿。六十里**卫辉府**。卫源驿。五十里**新乡县**。新中驿。五十里**获嘉县**。崇宁驿。五十里**修武县**。武安驿。六十里**武陟县**。宁郭驿。四十里**清化镇**。二十里至**怀庆府**。万善马驿。五十里至**孟县**。河阳驿。十里至**紫金山**。有韩文公墓在焉。二十里渡黄河，至**孟津县**。有武王观兵台。三十里至**北邙山**。东汉诸帝并名臣俱葬于此。二十里**下山脚**。又二十里至**河南府**。洛阳县周南驿。二十里至**潩水**。出手巾。十里至**孝水铺**。十里**慈涧**②。二十五里有甘罗墓。五里渡涧水，过函谷关至**新安县**。昔老子骑青牛过函谷关，县令尹喜知其贤，留注《道德经》一篇，有讲经台在焉。十里过涧水，至嶕山铺。出绵带。二十里**铁门**。二十里**义昌**。驿。四十里**渑池县**。昔秦昭王、赵惠王会盟处。二十里**鬼豪**。二十里**甘豪**。二十里至**硖石**。驿。二十里**张茅所**。三十里**磁钟铺**。驿。二十里**陕州**。三十里至**曲沃**。二十里**灵宝县**。二十里**稠桑**。二十里至**云底头**。二十里**阌乡县**。二十里**盘豆**。二十里**旧阌乡**。二十里**潼关**。客货纳过税，北渡黄河，六十里至**蒲州**。十里**杨桥铺**。汉杨震墓在此。有四知祠。二十里**西岳庙**。南八里至华山，即陈希夷睡处。五里至**华阴县**。三十里**桴水**。二十里**柳子**。二十里**华州**。唐郭子仪故里。二十里**赤水**。三十里**渭南县**。西关北去，过黄河，一百二十里至三原县。三十五里至**零口**③。二十五里**新丰**。二十五里**接口**。二十里**霸桥**。三十里至**陕西省城**。西安府咸宁、长安二县京兆驿。汉、唐建都于此。南关外有雁塔，即唐进士题名处。

　　**西岳华山在西安府华阴县南八里，即西岳也。土壁直上如削成，**

---

① "洺驿"，底本作"铭馆"，据《寰宇志》卷五、《清统志》卷三二改。
② "慈"，底本作"磁"，据《纪要》卷四八、《清统志》卷二〇五改。
③ "零"，底本作"临"，据《纪要》卷五三、《清统志》卷二二九改。

最著者曰莲花峰、明星峰、玉女峰,而仙掌崖、日月崖、苍龙岭皆奇境也。唐朝植柏五株在庙中,一大者围四人。唐明皇御制碑高五丈,有楼百七十楹,在前土台之上。中楹高大,与岳相对。陈希夷睡像在玉泉院洞内石上,启函可见。

## 九六 陕西由凤翔府至临洮府路

西安府。东关雇长驴。三十里至**三桥**。二十五里**河南街**。住。次早过渭河,至**咸阳县**。渭水驿。秦始皇建都处。三十里至**马跑泉**。二十里**兴平县**。白渠驿。三十里**马位**。住。十五里**东扶风**。长宁驿。四十五里至**武功县**。邰城驿。四十五里至**浪店**。住。汉班超故里,有班固墓在焉。十五里**扶风县**。凤泉驿。三十里至**益店**。三十里**岐山县**。岐周驿。周文王所生之地,有凤鸣冈。南去四川大路。二十里至**横水**。三十里**凤翔府**。岐阳驿。住。秦穆公旧都之地。五十里至**黄理镇**。二十里至**汧阳县**①。驿。住。三十里至**草碧鱼**。六十里**陇州**。住。四十里**关山**。巡司。住。每骡一头与脚夫过山酒银一分。七十里**长宁驿**。住。二十里至**盘岭关**。巡司。四十里**白沙**。三十里**清水县**。住。汉赵充国故里。四十里**草川铺**。四十里**社树坪**。住。过渭水。五十里至**秦州**。三十里至三十里店。住。四十里**关子岭**。四十里**伏羌县**。住。四十里至**永宁镇**。三十里**洛门镇**。十里向南,去二百四十里至西和县。又二十里至**宁远县**。住。四十里**纳泥铺**。五十里**巩昌府**。通远驿。住。西去四站至洮州。北去一站至芦张,芦张一站至内官营,内官营一站至小康驿,小康驿一站至兰州。西北四十五里至**熟羊城**。四十五里至**渭源县**。庆平驿。住。渭水由此发源,与泾水两分。渭水浊,向东南,泾水清,向西北,俱流入黄河。七十里至**姚店**。五十里至**临洮府**。狄道县洮阳驿。

陕西茶马司有三,洮州卫、河州卫、西宁卫各一。国初,制金牌

---

① "汧阳县",底本"县"下有"汧阳驿"三字,盖衍,据《路程图记》卷三之二五、《水陆路程》卷三之二五删。

四十一面,上号藏内府,下号降各番,三年一次,差官捧牌,以茶易马。上马酬茶一百二十斤,中马七十斤,下马五十斤。成化十五年,会巡茶御史不拘年例,愿来者听。法起于唐,牧于官,至宋牧于民,国朝因之。盐马在腹内,灵州大小二盐池,西河、漳县二盐井,召商纳马支盐。上马一百引,中马八十引,下马六十引,以备各边骑征。

## 九七　陕西省城由邠州至宁夏路

西安府。十里杨家城。四十里咸阳县。三十里萧相国祠。四十里醴泉县。四十里乾州。十里梁山。七十里至永寿县。七十里邠州。新平驿①。六十里灵台县。九十里泾州。七十里崇信县②。八十里平凉府。一百里固原镇。一百二十里镇戎千户所。九十里平虏千户所。四十里至下马关。四十里甜水堡。□十里宁夏中卫。

## 九八　巩昌府由沔县至襄阳府路

巩昌府。五十里纳泥铺。四十里宁远县。四十里至四门寨。四十里八角麻池。四十里埃成店。四十里礼县。有祁山庙③,系诸葛武侯六出祁山处。四十里石保。二十里西和县。转雇骡脚。五十里至青羊镇。三十里石峡关。巡司。四十里纸防头。三十里至小川子。五十里韦家坝。五里过河,三十五里至七防关。巡司。三十五里窑平里。五十五里宜口。巡司。搭船。下水,三十里至略阳县。又雇骡脚。四十里至接官亭。四十里峡口驿。三十里睢水。过河。

---

① "新",底本作"政",据《寰宇志》卷九五、《纪要》卷五四改。
② "信",底本作"隆",据《纪要》卷五二、《明史·地理志》改。
③ "祁山",底本作"祈山",据《三国志·蜀书·诸葛亮传》、《纪要》卷五九改。下同。

三十里**分水铺**。二十里**沔县** ①。东门外有诸葛武侯祠。南去八里至定军山,诸葛武侯墓在焉。西去六十里至大安驿,又六十里至阳平关。下船。一百二十里至**汉中府**。昔汉高祖筑坛拜将台在南关外。七十里至**城固县**。五十里**洋县**。九十里**庙上**。陆路三十里,水路九十里,极险,至**渭门**。一百八十里**石泉县**。一百八十里**马家营**。一百里**紫阳县**。二十里**中河坝**。十里至**耳河**。六十里**小河道**。一百九十里**兴安州**。九十里**黎家口**。三十里**洵阳县**。一百四十里**树河关**。一百里**夹河关**。四十里**白河**。一百四十里**郧阳府**。一百七十里**白杨林**。十里**均州**。南门外一百二十里至武当山顶。九十里至**小江口**。六十里**光化县**。九十里**柴店冈**。九十里**襄阳府**。南门外,十五里至隆中,系诸葛武侯读书处,有茅庐在焉。

往四川货物,秋冬由荆州雇川船装往各府去卖,春夏防川河水大难行,由樊城雇小船,至沔县起旱,雇骡脚,一百二十里驼至阳平关 ②,下船,转装往各府去卖。沔县至巩昌府陆路,由山涧走者多,夏秋遇雨,防山水易长;冬春冻,路泥滑难行。

## 九九　镇远府由贵州至云南陆路

坡即岭。

**镇远府**。镇远驿。十里**白杨铺**。即油榨关。远。有坡。十里至**相见坡**。近。十里至**干溪铺**。即刘家庄。坡。十里**青庄铺**。有坡。近。十里至**偏桥卫**。偏桥驿。十里**水浸铺**。坡。十里**烂桥铺** ③。坡。远。十里至**东坡站**。有月潭寺、飞云洞。十里至**十里桥**。坡。远。十里**兴隆卫**。黄平驿。有五里桥。近十里。至**黄候铺**。有坡。远。十里**洲同铺**。有坡。十里至**对江铺**。有重安坡。近。过浮桥。十里

① "沔",底本作"沔",据《纪要》卷五二、《明史·地理志》改。
② "驼",底本作"它",据《路程图引》卷二之九八改。
③ "烂",底本作"蓝",据《纪要》卷一二二、《清统志》卷五〇三改。

罗重铺。坡。十里落登铺。坡。远。十里至清平县。清平驿。近。谨防蛮子。

十里洛邦铺。坡。十里鸡场铺。坡。十里杨老站①。坡。十里羊场铺。近。

坡。十里三郎铺。有坡。远。过麻洽江。十里至平越军民府。平越驿。坡。远。

可防蛮子。十里至谷子铺。坡。十里酉阳铺。远。坡。十里黄丝堡。坡。

十里令溪铺。坡。十里崖头铺。远。坡。十里新添卫。新添驿。远。坡。可

防蛮子。十里至乾溪铺②。坡。十里瓮城铺。坡。十里新安堡。近。坡。十里

垅笡铺。近。坡。十里麻子铺。十里龙里卫。龙里驿。十里高寨铺。坡。

十里至谷觉铺。坡。十里毕铺。坡。十里龙洞铺。坡。近。十里贵州省城。

贵州驿。纳过税。坡。远。十里阿江铺。坡。远。十里小菁铺。远。十里倒树铺。

十里芦寨铺。坡。远。五里威清卫。第一站。五里至的澄河。巡司。截角脚

子打发。十里狗场铺。远。十里镇夷铺。远。十里至界首铺。远。十里平坝卫。

第二站。远。十里沙足铺③。远。十里万龙铺。远。十里腰铺。十里石佛寺。

远。十里猫儿铺。远。十里安顺军民府。即普定卫。第三站。换脚子。纳过税。

十里至杨家关。远。十里至腰铺。近。十里龙井铺。十里安庄卫。第四站。

近十里安庄铺。下坡。五里跌水铺。涧水从山顶倾下,甚好观玩。十里至鸡公

铺。有鸡公。皆蛇倒褪。坡。三十里至关索岭。第五站。有哑泉,不可误饮,惟马

跑泉水甘。三十里至北口铺④。远。关索岭上坡,至北口坡下,一路通广西。十里安

笼菁铺⑤。近。上坡,八里极顶,下二里顶站。第六站。防虎。上下三、四里至极顶

圆通寺。稍下,六、七里至黄土坡。上至顶,稍子又上,至顶又下,共十里至新铺。

近。下,七里至盘江河,过河,又上三里,至盘江哨。上坡,七里保甸铺。有毒泉,

不可误饮。上坡,八里至新哨。有哑泉,不可误饮。上坡,五里至哈马庄。上坡,

---

① "杨",底本作"阳",据《纪要》卷一二一、《清统志》卷五一二改。

② "乾",底本作"甘",据《纪要》卷一二三、《清统志》卷五〇〇改。

③ "足",《路程图引》卷二之九九同,《清统志》卷五〇一作"竹"。

④ "北",底本作"白",据《纪要》卷一二三、《清统志》卷五〇一改。

⑤ "笼",底本作"龙",《明史·地理志》有安笼菁山,《清统志》卷五〇一作
　　"安笼铺",据改。

十里至**安南卫**。第七站。上坡。二里至老鸦关,名曰鸟道,极高,如在天上。又下三里,有寺观,地中涌出甘泉。又下,石山内流出一水,可观玩。十里至**乌鸣铺**①。上五里至顶,下五里至**蜡溪铺**。下,五里**河有桥**。上,五里至**江西坡**。近。十里**泥纳铺**。极顶。再去,路渐平。十里至**芭蕉关**。远。坡。十里**新兴站**。近。第八站。坡。十五里**三板桥**②。坡。七里**革纳铺**。在半山。七里**软桥哨**。在半山。八里**旧普安**。住山顶。十三里**水塘铺**。住半山间。十二里至**普安州**。第九站。换脚子。有税。十里**蒿子铺**③。住半山。十里至**易纳铺**④。住半山间。十里**大坡铺**。远。在半山。十里**鹅瑯铺**⑤。坡。十里至**亦资孔**。第十站。八里至**鲁尾铺**。即火烧铺。十二里至**平夷所**。住半山间。十二里至**滇南胜境**。坡。三里**宣威关哨**。五里**东铺**。坡。七里至**平夷卫**。十一站。七里至**羊尾哨**。六里**多罗铺**。坡。七里**响水哨**。坡。七里**土地坡**。五里**腰铺**。十二里**干沟哨**。坡。住山顶。八里至**白水站**。十二站。上旧税。十五里至**新铺**。住山顶。五里**独树哨**。坡。七里至**海子铺**。坡。十三里至**交水驿**。十三站。有新税。三十里至**三汊**。坡。十五里至**响水坡**。一十五里**马龙州**。第十四站。十五里至**昌隆铺**。坡。十五里**鲁婆伽司**。即黄土坡。讨票。每挑送司海巴半奔。二十里**下板桥**。二十五里至**小关索岭**。稍下,坡。五里**易龙驿**。即木密所⑥。第十五站。二十五里**果子园**。通河。小船下寻甸府⑦。七里至**河口**。三里至**腰站**。即候街子。十里至**罗旁铺**。上大山民哨坡。有毒泉,不可误饮。山下,嵩明州大海子。五里至**罗良村**。上坡,十里**杨林所**。大口岸。第十五站。十里至**者察铺**。坡。十五里至**大树哨**。坡。

---

① "鸣",底本作"明",《明史·地理志》有乌鸣关,《清统志》卷五一〇作"乌鸣铺",据改。

② "三板桥",按《纪要》卷一二一有板桥河,《清统志》卷五一〇有板桥哨,疑底本衍"三"字。

③ "蒿",《路程图引》卷二之九九同,《清统志》卷五一四作"荞"。

④ "易",《路程图引》卷二之九九同,《清统志》卷五一四作"亦"。

⑤ "鹅瑯",《路程图引》卷二之九九同,《清统志》卷五一四作"蛾螂"。

⑥ "木",底本作"水",据《纪要》卷一一四、《清统志》卷四八四改。

⑦ "寻",底本作"浔",据《纪要》卷一一四、《明史·地理志》改。

十里至**赤水鹏**。即潢水塘巡司。讨票，将前票相黏。每担送海巴半奔。十五里至**官音哨**。十里**板桥**①。第十六站。十五里至**黑虎哨**。坡。十里**金马关**。□化寺在此。十里至**云南省城**。汉孟获墓址。大海子水向西流入四川雅州、荣径县，因名滇南。

客寓：南门外三市街、关王庙、教场前、忠爱坊、天平巷、羊市，数处皆可住。

# 一〇〇　荆州由川河至嘉定州水路

**荆州府**。大神福。捎箕凹。**虎渡**。出豆。**龙洲**。渊市。出棉花。**天鹅碛**。音七。碛即浅。**鸭子石**。**石套子**。**晒谷坪**。**拖溪湾**。下有一碛。共六十里至**流店驿**②。蔡歇。**麦子碛**。**高家套**。**百里洲**。出红花。**雀儿尾**。**朱家埠**。出棉花。**乌纱尾**。**灌子滩**。**思洋洲**。下多碛。共六十里至**松滋县**。潘家驿③。**羊角洲**下水，务要雇□驾长送。**王家山**。防厌风。**焦石子**。**杨溪口**。**白果园**。**碓窝滩**。**鹅儿碛**。**枝江县**。**龙窝**。防小人。共九十里至**白阳驿**④。**马棕碛**。**秤梗碛**。**云池**。**红石嘴**。**红花套**。**虎脑背**。**十二背**。**接官亭**。**大碛头**。**临江市**。**媳妇背**。**胭脂埧**。**青草滩**。共八十里至**夷陵州凤栖驿**。小神福。**团碛子**。**冷水碛**。过河。**三溜子**。**南津关**。巡司。进峡起。**刑官峡**。即河陵峡。**白龙洞**。**黄茅**。防下梁。**列鬼**。**黄荆葬**。过河。**洪溪**。**偏捞**。**平善坝**。**打麦场**。**石牌**。**稍公石**。**火仗背**。**猪圈子**。过河。**黄颡洞**。**虾蟆口**。**喜滩**。**天竹山**。**南沱**。三旋过河。**马鞍滩**。**粗石滩**。**斗船沱**。过河。**果园**。**小无泥**。**大红石**。**罗汉溪**。

---

① "板桥"，底本"板"上衍"下"字，《纪要》卷一一四、《清统志》卷四七六并有板桥驿，据删。

② "流"，底本作"刘"，据《寰宇志》卷五三、《纪要》卷七八改。

③ "潘家驿"，《寰宇志》卷五三、《纪要》卷七八皆作"潘家溪驿"。

④ "阳"，底本作"羊"，据《寰宇志》卷五三、《纪要》卷七八改。

红石子。大无泥。官槽二朱[①]。大朱。共九十里至**黄牛驿**[②]。大神福。滩大，水险，防小人。大沱。小沱。洪烟。铜钱堆。高桅子。险。虎头。鹿角。大水旋。险。旧庙。即三斗坪。史君滩。下不管。上不管。取水沱。饭甑倒。鲟鱼嘴。罗尾。野猫子。端滩。腰矶子。长埠头。铁炉背。白洞子。塔洞。大水，慎之。防小人。净洪溪。上下羊背。过河，共六十里屈溪驿。马家三滩。锦宗河。杉木溪。上下通陵。青林井。青鱼坊。马肝峡。马槽背。新滩下沱。驴马溪。豆石子。石板滩。射洪碛。将军滩。新滩。货物尽盘搬过滩，每背约六七厘。其船空扯上滩。夜丫背。小新滩。石虎沱。双庙子。兵书峡。米仓口。香溪口。金盘碛。南罗官。耍和尚。黄泥三滚。铁心肝。旧归州。过河。莲花三背。屈原沱。共九十里至归州建平驿。渣滩。方滩。鹦鹉崖。即羊肝三系。过河。沙贞观。叶滩。大水，险。汝流。石门管。过河。七姐妹。下巴斗。过河。上巴斗。旧牛口。过河。磨刀滩。蛟龙蛇。黄腊石。共八十里巴东县。巴山县。小神福。过河。青竹标。东嚷口。旧县。过河。西嚷口。雄滩。母猪滩。广东沱。门扇子。大水[③]。险。过河。杨家蓬。卓牛沱。楠木园。马屎滩。洪崖碛。过河。扁鱼港。共九十里万流驿。楚、蜀分界。金匾担峡。铁棺材峡。过河。皮石。香炉滩。白鹭丝。黄老背。金巴斗。沙滩嚷。过河。大磨。小磨。大水，慎之。神女庙。巫山十二峰。青石洞。望夫崖。担川峡。三分水。赖子洞。霸王锄。过河。老鼠凑。横石。鬼错路。跳石。雇人管缆添扯。官家坊。过河。上下羊圈。羊旺子。迷猴子。空亡沱。过河。朽石子。共六十里至巫山县高唐驿[④]。出蜜糖、黄蜡。流石。麦沱。过河。镜架滩。百客一镇。乌鸡滩。下马滩。玉兔崖。

---

① “二”，《路程图引》卷二之一〇〇作“一”。

② “牛”，底本作“陵”，据《寰宇志》卷五三、《纪要》卷七八改。

③ “水”，底本作“小”，据《路程图引》卷二之一〇〇及上下文意改。

④ “唐”，底本作“阳”，据《寰宇志》卷六五、《纪要》卷六九改。

过河。三缆子。叶明山。虎抓子。巴里大溪滩。南灌子。乾焦滩。过河。鱼肚坪。野猪崖。错开峡。四嚷口。九顿子。虎须子。大溪口。饿虎滩。猫儿头。白骨背。过河。大小黑石。大水。险。毛沱巴滩。风厢峡。黄牵。大水。险。过河。台阁子。粉壁堂记。孟良梯。杨六郎下三关。白盐雪眼。赤甲晚云。张飞擂鼓台。男女孔。石鼻子。铁柱溪。滟预石。好观玩。谚云："滟预大如象，瞿塘不敢上。滟预大如马，瞿塘不敢下。"言水势之险也。白帝城。瞿塘卫。青盐井。八阵图。焦石子。铜钱堆。新开滩。过河，北八十里夔州府。奉节县永宁驿①。小神福。出桐油、梧子、黄柏。官渡口。黄角嘴。过河。马湖滩。白岩。高吕碛。合木子。南阳峡。乌龙沱。漫里三沱。过河。迷魂子。共六十里至安平驿。要和尚。青滩子。过河。朽石沱。拖板溪。南沱。龙洞铺。过河。兹庄。石板滩。过河。庙溉子。水紧。三阳阁。石龟沱。东阳子。虎须子。青草滩。过河。青军滩。宝塔沱。鸡巴子。共六十里至云阳县五峰驿。大神福。过河。张爷庙。二郎滩。玉沱搭江子。马口子。黄石板。马粪沱。马岭子。大小站子。出内子。拖秃子。逻罗船背。夫子砍。黄连桥。下崖寺。过河。盘沱。上崖寺。过河。长七子。痴滩子。过河，共六十里至小港巴阳驿。一河通达州、开县。防小人。飞缆子。过河。白鹤滩。九堆子。百小滩。过河。巴阳峡。原滩。龙盘石。三龙头。锡腊洞。周溪驿。过河。赞石背。李牌溪石。长石尾。过河。道人滩。黑厢子。斧头碛。草盘石。猴子石。过河。硼砂碛。高桅子。中滩子。共六十里。万县集贤驿。小神福。鱼沱。蛾眉碛。过河。眠石脑。过河。明鬼滩。橐石。席佛面。蒋斗背。鸡爬子。过河。窄小子。长防子。小胡滩。白水溪。大胡滩。大水。险。新奔子。冷水碛。过河。猴子。毡帽子。插柳滩。过河。屎巴碛。溺袍碛。犀风角。共六十里至瀼途驿②。送客堆。

---

① "永"，底本作"水"，据《寰宇志》卷六五、《纪要》卷六九改。

② "瀼途"，底本作"仰渡"，据《纪要》卷六九、《清统志》卷三九八改。

猪望子。过河。糯米堆。磨刀滩。双渠子。过河。麻柳沱。武林关。鱼风渡。老官碛。永安沱。水内现。毛堆碛。过河。石鼓峡。西盖沱。洪岩碛。过河。共六十里至石宝曹溪驿。斗七子。烧饼碛。鹭鸶背。过河。墙溪子。淹凑子。水紧。过河。穿心耗。折尾子。过河。播箕石。油光背。方溪渡。旧忠州。王化沉。打磨子。三奶子石。半江背。向朱子。东溪。过河。拖板槽。羊渡游。共九十里至忠州云根驿。小神福。出桐油。滑石子。勾连碛。上脑有梁过河。高阴背。唐工背。过河。白马子。乌牛。孟梁子。捡子沱。过河。白沙沱。野毛牵。三角耗。鱼洞子。羊渡溪。一站。花林驿。巡司。凤凰子。虎须子。九流子。野土地。銮朱背。鲤鱼沱。过河。砧七子。高家溪。麻沧湾。过河。三关嘴。珍珠联。漏阛子。过河。麻背对。冲天槽。菱角脑。官木子。葫芦碛。共六十里至酆都县酆陵驿。海船滩。过河。蚕背。险。瓦子濠。送客堆。宾梁。金斗三背。大佛面。观音滩。竹节三背。灶门子。攒灶子。小百牵。相公岛。弹子石。过河。百背。鹭鸶背。土捞子。三官滩。深溪。共六十里焦崖驿。一名东青水驿[1]。焦滩子。土地滩。景家坝。腰子碛。百遂三滩。过河。大百牵。乱石,水大慎之。门坎子。鸡喉子。和尚石。长石尾。三堆子。铁匠石。三挑子石。高庙子。下有大石。过河。斗崖子。群珠。挑渡,慎之。过河。大眼看小眼。滑石子。和尚石。到抹石。一站。涪州。涪陵驿。一河通思南府。龙王嘴。过河。荔枝园。龟龙峡。李渡。大神福。过河。团堆子。麻批滩。过河。大渠耗。朱屎滩。五布镇。共六十里至蔺市驿[2]。女贞观。过河。茶壶碛。红眼碛。青崖子。鱼肠子。寒石。鸡冠子。过河。官田坝。横梁。马盼堆。黄鱼岭。荒草峡。烧丹背。连七子。钵盂子。龙溪碛。过河。腰牵子。羊角滩。

龙舌滩。一站。**长寿县龙溪驿**<sup>①</sup>。马头碛。三江子。台盘子。石鼓子。
田家沱。过河。养蚕堆。大水。险。扇子坝。昌鬼洞。过河。石门溪。
青溪坝。雀石子。灵家庙。过河。黄角树。下坝碛。乐碛。柴贱。上
坝碛。石牛栏。乾堆子。下乾堆。蜡月濠。大洪溪。立石溪。金鸡
关。编塔镇。金鸡三背。百丈梁。背子嘴。横梁子。红纱碛。过河。
豆子石。应家滩。共六十里至**木洞驿**。斗七子。马岭子。葫芦滩。薰
阁老碛。过河。狼虎。当山峡。鸡公嘴。明月沱。斩轵。即蒋池。过河。
老蛇堆。过河。鱼嘴沱。名堆子。小七子。斗七子。驴子沱。五劳子。
长阳溪。普涝子。过河。石板滩。玉沱堆。野猪崖。水甚急，跳渡，慎之。
过河。焦石子。广羊沱。猪牙子。卧龙堆。乌坝。共五十里至**葛家沱**。
铜罗峡。莲花背。何家沱。石哨子。打鲁罾。下昭阳。龙湾子。过河。
趁滩。羊坝滩。上昭阳。大佛寺。反手碛。龙床碛。鹧鸪堆。黄角渡。
江北嘴。过河。饿鬼滩。共五十里至**重庆府巴县朝天驿**。一河通苍溪<sup>②</sup>、保
宁府、合州。小神福。出白腊。**洗垢滩**。水急。龙七子。珊瑚坝。过河。**臣
子背**。牛头髻。**豆子背**。沙桥。过河。始埃子。九龙滩。水紧。斗七子。
白杨滩。老官庙。青岩子。过河。灶门子。钻灶子。落公子。官木岩。
竹节子。马尾碛。横奔。水银口。过河。共六十里**鱼洞驿**。过河。土涝子。
古坟堆。过河。阳乔滩。龟亭子。落黄峡。长尾石。班竹沱。观音岩。
猫儿碛。一站。**铜镮溪驿**<sup>③</sup>。荷叶滩。鸡心石。红岩碛。过河。虎跳子。
过河。梅子口。站七子。荔枝滩。舍金坝。莲蓬三滩。东山坝。瓮
坝碛。黄牵滩。恋三渡。挑灯碛。土主碛。石牛烂。中渡。共六十里
至**江津县獂溪驿**。小神福。拖木碛。过河。鱼子沱。过河。鸡鸭區。双

---

① "溪"，底本作"津"，据《明会典》卷一四五、《纪要》卷六九改。
② "苍"，底本作"沧"，据《纪要》卷六八、《明史·地理志》改。
③ "铜镮溪驿"，"镮"，底本作"灌"，无"溪"字，据《寰宇志》卷六二、
　《纪要》卷六九补正。

漩子。楼门滩。洪猪峡。过河。牛溪。龙七子。一站。石羊驿。五台山。狗巴崖。金光背。胜宗碛。赦金坝。羊卵岩。母猪碛。湖滩。东海白沙。过河。网巾圈。澄清岩。罗广子。共六十里至石门驿。大小石门。黄鱼沱。过河。红滑碛。草登山。过河。梅家渡。羊狗碛。大矶脑。过河。狗愁子。松溉。羊屎坝。羊角滩。过河。长七子。共六十里至汉东驿。清平司。牛脑碛。驴过匾。罐子口。王龙匾。壶瓶口。石马口。大东溪。黄石龙。鸡喉子。五脉水。到流子。过河。板场坝。糯米堆。过河。鸡婆碛。颗丈要放长扯。门关滩。共六十里至史坝驿。过河。福儿岩。石坝垅。连石子。乾家沱。明家坝。明堆子。合江县。晒金坝。焦石子。石鼻子。猴子石。过河。共六十里至牛脑驿。驿今移县。旧牛尾。折尾子。过河。鱼肚碛。瓮滩碛。小陶朱。旧泸州。成硝嘴。共六十里至神山驿①。过河。横梁子。张观滩。乾焦滩②。过河。新路口。天生桥。螃蟹碛。新矶子。李朝江。龙瑶滩。龙站碛。巴岩子。共六十里至黄舣驿。得龙溪。高坝碛。棺木岩。小里滩。马棕碛。过河。千年石。金子山。梁山石。居士沱。江西沱。共六十里至泸州。泸川驿。大神福。一河通富顺县。出红铜、黑铅、大棉花③。三岩濠。瓦窑坝。蓝田三坝。鱼蛛碛。九节匾。三堆子。石硼关。巡司。虎泊湾。一站。纳溪县。纳溪驿。一河通永宁府。野猪崖。清溪。赖石子。芸王坟。金匾担。大角石。共六十里至董坝驿。于窝滩。井口。大水,慎之。风波碛。麻衣沱。涝坑子。黄角碛。共六十里至江安县。江安驿。金鸡滩。香炉滩。罗耶匾。苦田坝。鲤鱼岭。木头耗。铜鼓子。共六十里至南溪县。龙腾驿。鹭鸶碛。合水滩。石笋沱。九凑子。共六十里至李庄驿④。渴睡坝。哑

---

① "神",底本作"岭",据《纪要》卷七二、《清统志》卷四一二改。
② "乾焦滩",《路程图引》卷二之一〇〇作"乾盖滩"。
③ "花",底本作"布",据《路程图引》卷二之一〇〇改。
④ "庄",底本作"江",据《纪要》卷七〇、《清统志》卷三九二改。

纳矶。南广洞。大溪口。白沙。黑窑厂。共六十里叙州府。宣宾县汶川驿。小神福①。一河通马湖府。锁江津。编窗子。杨家滩。永福沱。菜坝。铜罗湾。沙婆溪。马儿滩。牛屎匾。共六十里至牛口驿。千佛崖。黄沙溪。大盆石。石鸭子。板凳溪。共六十里至真溪驿。青幽溪。龙床背。马槽口。苦蒿屏。蛮洞口。南昌口。楠木园。宣化驿。太公耗。寥叶崖。坭溪子。火掌背。饿虎子。打鱼村。一站。月波驿。一河通木川司。拽岩。老鸦漩。水大,险。赖泥坝。木溪口。呆门子。共六十里。下坝驿。张日枯。紫云城。小鬼崖。清溪。孝女渡。龙江槽。乱石滩。铜钱背。共六十里至犍为县沈犀驿②。蛮洞。赵溪。大麻衣。防小人。小麻衣。象鼻子。马盼子。金台子。水小,险。石板溪。黄角匾。杏坝。西坝。新窑子。真武沱。一站。三圣驿。四望溪。巡司。半边山。牛心碛。鸡屎崖。老木孔。吟哦。竹根滩。连三滩。羊腰渡。青竹匾。红崖子。黄金匾。倒流子。乌木滩。落濛。乌牛寺。马鞍山。大佛寺。即凌云寺,有东坡洗砚池在焉③。三江门。共六十里至嘉定州。又六十里至平羌驿,七十里峰门驿,六十里青神驿,七十里石佛驿,六十里武阳驿,七十里龙爪驿。六十里木马驿。六十里广都驿,九十里成都府锦官驿。

川峡甚多,西陵峡、归峡、巫峡为三峡,惟黄草峡、瞿塘峡甚险,三峡七百里中,两岸连山无阙,重峦叠嶂,隐天蔽日,非亭午及夜月中天,其余不见日月,风无南北,惟有上下而已。

嘉定州平羌镇小船,四十里至路口上岸,八十里至黄几根,八十里至登峻坡,九十里老保楼,十里峨眉县④,六十里白水寺,上山,顶心坡、小深坑,共五十里大深坑。十里长老坪,六里蛇倒退,十里猢狲梯,

---

① "福",底本作"神",据《路程图引》卷二之一〇〇、《示我周行》卷二之七二改。
② "沈",底本作"沅",据《寰宇志》卷六八、《纪要》卷七二改。
③ "坡",底本作"波",据《路程图引》卷二之一〇〇改。
④ "峨",底本作"蛾",据《纪要》卷七二、《明史·地理志》改。

十里初欢喜,十五里梅子坡,十里雷神殿,十里八十四盘,路有八十四曲折也。欢喜亭、天仙桥、天仙石,共三里。光相寺、金刚台、普贤殿在绝顶,风大,以铁为瓦,惟四、五月间可往,九、十月雪封岸径,不可往矣。

《陆路诗》:

孤矢蓬门肇四方,人生难脱利名疆。

英雄炙手棋赢着,富贵回头戏散场。

宿水餐风疲岁月,争长竞短苦心肠。

邮亭野店君知道,慢慢行来不用忙。

《水路诗》:

千流万派总朝宗,画鹢轻飞逐去鸿。

风月坐收诗卷里,江山邀落酒杯中。

谩愁回雁音书杳,不泣亡羊岐路穷。

商贾士农咸乐业,恩波浩荡海天同。

# 客商规略

夫人之于生意也，身携万金，必以安顿为主，资囊些小，当以疾趋为先。但凡远出，先须告引。搭伴同行，必须合契，若还违拗，定有乖张，好胜争强，终须有损。重财之托，须要得人，欲放手时，先求收敛。未出门户，虽仆妾不可通言；既离家庭，奔程途而贵乎神速。若搭人载小船，不可出头露面，尤恐船夫相识，认是买货客人。陆路而行，切休奢侈。囊沉箧重，亦要留心，下跳上鞍，必须自擎，岂宜相托舟子车家。早歇迟行，逢市可住，车前柁后，最要关防。半路逢花，慎勿沾惹，中途搭伴，切记提防。小心为本，用度休狂，慎其寒暑，节其饮食。到彼投主，须当审择，不可听其中途邀接之言，须要察其貌言行动。好讼者，人虽硬而心必险，反面无情。嗜饮者，性虽和而事多疏，见人有义。好赌者，起倒不常终有失。爱嫖者，飘蓬不定或遭颠。以上之人，恐难重寄。骄奢者性必懒，富盛者必托人，此二等非有弊，而多误营生。直实者言必忏，勤俭者必自行，此二般拟着实，而多成买卖。语言便佞扑绰者，必是诳徒；行动朴素安藏者，定然诚实。预先访问客中，还要临时通变。莫说戾家，要寻行户，切休刻剥，公道随乡。义利之交，财命之托，非良心者，不可实任也。买卖虽与之议论，主意实出乎自心。如贩粮食，要察天时，既走江湖，须知丰歉。水田最喜秋干，旱地却嫌秋水。上江地方，春播种而夏收成；江北、江南，夏播种而秋收割，若逢旱涝，荒歉之源。冬月凝寒，暮春风雨，菜子有伤。残夏初秋，狂风苦雨，花、麻定损。小满前后风雨，白腊不收。立夏之后雨多，蚕丝有损。春后严寒风雪，桐油定贵。端午晴明雾露，椿子必多。北地麦收三月雨，南方麦熟要天晴，水荒犹可，大旱难当。荒年艺物贱，丰岁米粮迟。黑稻种可备水荒，荞麦种可防夏旱。堆垛粮食，须在收割之时。换买布匹，莫向农忙之际。须识迟中有快，当穷好处藏低，再看紧慢，决断不可狐疑。凡货贱极者，终须转贵；快极者，决然有迟，迎头快者可买，迎头贱者可停。《道德经》云："欲贵者以贱为本，欲高者以低为机。"价高者，只宜疾赶，不宜久守，虽有利而不多，一跌便重。价轻者，方可熬长，却宜本多，行情一起，而得利不少，纵折却轻。堆货处要利于水火，卖货处要论之去头。买要随时，卖毋固执。如逢货贵，买处不可慌张。若遇行迟，脱处暂须宁耐。货有盛衰，价无常例。放帐者，纵有利而终久耽虚，无力量一发不可。现做者，虽吃亏而许多把稳，有行市得便又行。得意者，志不可骄，骄则必然有失。遭跌者，气不可馁，馁则必无主张。买卖莫错时光，得利就当脱手。

## 杂粮统论

欲贩芝麻、菜子，须询油价何如。南河蓝麻、海北黄麻为最，连稍油估五十斤。马头、滕县红麻，泇口、峄县白麻为次，也看四十七八。惟五河以下，小河、一队、房村左右者，俱是低麻。所喜者，饱满寡净无黄稍。所恶者，有细土，株有叶缠。不嫌陈壳绺色，最怕土热黄尖。河南菜子，高者三十六七。长江好者，也有三十四五。所贵者，老干净润。所贱者，嫩壳瓜棱。要知好歹，探筒滑顺到底者必干；界尺一推，两瓣木樨黄者为上。天晴须做布单复晒，飏去砂土油灰；阴雨必要掀盘，或用风车扇过。谚云："长官若要死，客人贩菜子。"费手之言验矣。芝麻上碾，些需砂子不嫌。菜子磨推，颗粒砂石不用。若要装船，席口、缝眼俱用纸糊，不可恍惚也。

糙米须看糠之粗细、皮之厚薄、开手软硬、谷嘴有无，再看颗粒饱满、干硬无稻者为高。有匾碎软、有稻者勿买。饭米最嫌者，老艮身热，稗子拖籼。糯米所贱者，阴杂花斑，断腰尖细。上江早米，竹芽籼好于乱亡籼。无锡晚米玉色，别处俱是白脐。大麦饱有青白色、无须寡净者为良,细有长芒壳黄者为贱。小麦清深皮厚者,面少;饱有皮薄者,面多。堆晒须是伏天,若经秋风,多蛀。堆米之仓,不宜堆麦。堆麦之仓,不宜堆米。若要堆垛,预先打扫干净,着板靠壁,须换新席贴铺,平中淋一尖顶,用草厚盖,方得新鲜。四、五月出仓者,有二升之涨。六、七月出仓者,有三升之亏。

绿豆全青者皮厚,取芽菜最高;蜡皮者皮薄,洗真粉第一。黄豆无灰土、肥圆寡净、精神沉重者,多油;青花黑杂、有匾毛衣、土珠、破损者,油少。胶州青,南京盛作。丹阳青,过塘偏宜。黑豆一窠蜂,快在上马料之月。藜豆花斑石,行于豆饼燥之年。襄豆圆大色光润,带胭脂瓣者多腐。陈豆色浑白,咬开瓣儿通红者,无油。如堆垛者,须要晒干,潮则壳白,惟稻米、芝麻、绿豆还可熬长,二麦、黑豆、菜子不耐久垛。卖豆莫胜于瓜洲,稻谷芜湖上路位,芝麻、菜子又让高邮,米麦杂粮枫桥去广。大概略言其旨,买卖见景生情。

## 船脚总论

且以雇船一事,必须投牙计处,询彼虚实,切忌贪小私雇,此乃为客之第一要务也,虽本地刁钻之人,尚难逃其术,何况异乡孤客哉。如新下水,新修捻,件物家伙不齐整,或齐整家伙,与船大小不相对,乃借来之物。及邋遢旧船,失于油洗,人事猥衰,必是少债船也。其看船之法,须是估梁头,算仓口,看灰缝干湿,观家伙齐整,方可成交。谚云:"雇船如小买。"诚哉斯言也。如装粮食,务要防慎,后仓马门、梁眼、梁缝,于补缺的小板,防是活印子,俱要先用封条贴过,方许铺仓。又有死夹梁,更加双夹虪,并掣卖筹数,卸亦如之。受载之时,各仓俱记小数,不可听其混装,常观前后,照管两傍。前藏尖嘴、睡头、什物家伙之下,后匿稍仓、箱柜坛桶之中,两傍递过邻船,人散从

容再取,预用纸雕灰印。中途得便盗卖,更改斛挈,私买拗斛轻倾,或
浇水湿而掺和,或剔船缝而称漏,麻饼破三片而调成四片,腌猪将小
帮而抵换大帮,桶油钻眼,得油而使橦楔,篓油破缝,得油而称燥调;
又有使针搠眼得油,而插猪鬃,用火烧头,竟为闭塞;烧酒用布包裹泥
头,将坛倒放,候泥润透,复起旋转,开坛盗出几壶,装水补数,仍将泥
头按上,干则照旧无形;棉布用竹夹而卷心掣出。米包有竹管而斜插
溜焉;纸扎松头,而整刀抽取。鱼包解索,而逐个偷拈;棉花接绳而折
包缝,白糖褪箍而打桶底;芦席包以扚索吊,松口而探出;荆条篓用铁
钩向中心扯开,千货千弊,百狡百奸,是货皆在装卸之中动手,是船个
个俱会窃偷。谚云:"十个船家九个偷。"信哉。又有一等欠债之船,
狼心偷货,价倍于船,送至地头,尤恐债主催逼,少数难交,中途将船
凿沉,弃船逃走。常有不到地头,预支下脚,及卸少原装数目,却使柔
奸,或将妻女老幼图赖,或罚誓叫天告饶,不肯全赔,高低完事。贼智
千般,难于枚举,客惟装卸之中,勤管要紧,沿途停泊,防慎为先。完
契之时,下脚必推不足,中途支使,须将卖货为由,倘有余资,切休露
白。漫藏诲盗,古圣良言。至于脚夫,无所不至,先揣脚价,后设偷心,
穿长裙而打腰包,勒腰带而穿夹袖,扳缯掮篓,随手做印,大箩交换小
箩,大袋交换小袋,箩底明安席片,挑于暗处倒倾,麻饼中途破凑,腌
猪便处使钩,窜筹走筹,百般影混,陆路客随担走,七前八后而奔,使
客照看不及,前后得空便偷。盗油之法,将油倾入土中,待闲连土挖
去,用水而浮。惟处州、福建盘山脚夫,还可寄托。张家湾、河西务车
脚,甚是能偷。若论船户脚夫之奸恶,律罪充徒,理的当也。奈何掌
法之官,不知有此弊端,每怜贫而轻宥,情法何勘。虽然船脚之奸,甚
于窃盗,间有二三良善者,客人亦不可加之于刻剥也。脚夫一担在身,
百骸俱动,船户以外财而包内财,用人工而使盘费,一船干系,岂小
小哉。

# 为客十要

一、凡出外，先告路引为凭，关津不敢阻滞。投税不可隐瞒，诸人难以协制。此系守法，一也。

一、凡行船，宜早湾泊口岸，切不可图快夜行。陆路宜早投宿，睡卧勿脱里衣。此为防避不测，二也。

一、凡店房门窗，常要关锁，不得出入无忌。铺设不可华丽，诚恐动人眼目。此为谨慎小心，三也。

一、凡在外，弦楼歌馆之家，不可月底潜行。遇人适兴酌杯，不可夜饮过度。此为少年老实，四也。

一、凡待人，必须和颜悦色，不得暴怒骄奢，年老务宜尊敬，幼辈不可欺凌。此为良善忠厚，五也。

一、凡取帐，全要脚勤口紧，不可蹉跎怠惰。收支随手入帐，不致失记差讹。此为勒紧用心，六也。

一、凡与人交接，便宜察言观色，务要背恶向善。处事最宜斟酌，不得欺软畏强。此为刚柔相济，七也。

一、凡有事，决要与人商议，不可妄作妄为。买卖见景生情，不得胶柱鼓瑟。此为活动乖巧，八也。

一、凡入席，乡里务宜逊让，不可酒后喧哗。出言要关前后，不得胡说乱谈。此为笃实至诚，九也。

一、凡见人博弈赌戏，宜远而不宜近。有人携妓作乐，不得随时打哄。此为老成君子，十也。

以上十事，虽系俗言鄙语，欲使少年初出江湖之士闲中一览，方知商贾之难，经营之不易也。

# 买卖机关

投牙三相:相物,相宅,相人。

入座试言:言直,言公,言诈。

**物古不狼,老实节俭。**

凡观人家所用物件,不可因其古旧,即以为贫,非狼籍破坏不堪,必老实俭朴好人家也。

**宅新而焕,标致奢华。**

人家居宇精致,物件研明,分外巧样,是好奢华之人,内囊必无积聚。

**百结鹑衣,贫穷之辈。**

人衣蓝楼,冬夏不时,形貌猥衰,贫穷极矣。

**异妆服饰,花子之流。**

衣冠随世,不古不华,理也。若巧异妆扮,服色变常,此皆花子下流,非守业受用人也。

**礼貌谦谀,心中叵测。起坐直率,面亦无阿。**

谦谀重礼之人,其中心必诈。面颜不能谄媚,则起坐无恭。

**问价即言,大都不远。论物口慢,毕竟怀欺。**

初到牙家,问货价值,随口而答,则相近不差多少。若口慢,应答含糊,必怀欺诈也。

**相见恭而席丰,货快有价。跟随缓而款略,本少且迟。**

牙人初会,恭敬出于分外,酒席破格丰盛,仆从欢腾,快意甚炽,则知货有价而锋快也。客到主家,仆不甚紧随,款待疏略,不以为意,非货迟滞,而因本少也。

**空客劝盘,求为替代。门前久坐,专等姨夫。**

客被经纪诓骗,不得起身,苦来劝盘,则是求我之成,以补他之空,眼智者察之。若无货之客,久坐门前,丧神失魄,强为谈笑,必专望新客,以垫己归也。

**客来无货,非取帐,必是等人。**

若客来无货,非向主家取帐,必是等伴同行。

**买主私谈,不扣银,定然夹帐。**

主家与买客私地密言,恐其旧有所欠,扣我货银抵补,或价腾长,必落价以图夹也。

**许多卖少,接新客之常情。说快返迟,哄起货之旧套。**

雏客惟图多利,必许多方能满意,货迟客必他往,必说快以哄之,乃能起货。

**齿下不明,久后徒然混赖。当场既允,转身何必嗟趄。**

交易之时,即要讲明价钱银水,若含糊图成,齿下不明,至会帐必然混赖。允与不允,决于当时,既已成交,转身嗟怨,此非君子道义之交也。

**毁誉中,防家奴误主。指示处,恐梢子利私。**

雇工奴仆私图口腹,誉其好未为真,毁其短恐非是。船家私受经纪贿赂,推荐其家,陷客丧本,皆由此辈,不可信其言也。

**客荐客,须防有故。牙潜牙,亦是常情。**

客伙吹嘘主家,邀我同投,彼非最厚,必因欠帐,欲扯我补经纪,彼此相戕,不宜轻听。

**好歹莫瞒牙侩,交易要自酌量。**

货之精粗,实告经纪,使彼裁夺售卖。若昧而不言,希图侥幸,恐自娱也。买卖交易,要自立主意,不可听信他人拦阻。齐行熬价,惧我成交,欲脱彼货,不可不察。

**货若相同,任知己不言实价。来同一路,虽厚处意亦参差。**

客货俱是一样,人来买者,取此而舍彼,理势固然。若直对同货之客,说价说银,是指彼卖货,而我货自坐沉滞也。虽同来之客,相处最厚,亦向主家讨好,曝人之短,是以意亦参差也。

**财入贫手,虽健讼亦难追。货放非人,纵势威而莫取。**

人自恃能讼能言,有威有势,货财妄施,人不敢负,至于失手而欠者,极贫无耻,不谓讼之于官,虽凌逼百出,亦无奈何。莫若初授之时,慎择得人,自无后悔。

**卖货勿听人拗,买物须与众观。**

勿听人拗,莫信直中直也,恐破我以成彼。买与众观,乃辨得真假矣。

**逢人不可露帛,处室亦要深藏。**

乘船登岸,宿店野行,所佩财帛,切宜谨密收藏。应用盘缠,少留在外,若不仔细,显露被人瞧见,致起歹心,丧命倾财,殆由于此。居家有财,亲友见之或借,不惟无以推辞,拒之必然怨隙。

**铜铁忌藏箱簪,重物莫裹包囊。**

出外收拾行李,若有铜铁秤锤,一切重物,不可收入箱笼及裹于包袱之内。倘付脚夫、船户挑载装仓,疑系财帛,遂起歹心,不可不慎。如有此物,宜显露外面为佳。

**有物不可离房,无事切宜戒步。**

鼠窃之徒,有心窥探,或暗通己仆,结为内应,伺主他出,既潜入盗偷,故房门常宜关锁,出门宜早回也。

**帐不失于势东,财恐空乎懦主。**

货投有势主家,放帐赊出,然所欠者,或贫穷亏折,亦必挪移、打帐还我。若主家忠厚无能,其人暗算,无奈已何,安心负骗,不为偿还计也。

**财不竭于阳骗,本切忌乎阴消。**

人来骗我,利我有余。俗云:"宁使人骗我,莫使我骗人。"意谓我富而他不富也。其阴耗财本者,因无算计,所用失宜,所为失策,不合事机,妄施无当,以致出纳乖方,经营错落,本钱日见消铄矣。

**搭船行李潇然,定是不良之辈。**

同船搭船之人,或人物衣冠整齐,无甚行李,踪踪可疑之者,非拐子即掏摸、吊剪之流,或自相赌戏以煽诱,或置毒饼果以迷人,或共伙党而前后登舟,或充正载而邀吾入伴,若不识其奸,财本遭掳。又苏、杭、湖船人,载人居上层,行李藏于板下,苟不谨慎,多被窃取。

**客商慎勿妆束,童稚戒饰金银。**

出外为商,务宜素朴,若到口岸肆店,服饰整齐,小人必生窥觑,潜谋劫盗,不可不慎。而孩童年小,父母垂爱,以金银为之冠帽、手镯、项圈、耳坠之类,小人窃见,利其财物,或毁体折肢采取,或连孩童抱去,谋杀之端由此。

**多说价钱,老奸之客。遍呈足色,好胜之流。**

老奸好胜之客,分明货卖九钱,对众说价已卖一两。汇来银水,抽去搭色,独呈纹足,遍与人看,使别人争价争纹,彼在其中讨好取事。

**有势主家,宜以心结。无钱牙侩,要在利予。**

宦家及豪杰经纪,钱入其手,难与角力,须推心置腹,隆施优遇,不可轻口乱言,彼必愈加公道报我。若贫穷窘迫之主,凡事相益扶持,有利于彼,使怀我恩我,事未必无济也。

**面红识羞终不负,头低忍辱必成诓。**

知羞耻者,必能展转推挪,端不负人债矣。其不知羞愧,百行皆丧,焉得复有廉耻哉。虽骂虽告,无益于事,钱落其手,必遭诓也。

**取帐夸能,威彼惧讨期,言外启人宽。**

主家同客到人店中取帐,不以紧切言语约期,反以别事谈讲延蔓,扯拽良久,方及正事,则人以为可缓,决不为急还计也。若闲谈夸己之能，及称善于词讼者，此皆欲张己威而使畏惧矣。

**通舟共弃因悭小，满座人嫌为语狂。**

彼悭吝者，与人同舟共店，饮食蔬果，背地自用，不候均众同嗜，独占便宜，因是取人嫌弃。人前话语，务宜谦慎缄默，使人难以窥我虚实。若满口矜夸己胜，说短论长而不知止，此人必无内养，诚可嫌憎。

**现银扳过不知机，守货齐行多有误。**

货到地头，终须要卖，若见现银，勉强增价，过于坚执，或听傍人审拨，错过机会，遂致买寝货搁，后悔无及，免有失渡无船之叹。

**银水不悭防放饵，价钱肯出为图赊。**

来买货者不争价，随口而允，此必图赊，恐一争硬而不到手。至于还银足文，而不悭占成色者，须防放饵，钓我下次也。

**隔面讲盘须有弊，当场唱价定无欺。**

公平正直者，当交易之场，高唱其价，而牙用是其分内，良客必不争也。阴险奸猾，背地诲议，其间得无弊乎。

**天未大明休起早，日才西坠便湾船。**

不论陆路、水行，俱看东方发白，方可开船离店。若东方冥暗，全无曙色，寒鸡虽鸣，尚属半夜，若急促解缆陆行，恐堕奸人劫夺之害，不可不慎。至于日将西坠，便择地湾船投宿。俗云"投早不投晚，耽迟莫耽错"也。

**守己不贪终是稳，利人所有定遭亏。**

吊白、打拐、诓赚、掣哄之流，智过君子，狡诈莫测，或假妆乡里讲乡谈，称有寄托，哄出我银，却将船石抵换；或狗皮裹泥充麝香；或竹筒筑土充水银；或水晶、玛瑙、宝石、溜金奇巧之具，执立冲衢，自谓客仆，盗出主物，不求高价，惟求现卖，诱人僻巷，强令买之，及觉物伪寻觅，则拐子变易巾帽衣服，虽立前不复识认；或丢锡锭于地，令人拾之，而挟取贴分；或云能炼黄白，要银求买奇药；或云能通先天神数，善察幽隐，坐以致鬼，不用开言，诱人就学。似此种种诡计，无非效抛砖引玉之谋，诓人财物。如老成惟守己有，不事贪求者，不能入彼奸套。若贪心利他所有，定然遭彼拐也。

**卸船无埠头，防生歹意。同行无的伴，谨慎囊橐。**

凡卸船，必由船行经纪，前途凶吉，得以知之。间有歹人窥视，虑有根脚熟识，不敢轻妄。倘悭小希省牙用，自雇船只，人面生疏，歹者得以行事，以谓谋故，无迹可觅，为客者最宜警惕。凡出外必须要择的伴，庶几有辅。若路逢素非熟识之人，同舟同宿，未必他心似我，一切贵细之物，务宜谨慎防护，夜恐盗而昼恐拐也。

**买卖要牙，装载须埠。**

买货无牙，称轻物假。卖货无牙，银伪价盲。所谓牙者，权贵贱，别精粗，衡重轻，革伪妄也。卸船不可无埠头，车马不可无脚头。船无埠头，小人乘奸为盗，车无脚头，脚子弃货中途，此皆因小而失其大。

**临财当恤，记帐要勤。**

银钱堆积目前，亦宜斟酌出纳，若骄矜浪用，易于消散，然与人交接，要勤之记帐，莫厌烦琐。负一时强记，少刻为别务所羁，遂至忘却，或错与人，反生争竞，虽坐卧思忖，从头握算，亦无益矣。

**拙于治家，虽能无益。**

世上百般生理，无非计在资身，上赡父母，下养妻儿，若无能支持家务，致使饥寒，及不知利害，妄生事端，惹祸招殃，自身不保，贻累女人出乖露丑，纵然他干有能，亦无益于身家也。

**是官当敬，凡长宜尊。**

官无大小，皆受朝廷一命，权可制人，不可因其秩卑，放肆慢侮。苟或触犯，虽不能荣人，亦足以辱人，倘受其叱挞，又将何以洗耻哉。

凡见官长，须起立引避，盖尝为卑为降，实吾民之职分也。不论贫富，或属我尊长，或年纪老大，遇我于座于途，必须谦让恭敬，不可狂妄僭越。设若尔长于人，人不逊尔，尔心独无憾忿乎。

**滥保受累，轻诺成尤。**

不审人讼之重轻，或系钱粮重务，而妄进保领；不度人事之臧否，或干酷债冤产，而滥入中证，二者始终，倘不克全，必有连累之患。僧道募化，衙役求物，亲友借贷，或于因事酒席之间，稠人广坐之处，好胜慨然许允，过后反悔变迁，延捱支哄，辜他所望，非惟招怨，实开祸门之端也。

**富从勤得，贫系懒招。**

若谓贫富，各有天定，岂有坐可致富，懒可保贫哉。彼大富固有自来，吾衣食丰足，未必不由勤俭而得。观彼懒惰之人，游手好闲，不务生理，既无天坠之食，又无地产之衣，若然不饥寒，吾不信矣。

**少入公门，毋观囚罪。**

凡到府县巡司衙前，及水陆途中口岸处所，或见奸妇、贼犯异常之事，切不可挤入人丛，进衙观看。恐问官疑人打点，关门扑捉；或强盗受刑不过，妄指左近搪塞，苟遭其害。虽公断自明，亦受惊骇矣。

**不识莫买，在行莫丢。**

平昔生意惯熟，货物虽然利微，亦或遇而不遇，切不可轻易丢弃，改换生理，暴入别行，而货物真假未必全识，价值低昂难以逆料，以致倾覆财本，大有不可量也。然作客贩货，宜固守本行为是。

**夜戒游行，早宜兴起。**

浪荡之徒，专欲夜游，或饮酒而街坊闯祸，或玩戏而殴妓骂娼，或财博而忍饥寒，或忍偷而陷缧绁，或罹不测之灾，靡可尽述，夜游为害若此。视彼早起者，清心爽意之时，干理家务，惺惺不悖道义，百求皆得，百为皆顺，所以夜游无益，早起有功也。

**有德无才可贵，有才无德可轻。**

至诚忠厚，虽无能干，其信实正大可取，总有妙才转环之智。若丧心丧德，役诡役诈，此不可交。昔周勃少文，而能去吕安刘；吕端模糊，力定咸平大嗣；扬雄多才而臣莽，桑维翰多智以父胡，才德之孰优劣，概可见矣。

**口是心非难与处，为人犹己可相亲。**

与人交结，极为难认。若寡义少恩之徒，平昔邀集，密如胶漆，及有灾患，避之不觑，此人安可处也！若能视人犹己，忧人之忧，素识少亲，患难则炙，此其仁厚笃爱之长者。

**人过者，满则必倾，执中者，平而且稳。**

凡人存心处世，务在中和，不可因势凌人，因财压人，因能侮人，因仇害人。倘遇势穷财尽，祸害临身，四面皆仇敌矣。惟能处势益谦，处财益宽，处能益过，处仇益德，若然，不独怀人以德，足为保身保家之良策也。

**出纳不问几何，其家必败。**

当家之人，宜量入以制出，若迷蒙不问所进若干，仅其所有而用，更无稽考，不怀畏惧，此为必败之道。

**算计不遗一介，维事有成。**

成家创业者，常恐败于忽怠。每事必焦思劳心，周详筹画，预防未来，不失一策，凡有所为，无不遂也。

斯言浅易，无非开启迷蒙。意义少文，惟在近情通俗。予著斯言，为目击经商艰于获利，渐见消替，而牙侩日坐失业，益见困惫，所以人心不古，俗习浇漓，有自来矣。然句法虽浅近无文，其中意义亦能详尽。宾主之弊，指人循道义，履中正，不溺欲海，挽回淳厚，向化美俗，诸君不鄙而共之，俾可少补处世治家之万一耳。

# 贸易赋

贸易之道,勤俭为先,谨言为本。察天时之顺逆,格物理之精微。得人则四海春风,得地如九天时雨。情性舒和,处处光风霁月。襟怀粗暴,时时烈日严霜。识量深宏,定福高而禄厚。机谋浅窄,必祸重以非多。最宜气健神清,切忌心慵意懒。用无质之人,每逢多助。收失时之物,屡获盈增。丰厚盗财,堆积为重。轻微囊箧,快利为宜。日远日高宜广积,时增时减莫多留。一路无虞,处处码头交益友。百般有利,桩桩货物遇当时。待时不易,择地犹难。水向大湖轻可得,财从富市易为求。置货添财,必是去年逢贱物。用之得力,还须前日受恩人。常亲忠厚老成,莫近轻浮小器。智力齐行,慢教力胜于智。恩威并用,常宜恩过于威。道虽微末,理最幽深,虽曰天命,亦可人为。贵莫贵于顺天,大莫大于得地,重莫重于知人,神莫神于识物,巧莫巧于投机,妙莫妙于遇时。气宜清健,性要图灵。求财虽赖于万物,妙用全仗乎一人。有眼力者,识人识物;有口才者,辩是辩非;有心智者,知成知败。为人身之至宝,实贸易之真宗。三者贤,江湖散诞之仙。三者拙,途路奔忙之子。家业飘零,暂做他乡之客。囊资消乏,权为外郡之人。别妻儿,离父母,不因蜗角虚名。涉风浪,冒风雨,只为蝇头微利。怕听朝钟,出户壮心才十里。惊闻暮鼓,入门倦体已三更。伏日行船,最忌乌云接日。腊天起旱,须防黑雾漫天。多难多危,自满自盈常露白。无灾无厄,自贫自小会藏机。路上不藏,暗暗凶星连地脉。地头无泄,明明吉路接天衢。南北前程,总是一般岁月。东西万里,何曾两样风光。观人才之贤愚,知家道之隆替。心神莫教思虑浅,筋骨常从劳苦多。智力宜先于众人,用度须薄乎自己。风月场中,务要迟迟进步。是非丛里,切宜早早抽身。语言繁易多支诞,行止端严必志诚。量随识长,福向量生。积成基大,还从前辈抱真眠。

留得路宽，方便后人安稳走。守成不易，创业犹难。祖若念孙，切莫欢娱轻易费。孙当念祖，许多辛苦换将来。宗祖德微，淡淡经营生产业。儿孙福厚，绵绵贸易事田庄。投机宜进步，得意早回头。进无知止，未免贞廉之诮。入不知出，难推鄙吝之名。在我易为，速了前人常事业。在天难获，慢筹后嗣大规模。诡计扶奸，不为他人除福禄。机深辅好，原因自己种根基。一念不邪，方寸地中惟种德。万缘归正，九重天上自生春。石季伦，其金如石，遭一朝不赦之刑。孔仲尼，其仁如天，享万世无疆之祀。悖之则凶，休道百般皆是命。修之则吉，莫言半点不由人。暗暗思量，百计不如阴骘好。明明捡点，万般惟有读书高。福善祸淫，其应如向。请同志之早修，莫临头于迟悔。

## 经营说

凡人作事，先须克己无私。为客经营，勿以贪小失大。买卖虽投于经纪，主意实出乎自心。货有盛衰，价无定例，须识迟中有快，推详好处藏低。贵者量有贱之时，衰者度有兴之日。买必随时，卖须当令。如逢货贵，置处不可慌张。若遇行迟，脱处切宜宁耐。雇船如小买之由，要看人船好恶。搭伴若结亲之故，交财须帐目分明。经纪为领袖，牧放留心相待。船家乃暗贼，往来介意堤防。侍仆随身休重托，伙计合意莫猜疑。货物高低，出处地方先以定。价钱轻重，眼睛看过自斟量。黄豆买精神，圆稳无灰干可籴。芝麻估油汁，黄尖有串润休贪。米无水脚方宜积，麦有空头莫买他。子花算衣重，无黄囊姜瓣者可置。棉布要白净，看子眼紧密者为良。油若昏沉终有假，饼多砂土不为佳。板炭木柴，干燥起灰熬火力。水鱼干鳖，鱼鳞齐整不须尝。夏布怕风吹褪色，蒲鞋见日晒干藏。段匹纱罗清水者，分两尺头时估价。木头杉板节疤者，朽烂破损要搜寻。货物千般，于内有无穷之奥妙。人心一点，其中藏百变之机谋。财何损身，只为私贪而致害。利终养己，盖因公取以成家。读书不易，为客最难。宿雨餐风，朝暮带披星月走。登山涉水，晨昏时伴虎狼行。古语云："钱财入手非容易，用处当思来处难。"江湖英杰生涯辈，须把斯言仔细看。

# 醒迷论

夫人常情，非爱财，即爱身也；非畏法，即畏理也；非虑前，即虑后也；非好名，即好胜也。人之于财，或以毫厘而贸易无成，或以分文而童仆笞楚，或以假借而朋友分袂，或以不均而兄弟构讼。至于淫色，则倾囊橐，破家资，而欣然为之，甚则同饿殍，胥盗贼，而终身不悟也。谓之何哉？人之于身，或以坠马而畏骑，或以危船而勒渡，或刺皮肤而怒不可当，或小有疾病而戚然恐不可越。至于淫色，则耗元气，丧元精，而怡然安之，甚则染恶疮、耽溺病而甘心不悔也，谓之何哉。且无禄者犯奸有罚，职役者宿妓有禁，法之可畏也明矣。今之人，缢死于旧院，刺死于南楼，为嫁买而经官问革，缘淫奔而出丑遭刑。夫以吾一身，仰有父母，俯有妻子，其所当顾虑者甚多，而乃以女色罹法，不亦可羞之甚耶。色荒之训《书》有之，冶容之诲《易》有之，理之当鉴也明矣。顾身正气丧于淫邪，名节丧于妖媚，虽有豪才不之取也。今之死战斗者以勇名，死谏诤者以直名，而死于色者名之曰败家子。稍有好名之心，当有择而不为，稍有好胜之念，当有惮而知改矣。或以子美之四娘，安石之云月，东坡之琴操，陶谷之弱兰，为四公之乐，而不知此乃四公之累也。或以为相如之窃玉，韩寿之偷香，张敞之画眉，沈约之瘦腰，为四公之豪，而不知此乃四公之失也。而俚言所谓腰间剑与色不迷人者，是又一恒人能晓之也。尝读《孔子世家》，见柳下惠坐怀不乱，鲁男子闭门不纳之事，读《江夏野史》，见冯商娶妾遣归,生子状元及第之报,则知不淫女色,非独爱身也,爱德也,而财不足言矣;非独畏理也,畏天也,而法不足言矣;非独虑后也,虑鬼神也,而前又不足言矣;非独好名也,好积善也,而好胜又不足言矣。如此则楚馆秦楼非乐地,陷井之渊薮矣乎;歌姬舞女非乐人,破家之鬼魅乎;颠鸾倒凤非乐事,妖媚之狐狸乎! 识者以为何如?

## 戒嫖西江月

花柳风情休恋,椿萱甘旨应供。烧香剪发总成空,海誓山盟兼哄。 识破不遭罗网,执迷定坠坑中。身家保守免飘蓬,结发佳人相共。

风月全凭脱洒,举动务要端庄。夸能斗胜逞刚强,岂是宽洪雅量。 富贵何须卖弄,有麝自然馨香。任君做作在他行,毕竟他行见广。

醋意人情皆有,须知量度而行。渠心外我致生嗔,愈加一番嫌憎。 打闹希图畏敬,争禁暗地偷情。强勉风月要沾名,寡醋吃他做甚。

嫖情原以适兴,乱动便受牢笼。随机应变且朦胧,不必认真着哄。 厚薄原无分寸,真假那有相同。接客千个总成空,怎见得他轻我重。

## 选择出行吉日

甲子、庚子、乙丑、丁丑、甲寅、丙寅、庚寅、己卯、癸卯、戊辰、甲午、丙午、丁未、癸未、乙未、戊申、己酉、甲戌、丁亥,又宜天德合、月德合、六合开成满定日。

忌六壬、空亡、四离、四绝、四废、五不归，又忌破收平闭日、每月十五日。

出行正子午，二申丑未良。三月寅辰吉，四子卯天长。五月寅申马，七马猴最强。八未申酉亥，九子戌吉祥。十子猪和酉，十一子寅昌。六未十二亥，离绝人往殃。

四离日：春分、秋分、夏至、冬至前一日是也。

四绝日：立春、立夏、立秋、立冬前一日是也。

四顺日：建宜行，成宜离，寅宜往，卯宜归。

四逆日：申不行，酉不离，七不出，八不归。

四废日：春庚申辛酉，夏壬子癸亥，秋甲寅乙卯，冬丙午丁巳。

截路空亡时歌：

甲巳申酉最为头，乙庚午未不须求。丙辛辰巳何劳问，丁壬寅卯一场忧。戊癸子丑高堂坐，时犯空亡万事休。

周公八天之局：

天门日初一、初九、十七、二十五日。主得贵人助之，大吉。

天财日初三、十一、十九、二十七日。主倍获利得喜，大吉。

天贼日初二、初十、十八、二十六日。主有非灾，所为大凶。

天仓日初五、十二、二十一、二十九。主因商贾得利，大吉。

天阳日初四、十二、二十、二十八日。主见贵人，万事大吉。

天盗日初八、十六、二十四日。主百事皆不宜，大吉（凶）。

天富日初七、十五、二十三日。主为客商求财，大吉。

天集日初六、十四、二十二、三十日。主所事皆不遂，大凶。

轮六十花甲子，出行吉凶之日：

甲子　乙丑　丙寅是三合日，出行主得财。丁卯　戊辰　己巳是五关日，出行主招凶事。庚午　辛未　壬申是八通日，主有财。癸酉凶。甲戌吉。乙亥是天地凶日，不利。丙子　丁丑　戊寅　己卯是六会日，大吉。庚

辰　辛巳出行主有官灾。壬午凶。癸未吉。甲申　乙酉　丙戌是五浊日,凶。丁亥天开日,主得大财。戊子大吉。己丑大凶。庚寅有财。辛卯凶。壬辰主不归。癸巳凶。甲午卯时大吉。乙未大吉。丙申凶。丁酉　戊戌　己亥俱凶。庚子八通日,大利。辛丑大吉。壬寅主悲哭声。癸卯吉。甲辰　乙巳凶。丙午阴德日。丁未天乐,俱大吉。戊申　己酉　庚戌　辛亥　壬子俱凶。癸丑　甲寅　乙卯俱大吉。丙辰　丁巳　戊午俱凶。己未　庚申吉。辛酉凶。壬戌吉利。癸亥是甲子尽日,不宜出行。

杨救贫先生每年忌十三日:

正月十三。二月十一。三月初九。四月初七。五月初五。六月初三。七月初一、二十九日。八月二十七。九月二十五日。十月一十三。十一月二十一。十二月十九日。

诗断:

神仙留下十三日,煞重须防多损失。

一切起造及兴工,不遭火盗主遭凶。

婚姻嫁娶亦非宜,不得到头终不立。

人生下世遇此日,巴巴碌碌难度日。

安葬若还遇此日,后代儿孙去乞食。

上官赴任遇此日,啾啾唧唧忧官职。

得知广传世间人,后代儿孙有阴骘。

红纱日:

四孟酉日四仲蛇,四季丑日是红纱。

若人不信红纱杀,生离死别嫁三家。

# 四时占候风云

春夏二季常有风暴,若遇天气湿热,其日午后或云起,或雷声,所起之方,必有暴风,急宜避之。

秋冬二季虽无风暴,每日行船先观四方。天色明净,五更初解缆,至辰时以来,天色不变,虽有微风,毋论顺与不顺,行船不妨。

云头从东起,必有东风;从西起,必有西风。南北亦然。如前面云头已过,后面云脚不尽,则是风未止。如云起处天色明白,后更无云,则风渐止矣。

云片片相逐,聚散不常,天色昏惨,鸢鸟高飞,云脚黄,日色赤,皆主大风。

云行急,星动摇,日月昏晕,太白昼见,人首频热,灯火焰明,皆主大风。

如遇顺风,正使帆之间,忽转打头风,便当使回,寻港汊住泊为稳。不可当江抵岸,指望风息,恐致误事。如缓急卒遇暴风,奔港不及之时,急抢上风,多抛铁锚,牢系绳缆。如重载船,频频点水,看水仓恐有客水侵入。如小船,则看风势何如,别寻泊处。

如春夏间,船泊港汊内,须要多用壮缆,深打桩橛,早晚恐有山水发洪冲触之患。

如秋冬间,当江泊船,夜宜勤起看风色,加添绳缆,恐人贪睡,不知风起,仓卒之间,措手不及。

船上合用家伙物件,不可缺少,诚恐临期要用。如斧、钻、锯、凿、戽斗、铁钉、油灰、旧麻、破絮之类,俱宜预办应急,恐无买处,慎之慎之。

# 卷三

## 北直隶八府十九州一百十六县①

古幽、蓟之地,即古燕国。

**顺天府**共二丞、治中、三判。全。清军、管粮、管马、军匠。**燕山**。**广阳**。

**辖五州二十二县**。粮一万四千零。

大兴二丞。宛平二丞。良乡全。固安少丞。永清一典。香河少主。东安一典。通州全。三河少丞。武清全。宝坻全。漷县一典。昌平州少目。顺义一典。密云少主。怀柔一典。涿州全。房山一典。霸州全。文安少丞。大城少丞。保定一典。蓟州全。玉田少主。遵化少主。丰润少丞。平谷一典。

整饬霸州等处屯田、河道副使　　驻扎霸州。

整饬蓟州喜峰西路屯田参政　　驻扎蓟州。

整饬昌平等处兵备按察使　　驻扎昌平州。

整饬密云、通州海防兵备副使　　驻扎三河县。

旗手。羽林右、前。金吾左、右、前、后。蔚州。大兴。通州。济阳。府军左、右、前、后。彭城。会州。富峪。燕山右、前。宽河。留守左、右、中、前、后。济州。镇南。和阳。虎贲左、右。龙骧。龙虎。永清左、右。兴武。应天。武骧左、右。武城、豹韬。武功左、右、中。

---

① "十九州",底本作"十八州",按八府实载十九州,据《明会典》卷一五改。

神策。义勇右、前、后。武德。忠义右、前、后。应扬。骁骑。神武。
大宁中。腾骧右。沈阳右。长陵。景陵。献陵。裕陵。茂陵。永陵。
康陵。泰陵。昭陵。蕃牧　牧马　奠靖[①]。

**永平府**三同。全。清军、山海、西路管关。孤竹。北平。

辖一州五县。粮四万五千零。

迁安少丞。抚宁少丞。昌黎少主。卢龙一典。滦州少判。乐亭少主。

整饬永平道屯田、水利、海防兵备副使　驻扎永平府。

**保定府**四同、二判。全。清军、粮马、紫荆管关、居庸管关、宣府管粮、赤城管粮。
上谷。清蔡。

辖三州十七县。粮六万一千零。

清苑全。满城一典。容城一典。完县少丞。唐县少丞。安肃少主。定
兴少主。博野少丞。庆都少主。雄县少主。蠡县少丞。新城少主。祁州少同。
深泽少主。束鹿少主。安州少同。高阳一典。新安一典。易州全。涞水少主。

整饬紫荆关屯田、水利参政　驻扎易州。

大宁都司。保定左、右、中、前、后。茂山。

**河间府**五同、六判。全。清军、捕盗、海防、宣府清军、密云管粮。管河驻扎杨村。
西路、中路、膳房仓场、龙门仓场。瀛海。

辖二州十六县。粮六万五千零。

河间全。献县少主。阜城少主。任丘少主。交河少丞。青县[②]少丞。静
海少丞。宁津一典。肃宁一典。兴济一典。景州少同。东光少主。故城少丞。
吴桥一典。沧州少同。庆云一典。盐山少丞。南皮一典。长芦都转运司。
河间分司。青州分司。

整饬天津海防兵备副使　驻扎天津卫。

**真定府**三同、三判。全。捕盗、宣府督粮、宣府仓粮、曲阳管粮。恒山。

---

① "靖"，底本作"清"，据《明会典》卷一二四、《明史·兵志》改。

② "青"，底本作"清"，据《明会典》卷一五、《明史·地理志》改。

辖五州二十七县。粮十一万七千零。

真定少主。元氏少主。栾城①少主。灵寿一典。藁城一典。获鹿少主。无极一典。阜平一典。井陉一典。平山一典。定州少判。新乐少主。行唐少丞。曲阳少主。冀州少同。南宫少同。枣强少主。新河一典。武邑一典。晋州少同。武强一典。饶阳少丞。安平一典。赵州少同。柏乡少主。高邑一典。宁晋少丞。临城一典。隆平一典。赞皇一典。深州少同。衡水一典。

**整饬井陉、提督三关按察使**　驻扎获鹿县。

**整饬大名、管理河道参政**　驻扎真定府。

**顺德府**全。经照。钜鹿。襄国。

**辖九县**。粮四万二千零。

邢台全。南和一典。内丘一典。平乡一典。广宗一典。沙河一典。唐山一典。钜鹿一典。任县一典。

**广平府**全。经、照。武安。

**辖九县**。粮五万九千零。

永年全。曲周少主。肥乡少丞。成安少丞。邯郸全。广平一典。鸡泽一典。威县一典。清河一典。

**大名府**四判。经、照。顺圣仓场、柴沟仓场。阳平。

**辖一州十县**。粮十四万八千零。

元城全。魏县全。南乐少主。清丰少主。东明少主。内黄少主。濬县全。大名一典。滑县全。开州全。长垣全。

**延庆州**一目。辖一县粮四千六百零。永宁一典。

**保安州**一目。粮八千一百零。

万全都司。延庆左、右。怀安。保安右。永宁。宣府右、左、前。怀来。万全右、左。开平。龙门。通州右、左。神武中。定边。密云中、

---

① "栾"，底本作"滦"，据《纪要》卷一〇、《明史·地理志》改。

后。武清。镇朔。涿鹿左、中。大同中。兴州左屯、右屯、中屯、前屯、后屯。东胜左屯、右屯。真定。定州。营州左屯、右屯、中屯、前屯、后屯。蓟州。开平。抚宁。山海右。宁山。河间。沈阳中屯。兴州右。忠义。卢龙。天津左、右。神武右。遵化。永平。

# 山东六府十五州八十九县

古青州、兖州之地,即古齐国、鲁国。

**济南府**三同、六判。经、照。马政、料价、水利,岫峄、辽阳、广宁管粮。临淄。

辖四州二十六县。粮八十五万一千六百零。

历城二丞。长山少主。章丘全。禹城全。齐河全。邹平全。淄川全。齐东少主。济阳少丞。新城少丞。临邑全。长清全。肥城全。陵县全。青城少丞。泰安州全。新泰一典。莱芜少丞。德州二判。

德平少主。平原全。武定州全。阳信少丞。

海丰少丞。乐陵少主。商河少丞。滨州全。

蒲台少主。利津少主。霑化少主。

**分守济南道按察使**　驻扎泰安州。

**分巡济南道屯田、马政参政**　驻扎省城。

**整饬武德兵备兼屯田、马政副使**　驻扎武定州。

**兖州府**二同、三判。全。河工驻扎曹县。督粮、总捕、泉源。东鲁。任城。

辖四州二十三县。粮四十五万三百零。

滋阳全。曲阜少主。宁阳少主。邹县少主。滕县全。峄县少主。金乡少主。鱼台少丞。单县全。泗水少丞。城武一典。曹州全。定陶一典。曹县全。济宁州二判。郓城一典。嘉祥一典。钜野全。东平州二判。平阴一典。汶上全。东阿全。阳谷全。寿张少丞。沂州全。郯城少主。费县少主。

**管理水利、盐法兵备参政**　驻扎济宁州。

分守兖东道兼管税粮副使　驻扎寿张县。

分巡兖西道，督理屯田、马政按察使　驻扎曹州。

兖东道兼分巡马政副使　驻扎沂州。

**东昌府**三判。经、照。管马、板闸、管河。南冀。北平。

辖三州十五县。粮三十一万八千五百零。

聊城二主。清平少丞。茌平全。堂邑少丞。冠县少主。博平一典。莘县一典。临清州二判。丘县少丞。馆陶少丞。高唐州全。恩县全。夏津全。武城全。濮州少同。观城一典。朝城少丞。范县一典。

分巡东昌，整饬临清屯田、水利金事　驻扎临清州。

**青州府**二判。经、照。驻颜神镇。捕盗、管粮。北海。齐海。

辖一州十三县。粮六十七万零。

益都全。临淄全。博兴全。高苑少丞。乐安全。寿光全。临朐全。安丘全。诸城全。蒙阴少主。昌乐全。莒州全。沂水全。日照少丞。

分巡青州海防兼屯田副使　驻扎青州府。

**登州府**二同。经、照。备倭、清军。东牟。斟鄩。

辖一州七县。粮二十三万六千零。

蓬莱全。黄县全。福山少丞。栖霞少主。招远少丞。莱阳全。宁海州全。文登全。

分巡登莱海防副使　驻扎登州府。

**莱州府**全。经、照。东莱。

辖二州五县。粮三十二万三千一百零。

掖县全。平度州全。潍县全。昌邑全。胶州全。高密全。即墨全。

分守青、登、莱海防副使　驻扎莱州府。

山东都转运司　驻扎省城。胶莱分司。滨州分司。

卫河提举司。

山东都司。济南。德州左<sup>①</sup>。德州。任城。济宁。兖州护。沂州。平山。东昌。临清。青州左。登州。大嵩。宁海。靖海。成海。成山。安东。莱州。灵山。鳌山。

辽东。苑马寺一主、一监正。安乐州一目。自在州一目。

分巡辽海道兼管广宁等处屯田兵备参政　驻扎广宁。

整饬海、盖兼管屯田，苑马寺兵备副使　春冬驻海州，夏秋驻盖州。

整饬宁前屯田、马政兵备副使　春夏驻宁远，秋冬驻前屯卫<sup>②</sup>。

整饬开原兼屯田<sup>③</sup>、马政兵备佥事　驻扎开原。

辽东都指挥使司。定辽中<sup>④</sup>、左、右、前、后。

东宁。海州。盖州。复州。金州。广宁。广宁左、右、中。义州。广宁左屯、右屯。广宁中屯、前屯、后屯。宁远。沈阳中。铁岭。三万。辽海。

辽东盐课提举司。

# 山西五府十九州七十九县

古冀州之地，即古赵国、晋国。

**太原府**三同、四判、全。督粮、清军、管偏头关。粮料、雁门、宁武。晋阳。冀宁。辖五州二十县。粮五十七万零。

阳曲全。太原少主。榆次全。太谷全。祁县全。清源少主。徐满少主。交城全。文水全。寿阳全。盂县少丞。静乐少主。兴县一典。河曲一典。

---

① "左"，底本作"卫"，《明会典》卷一二四、《明史·兵志》有德州左卫、德州卫，按以下有德州卫，盖此"德州卫"当为德州左卫之误，据改。

② "屯"，底本作"中"，据《明会典》卷一二四、《明史·兵志》改。

③ "田"，底本作"西"，《明会典》卷一二八："开原兵备一员兼管屯田马政。"盖"西"为"田"之误，据改。

④ "辽"，底本作"远"，据《明会典》卷一二四、《明史·兵志》改。

乐平一典。平定州全。忻州一同。定襄少丞。代州二同。五台一典。繁峙少主。崞县全。岢岚州少同。岚县一典。

保德州少判。

整饬宁武、神池、八角、忻州、静乐等处兼马政参政　　驻扎宁武。

整饬岢岚,管保德、兴、岚等处兵备参政①　　驻扎偏头关。

整饬乐平②,管繁峙、五台、雁门关屯田副使　　驻扎代州。

整饬分守冀宁、管辖太原一府副使　　驻扎省城。

整饬分巡冀宁、管辖太原屯田水利参政　　驻扎省城。

太原左、右、前。振武。镇西。

平阳府二判。经、照。管粮、捕盗。晋宁。河东。

辖六州二十八县。粮一百一十万有千零。

临汾全。襄陵少主。洪洞③全。浮山一典。赵城全。太平少丞。曲沃全。翼城全。蒲县一典。岳阳一典。汾西一典。蒲州全。临晋全。荣河全。猗氏全。万泉全。河津全。解州全。安邑全。夏县全。闻喜全。平陆全。芮城全。绛州全。稷山全。绛县少主。垣曲少丞。霍州少同。吉州少同。乡宁一典。隰州少同。大宁一典。石楼一典。永和一典。

分守河东道、管平阳府副使　　驻扎蒲州。

分巡河东兼管盐法、水利参政　　驻扎平阳府。

平阳卫。

大同府二同、四判。少校。镇川、弘赐、左卫管粮料、平虏管粮。云中。代郡。

辖四州七县。粮十二万四千零。

大同全。怀仁一典。浑源州一目。应州一目。山阴一典。朔州一目。

---

① "整饬岢岚管保德兴岚等处兵备参政",底本"岢岚"作"岚风"、"岚"作"风",《明会典》卷一二八:"岢岚兵备一员,驻扎偏头关,管辖岢岚等五州县。"《明史·地理志》有"岚县"而无"风县"。据改。

② "乐",底本作"应",据《明会典》卷一二八、《明史·地理志》改。

③ "洞",底本作"桐",据《明会典》卷一六、《明史·地理志》改。

马邑—典。蔚州—目。广昌—典。灵丘—典。广灵—典。

整饬阳和,管新平东西二路仓场[1]、屯政金事　驻本卫。

整饬怀隆,分理东北二路城堡、仓场、边务参政　驻怀来。

分守冀北,管大同、督屯牧兵备参政　驻平虏卫。

分巡冀北、整饬大同东西二路副使　驻扎大同。

分守口北道兵备副使　驻扎宣府。

分巡口北道,整饬赤城屯田、马政副使　驻扎赤城[2]。

整饬左卫,管左、右、云、玉、威远五卫按察使[3]　驻扎大同。

大同前、后。平虏。大同左、右。云川。玉林。阳和。高山。镇虏。天城。威远。朔州。安东中屯。蔚州。

**潞安府**全。经、照。上党。昭义。

辖八县。粮二十万三千八百零。

长治全。长子全。屯留全。襄垣全。潞城全。壶关全。黎城少主。平顺—典。

分守冀南道,管潞安、汾州二府副使　驻汾州府。

分巡冀南道兼屯田、水利参政　驻潞安府。

潞州卫。沈阳中护。

**汾州府**全。经、照。西河。汾阳。

辖一州七县[4]。粮十五万一千零。

汾阳全。孝义全。平遥全。介休全。灵石少主。临县—典。宁乡—典。

---

[1] "平",底本作"午",《明会典》卷一二八:"管天城、阳和二卫并东路、新平二路",据改。

[2] "赤",底本作"亦",据《明会典》卷一二八改。

[3] "玉",底本作"石",《明会典》卷一二八作"玉",据改。

[4] "七",底本作"八",《纪要》卷四二、《明史·地理志》汾州府皆辖七县,据改。

永宁州少同①。武乡一典。

辽州少判。箕州。

辖二县。粮二千六百零。

榆社少主。和顺少丞。

沁州少判。陵城。

辖二县。粮四万八千二百零。

沁源少丞。武乡少丞。

泽州二判。高都。

辖四县。粮四万六千六百零。

高平全。阳城全。陵川少主。沁水全。

陕西盐运司　驻山西省城。

行太仆寺。

汾州卫。泽州。宁山。

# 河南八府十二州九十六县

古豫州之地,即周国、陈国、宋国、郑国,俱在此地。

开封府三同、二判、全。清同(军)、河工、巡捕、管河、管粮、捕盗。汴州。陈留。

辖四州三十县。粮七十一万九千二百零。

祥符三丞。陈留少主。通许少主。太康少丞。中牟少主。尉氏少主。鄢陵少丞。杞县全。阳武全。封丘全。兰阳全。仪封少丞,二主。洧川少丞。新郑少丞。扶沟一典。延津一典。原武少丞。郑州全。荥阳少主。汜水少主。荥泽全。河阴一典。陈州全。商水一典。西华少丞。沈丘少丞。项城少丞。许州全。襄城全。临颍少丞。郾城少丞。长葛少丞。禹州全。密县一典。

① "永宁州少同",底本"少同"下有"武乡一典"四字,按《纪要》卷四二、《明史·地理志》汾州府无武乡县,据删。以下"一典"二字亦删。

分守大梁道,管开封、归德二府副使　驻扎省城。

大梁兵巡、管开封府兵备按察使　驻扎禹州。

睢陈道管开封、归德兵备副使　驻扎陈州。

河南中护卫。左护。宣武。陈州。

**归德府**三判。经、照。管粮、管河、亳州捕盗。亳邑。

辖一州八县。粮七万七千六百零。

商丘二主。宁陵一典。虞城少丞。鹿邑少丞。永城全。夏邑一典。睢州少同,二判。考城少丞。柘城一典。

归德卫。睢阳。

**彰德府**全。经、照。邺郡。魏郡。

辖一州六县。粮二十五万二千零。

安阳全。临漳少丞。汤阴全。林县少丞。磁州全。武安少丞。涉县一典。

分巡河北道,兼马政、水利兵备副使　驻扎磁州。

彰德卫。

**卫辉府**全。经、照。朝歌。汲郡。

辖六县。粮二十四万五千六百零。

汲县全。新乡少主。获嘉少主。辉县少丞。淇县少主。胙城一典。

**怀庆府**二判。经、照。管粮、清化捕盗。殷国。河内。

辖六县。粮三十三万六百零。

河内全。济源少丞。修武少主。武陟全。孟县少丞。温县一典。

分守河北道,辖彰、卫、怀三府兵备参政　驻扎怀庆府。

怀庆卫。

**河南府**二判。少校。管粮、捕盗。弘周。洛阳。

辖一州十三县。粮四十万一千一百零。

洛阳全。偃师全。宜阳全。巩县少主。孟津少丞。登封少丞。永宁全。渑池少丞。嵩县全。新安一典。卢氏全。陕州全。灵宝全。阌乡全。

分守河南道、管汝州等处参政　　驻扎河南府。

河南卫。洛阳中护。弘农。

**南阳府**二判。经、照。管粮、捕盗。宛州。申州。

辖二州十一县。粮十一万四千四百零。

南阳少丞。唐县少丞。泌阳少丞。桐柏一典。镇平一典。南召一典。邓州全。内乡全。新野少丞。淅川①一典。裕州全。舞阳少丞。叶县全。

分守汝南道抚民副使　　驻扎南阳府

南阳中护卫。南阳卫。

**汝宁府**二判。经、照。管粮、捕盗。天中。汝南。

辖二州十二县。粮十二万一千七百零。

汝阳少丞。上蔡少丞。新蔡一典。确山一典。西平少主。真阳一典。遂平一典。信阳州少同。罗山少丞。光山少丞。光州少同,二判。固始少主。商城少主。息县少主。

分巡汝阳道兼整饬抚民兵备按察使　　驻扎信阳州。

**汝州**二判。临汝。

辖四县。粮十四万七千七百零。

鲁山全。郏县全。宝丰少丞。伊阳少丞。

分巡河南道、整饬□□兵备参政　　驻扎汝州。

提举司。

汝阳卫。汝州。


# 陕西八府二十一州九十六县


古雍州之地,即秦国。


①"淅",底本作"浙",据《明会典》卷一六、《明史·地理志》改。

**西安府**三同。少校。清军、练兵、总捕。京兆。安西。

辖六州三十一县。粮八十六万五千零。

长安全。咸宁全。咸阳少主。兴平少主。鄠县少丞。蓝田少丞。临潼全。泾阳全。三原全。盩厔全。渭南全。高陵一典。商州少同。镇安少丞。洛南少主。商南一典。山阳一典。同州全。朝邑少丞。韩城少主。郃阳全。澄城全。白水全。华州全。华阴全。蒲城全。耀州少同。同官少丞。富平全。乾州少同。醴泉少丞。武功少丞。永寿少主。邠州少同。三水一典。长武一典。淳化一典。

分守关内道、管西安府参政　驻扎省城。

整饬邠乾、分巡关内兵备参政　驻扎邠州。

行太仆寺一主。苑马寺一主。

分巡关西道,管凤、平二府兵备副使　驻扎平凉府。

分巡关西道,管凤、平二府兵备参议　驻扎陇州。

黑水　开城　安定　广宁　武安　清平　万安俱监正。

固原卫。平凉卫。安东中护卫。

**巩昌府**四同、八判。经、照。岷州、洮州、甘州管粮,靖虏监督、庄浪监督,永宁、凉州、西宁水利车牧。天水。陇西。

辖三州十四县。粮十二万九千零。

陇西全。安定少主。通渭少主。会宁一典。宁远少主。西和①一典。漳县一典。成县一典。伏羌一典。徽州少同。阶州少判。文县一典。两当一典。秦州二判。清水一典。秦安一典。礼县一典。

分守陇右,管临、巩二府兵备副使　驻扎巩昌府。

分巡陇右,管临、巩、巡禁茶马副使　驻扎秦州。

巩昌卫。秦州卫。

---

① "和",底本作"河",据《明会典》卷一六、《明史·地理志》改。

**临洮府**<sub></sub>三同、四判。经、照。甘州屯兵、河州管粮、肃州管粮、水利、兰州。**武始。**金城。

辖二州三县。粮四万四千零。

狄道二丞。渭源一典。兰州少同，二判。金县少主。河州少同。

**抚治商洛道兼屯田兵备参政**　　驻扎商州。

**整饬潼关、分巡华州等处兵备副使**　　驻扎潼关。

西安左卫、右、前、后。潼关。

**凤翔府**全。经、照。岐阳。扶风。

辖一州七县。粮十九万零。

凤翔全。岐山全。抚风全。郿县少主。宝鸡全。麟游少主。陇州少判。汧阳一典。

**汉中府**二判。经、照。驻鱼渡镇。汉川。兴元。

辖二州十四县。粮三万零。

南郑少丞。褒城少丞。城固少丞。洋县全。凤县少丞。西乡少丞。宁羌州少同。沔县① 少丞。略阳少丞。平利少丞。兴安州二同。石泉少丞。汉阴少主。洵阳少丞。白河少丞。紫阳一典。

**分守关南道、管汉中府按察使**　　驻扎兴安州。

**整饬汉、羌、抚民、屯田、水利参政**　　驻扎汉中府。

汉中卫。宁羌卫。

**平凉府**三同、四判。经、照。清军、管粮、督粮、宁夏管粮、固原管粮。泾源。安定。

辖三州七县。粮十五万零。

平凉少丞。崇信一典。镇原全。华亭一典。固原州二同，少判。泾州少同。灵台少丞。静宁州少同。庄浪一典。隆德一典。

---

① "沔"，底本作"沔"，据《纪要》卷五二、《明史·地理志》改。

整饬临巩屯粮、驿传道佥事　驻扎兰州。

临洮卫。兰州卫。甘州中护卫。

**庆阳府**三同、四判。少校。中路盐课、定边管粮、花马池、宁夏管粮。弘化。北地。

辖一州四县。粮十三万零。

安化全。合水一典。环县一典。宁州二同。真宁一典。

分守河西道,督理盐法、屯田参政　驻扎庆阳府。

庆阳卫。

**延安府**四同、三判。经、照。镇城、府谷、靖边、定边督粮、广宁管粮。金明。上郡。

辖三州十六县。粮四十万零。

肤施全。安塞少主。甘泉少丞。安定一典。宜川全。清涧少主。延长一典。保安一典。延川一典。鄜州全。洛川全。中部少主。宜君少主。绥德州少同。米脂一典。葭州少同。神木一典。府谷一典。吴堡一典。

延安卫。绥德卫[①]。榆林卫。

分巡河西道,整饬延安、庆阳兵备按察使[②]　驻扎鄜州。

整饬洮、岷二卫,阶、文等处屯粮参政　驻扎岷州。

整饬固原兼屯田、驿传道参政　驻扎固原。

整饬靖虏兵粮,管屯田、马政参政　驻扎靖虏。

整饬榆林中路,管米脂、绥德等处按察使　驻扎本镇。

整饬榆林东路黄甫川等处参政　驻扎神木。

整饬榆林西路兼盐法、屯田副使　驻扎靖边。

**甘肃行太仆寺**　在都城西。

---

① "绥",底本作"缓",据《明会典》卷一二四、《明史·兵志》改。

② "庆阳",底本作"延庆",《明会典》卷一二八:"分守河西道一员,驻扎庆阳,分理延、庆二府所属州县。"盖"延庆"为"庆阳"之误,据改。

苑马寺 在西宁卫。

陕西行都指挥使司。

宁夏中卫、前卫、左屯卫、右屯、中屯。宁夏中护卫[①]。洮州卫军民指挥使司。岷州卫军民指挥使司。河州卫军民指挥使司。靖虏卫。甘州左卫、右、中、前、后卫。

肃州卫。山丹卫。永昌卫。凉州卫。镇番卫。庄浪卫。西宁卫。

## 南直隶十四府十七州九十六县

古金陵之地,即吴国。

**应天府**尹、丞、治中、二判。全。江防、马政。金陵。建康。

辖八县。粮二十一万五千六百零。

上元全。江宁全。句容全。溧阳全。溧水全。高淳少主。江浦少丞。六合一典。

南京神策。英武卫。江阴。应天。虎贲左。横海。和阳。武德卫。锦衣。广洋。广武卫。旗手。骁骑右。龙骧卫。府军左、右、后。镇南卫。豹韬左。羽林左、右、前。水军左、右。飞熊。金吾左、右、前、后。龙虎卫、左。天策。济川卫。沈阳左、右。兴武。江淮卫。龙江右、左。鹰扬。孝陵卫。

**凤阳府**三判。全。管马、寿州船钞、颍州捕盗。濠梁。钟离。

辖五州十三县。粮二十万三千九百零。

凤阳全。临淮全。怀远全。定远少丞。五河一典。虹县一典。寿州全。霍丘全。蒙城少主。泗州全。盱眙全。天长一典。宿州二判。灵璧全。颍州全。颍上一典。太和一典。亳州全。

---

① "夏",底本作"下",据《明会典》卷一二四、《明史·兵志》改。

整饬颍州兵备,管庐、凤、滁内地方河南佥事 <sub>驻扎寿州。</sub>

中都留守司。留守左、中。长淮。皇陵。凤阳①、中、右。怀远。寿州②。泗州。宿迁③。武平。颍州。

**庐州府**<sub>二判。少校。治农、管粮。金斗。合肥。</sub>

辖二州六县。<sub>粮九万三千九百零。</sub>

合肥。庐江<sub>一典。</sub>舒城<sub>全。</sub>无为州<sub>全。</sub>巢县<sub>一典。</sub>六安州<sub>全。</sub>英山<sub>少丞。</sub>霍山<sub>一典。</sub>

庐州卫。六安卫。

**淮安府**<sub>六同。全。总捕、船政。海防驻庙湾,河道驻境山,河道驻扎邳州,管河驻甘罗城。淮阴。山阳。</sub>

辖二州九县。<sub>粮四十万二千六百零。</sub>

山阳<sub>三主。</sub>清河<sub>少丞。</sub>**盐城**<sub>全。</sub>桃源<sub>全。</sub>沭阳<sub>全。</sub>安东<sub>一典。</sub>海州<sub>全。</sub>赣榆<sub>少主。</sub>邳州<sub>全。</sub>宿迁<sub>全。</sub>睢宁<sub>全。</sub>

淮安卫。大河卫。邳州卫。

**扬州府**<sub>三同、二判。全。总捕。江防驻瓜洲,船政驻淮安。管粮、管河。维扬。江都。</sub>

辖三州七县。<sub>粮二十四万六千七百零。</sub>

江都<sub>全。</sub>仪真<sub>全。</sub>高邮州<sub>二判。</sub>兴化<sub>全。</sub>宝应<sub>全。</sub>泰州<sub>全。</sub>如皋<sub>少丞。</sub>通州<sub>全。</sub>海门<sub>一典。</sub>泰兴<sub>全。</sub>

整饬淮、扬海防兵备兼河道、驿传参政 <sub>驻扎泰州。</sub>

---

① “凤阳”,底本“凤”上有“中都留守司”五字,与前文中都留守司重复,据《明会典》卷一二四、《明史·兵志》删。

② “寿州”,底本“寿”上有“长淮”“皇陵”四字,与前文“长淮”“皇陵”重复,据《明会典》卷一二四、《明史·兵志》删。

③ “迁”,底本作“州”,按宿州属凤阳府而不属淮安府,淮安府有宿迁县而无宿州,“州”盖为“迁”之误,今据《明会典》卷一六、《明史·地理志》改。下“宿迁”同。

两淮都盐运使司。淮安分司。通州分司。泰州分司。

扬州卫。仪真卫。高邮卫。

**苏州府**四同、二判。全。清军、海防、管粮、督粮、水利、盐法。**姑苏。吴郡。**

辖一州七县。粮三百五十万二千九百零。

吴县二主。长洲二丞、二主。吴江二丞、二主。常熟二丞、二主。昆山二丞。

嘉定二丞、二主。太仓州二判。崇明全。

整饬苏、松兵备兼理粮储、水利副使　　驻扎太仓州。

苏州卫。太仓。镇海。

**松江府**二同、三判。全。督粮、总捕、水利、管粮。**云间。**

辖三县。粮九十五万九千零。

华亭二丞。上海二丞。青浦全。

金山卫。

**常州府**二同、二判。全。清军。防驻江阴。**毗陵。延陵。**

辖五县。粮七十六万四千零。

武进三丞。无锡三丞。江阴二丞。宜兴二丞。靖江全。

整饬常、镇兵备兼理粮储参政　　驻扎江阴县。

**镇江府**二判，少校。**京口。南徐。**

辖三县。粮三十一万五千零。

丹徒全。丹阳全。金坛全。

镇江卫。

**徽州府**全。**新安。新都。**

辖六县。粮十二万五百零。

歙县全。休宁全。婺源全。祁门全。黟县少丞。绩溪少丞。

新安卫。

**宁国府**全。少校。**宣城。宛陵。**

辖六县。粮十五万三千三百零。

宣城全。宁国全。泾县全。太平少主。旌德少丞。南陵全。

整饬宁、太等处兵备副使　驻扎宁国府。

宣州卫。

**池州府**全。少校。秋浦。池阳。

辖六县。粮六万一千九百零。

贵池全。青阳一典。铜陵少丞。石埭一典。建德一典。东流一典。

整饬徽、安等处,九江卫所按察使　驻扎池州府。

**太平府**全。少校。姑熟。当涂。

辖三县。粮四万九千零。

当涂全。芜湖全。繁昌一典。

建阳卫。

**安庆府**全。少校。皖城。古舒。

辖六县。粮十三万一千八百零。

怀宁全。桐城全。潜山全。太湖全。宿松少主。望江少丞。

安庆卫。

**广德州**全。桐内。

辖一县。粮一千八百零。

建平全。

**和州**全。安□。

辖一县。粮八千一百零。

含山一典。

**滁州**少同。滁阳。

辖二县。粮二千一百零。

全椒一典。来安一典。

滁州卫。

**徐州**二同、三判。彭城。

辖四县。粮十四万八千二百零。

萧县全。砀山少丞,二主。沛县全。丰县少丞。

整饬淮、徐兵备,管理屯田、河道参政　　驻扎徐州。

徐州卫。

# 浙江十一府一州七十五县

古扬州之地,即古越国。

**杭州府**三判,少校。水利、管粮、管局。武林。钱塘。

辖九县。　粮二十三万四千二百零。

钱塘全。仁和二丞。于潜一典。海宁二丞。昌化一典。富阳全。余杭全。
临安少丞。新城一典。

两淮都转盐运使司。温、台分司。宁、绍分司。

嘉兴分司。松江分司。

整饬杭、严道按察使　　驻扎省城。

都指挥使司。杭州前卫、右卫。

**嘉兴府**三判。少校。管粮、料价、水利、盐法。檇李。长水。

辖七县。　粮六十一万八千零。

嘉兴二丞。秀水二丞。嘉善全。海盐二丞。平湖二丞。桐乡全。崇德全。

整饬嘉、湖兵备,分巡浙西道副使　　驻扎嘉兴府。

海宁卫。

**湖州府**二同、二判。少校。清军、督粮。添设驻乌镇管局。吴兴。崇川。

辖一州六县。　粮四十七万零。

乌程二丞。归安二丞。长兴二丞。德清二丞。武康少主。安吉州全。
孝丰少主。

**宁波府**二判。少校。四明。甬东。

辖五县。粮十七万四千四百零。

鄞县全。慈溪全。奉化全。定海全。象山全。

巡视海道,管宁、绍等处兵备参政　驻扎宁波府。

宁波卫。定海。昌国。观海。

**绍兴府**二判。少校。管粮、水利。会稽。东阳。

辖八县。粮三十三万八千九百零。

山阴全。会稽全。萧山全。诸暨全。余姚全。上虞全。**嵊县**全。新昌少主。

分守宁、绍、台道参政　驻扎绍兴府。

绍兴卫。临山。

**台州府**二判。少校。管粮、水利。章安。天台。

辖六县。粮十二万五千八百零。

临海全。黄岩全。天台少丞。仙居少丞。宁海全。太平全。

分巡台、绍道兵备副使　驻扎台州府。

台州卫。海门卫。

**金华府**全。少校。宝婺。东阳。

辖八县。粮十一万四千零。

金华全。兰溪全。东阳全。义乌全。永康全。**武义**少丞。浦江少丞。汤溪少主。

分守金、衢、严道参政　驻扎金华府。

**衢州府**全。少校。信安。太末。

〔辖五县〕。粮九万二千二百零。

西安全。龙游全。江山全。常山全。开化全。

分巡金、衢道兵备参政　驻扎衢州府。

**严州府**全。少校。严陵。新定。

辖六县。粮一万一千零。

建德全。淳安全。桐庐全。遂安全。寿昌少主。分水一典。

**温州府**二判。少校。管粮、总巡。东瓯<sup>①</sup>。永嘉<sup>②</sup>。

辖五县。粮十万五千二百零。

永嘉全。乐清全。平阳全。瑞安全。太顺一典。

整饬温、处,分巡浙东副使　驻扎温州府。

温州卫。金乡卫。盘石卫。

**处州府**全。少校。括苍。缙云。

辖十县。粮六万四千零。

丽水全。青田全。缙云全。松阳少丞。遂昌一典。龙泉少丞。庆元一典。
宣平一典。云和一典。景宁一典。

分守温、处道副使　驻扎处州府。

处州卫。

# 江西十三府一州七十七县

古扬州之地,亦楚国。

南昌府二判。全。洪都。豫章。

辖一州七县。粮五十万零。

南昌全。新建全。进贤全。丰城全。奉新全。靖安少丞。宁州全。武宁全。

整饬南、瑞兵备兼制湖广兴国等处参政　驻扎宁州。

整饬屯田、盐法、水利兼南、瑞分巡副使　驻扎省城。

南昌卫、左卫。

**饶州府**二判。少校。芝岷。

辖七县。粮二十万三千零。

鄱阳全。余干全。乐平全。德兴全。浮梁全。安仁全。万年全。

---

① "瓯",底本作"欧",据《纪要》卷九四改。

② "嘉",底本作"加",据《纪要》卷九四、《明史·地理志》改。

分守饶、南九江道参政　驻扎饶州府。

**瑞州府**全。瑞阳。高安。

辖三县。粮二十二万五千零。

高安全。新昌全。上高全。

**袁州府**全。宜春。

辖四县。粮二十一万零。

宜春全。分宜全。萍乡全。万载全。

袁州卫。

**临江府**二判。少校。洪川。

辖四县。粮三十三万零。

清江全。新淦。峡江全。新喻全。

分守湖西道兵备参政　驻扎临江府。

**吉安府**二判。全。螺川。庐陵。

辖九县。粮四十四万零。

庐陵全。泰和全。吉水全。永丰全。安福全。龙泉全。万安全。永新全。永宁一典。

分巡湖西整饬吉、临、袁兼制湖广茶陵等处副使　驻扎吉安府。

**抚州府**二判。全。昭武。临川。

辖六县。粮二十一万零。

临川全。崇仁全。金溪全。宜黄少主。东乡全。乐安少主。

整饬广、抚、建道兵备副使　夏秋驻建昌，春冬驻抚州。

**广信府**全。上饶。

辖七县。粮十二万三千零。

上饶全。玉山全。弋阳全。贵溪全。铅山全。永丰全。兴安一典。

分守湖东道副使　驻扎广信府。

**建昌府**全。旴江。建武。

辖五县。粮十万零。

南城全。新城全。南丰全。广昌少主。泸溪少主。

**南康府**全。经、照。匡庐。星渚。

辖四县。粮七万零。

星子少丞。都昌。建昌全。安义少丞。

**九江府**全。浔阳。溢城。

辖五县。粮四万零。

德化少丞。德安少丞。彭泽少丞。瑞昌少丞。湖口少丞。

分巡饶南、九江道兼制池州等处副使　　驻九江府。

九江卫。

**赣州府**二判。少校。赣城。章贡。

辖十二县。粮七万零。

赣县全。雩都少丞。信丰少丞。兴国全。会昌一典。安远一典。长宁一典。
宁都全。瑞金一典。龙南一典。石城一典。定南一典。

整饬南赣兵备、分巡岭北道按察使　　驻扎赣州府。

赣州卫。

**南安府**全。经、照。横浦。

辖四县。粮二万零。

南康全。大庾少丞。崇义一典。上犹一典。

分守岭北道兵备参政　　驻南安府。

# 湖广十五府十八州一百七县

古荆州地,即楚国。

**武昌府**二判。少校。鄂都。江夏。

辖一州九县。粮十六万三百零。

江夏一典。嘉鱼一典。武昌全。蒲圻全。咸宁一典。崇阳一典。通城一典。兴国州全。大冶全。通山一典。

分守武昌道管武、汉、黄三府右参政　驻扎省城。

分巡武昌道兼管通省清军、驿传道兵备副使　驻扎省城。

武昌卫。武昌左卫。

**汉阳府**少同。经、照。沔川。郧国。

辖二县。　粮七万五千九百零。

汉阳一典。汉川少主。

**承天府**二判。全。捕盗驻扎沙阳。郢中。富水。

辖二州五县。　粮十一万一千八百零。

钟祥全。京山全。潜江少丞。沔阳州全。景陵全。荆门州全。当阳少丞。兴都留守司。

分巡荆西,管承、德二府,嘉鱼等县兵备副使　驻扎沔阳州。

分守荆西,管承、德二府兵备参政　驻扎承天府。

承天卫。沔阳。显陵。茶陵。

**襄阳府**全。少校。南雍。襄州。

辖一州六县。　粮六万三千七百零。

襄阳全。宜城少丞。南漳少丞。枣阳全。谷城少丞。光化一典。均州少同。

分守下荆南道管郧、襄二府参政　驻扎郧阳府。

分巡下荆南道管郧、襄二府参政　驻扎襄阳府。

襄阳护卫。襄阳。

**郧阳府**全。经、照。云乡。

辖七县。　粮一万二千四百零。

郧阳少丞。房县全。竹山少丞。上津少丞。竹溪少丞。保康一典。郧西少丞。

行都指挥使司。襄阳卫。

**德安府**全。经、照。安乐。汉东。

辖一州五县。粮四万一千零。

安陆一典。孝感全。云梦一典。应城一典。随州全。应山少丞。

**黄州府**二判。少校。管粮、捕盗。江安。永安。

辖一州八县。粮二十五万二千零。

黄冈二主。罗田少丞。黄安少丞。蕲水全。麻城全。黄陂全。蕲州全。广济全。黄梅全。

整饬江防,提督汉、黄、德安兼制九江等处参政　　驻扎蕲州。

黄州卫。蕲州卫。

**荆州府**二同。二判。驻扎施州。经、照。管粮、捕盗。江陵。荆南。

辖二州十一县。粮十九万四千零。

江陵全。公安全。石首全。监利全。松滋全。枝江一典。夷陵州少同。长阳一典。远安一典。宜都一典。归州少同。巴东少丞。兴山一典。

分巡上荆南,整饬施、归等处兵备副使　　驻扎荆州府。

荆州卫。荆州右卫。

**岳州府**二判。少校。管粮、捕盗,九、永等仓①。岳阳。巴陵。

辖一州七县。粮十七万零。

巴陵全。平江全。华容少丞。临湘一典。澧州少同。石门少丞。慈利全。安乡一典。

分守上荆南,管九、永兵备参政　　驻扎澧州②。

整饬江防、提督武昌等府兼制江西宁州兵备副使　　驻扎岳州府。

岳州卫。永定卫。九溪卫。

**长沙府**二判。少校。粮料、捕盗。湘南。三湘。

---

① "永",底本作"水",《明会典》卷一二八:"整饬岳州九、永等处兵备。"《明史·地理志》岳州府有九溪卫、永定卫。据改。下同。

② "澧州",底本"澧"下衍"门"字,据《明会典》卷一二八、《明史·地理志》删。

辖一州十一县。粮九万八千零。

长沙全。善化少主。湘潭全。湘阴全。宁乡全。浏阳二主。安化一典。醴陵全。益阳全。湘乡全。攸县全。茶陵州全。

分巡下湖南,管宝、长二府兵备佥事　　驻扎长沙府。

长沙卫。茶陵卫。

**宝庆府**全。少校。邵阳。邵陵。

辖一州四县。粮五万五千零。

新化少丞。邵阳全。城步一典。武冈州全。新宁一典。

分守下湖南道,管宝、长二府兵备参政　　驻扎宝庆府。

宝庆卫。

**衡州府**二判。少校。管粮、捕盗。衡阳。湘东。

辖一州八县。粮二十二万四千七百零。

衡阳全。衡山少丞。耒阳全。常宁一典。酃县一典。安仁一典。桂阳州全。临武全。蓝山少丞。

衡州卫。

**常德府**全。少校。武陵。常武。

辖四县。粮六万九千零。

武陵全。桃源全。龙阳全。沅江一典。

分巡湖北道,管辰、常、靖州兵备佥事　　驻扎常德府。

常德卫。

**辰州府**二判。少校。粮料。酉阳。卢江。

辖一州六县。粮五万三千一百零。

沅陵全。卢溪①一典。溆浦全。辰溪一典。沅州全。黔阳一典。麻阳一典。

分守湖北道,督催辰、常、衡,协济贵州边储参政　　驻扎辰州。

――――――

① "卢",底本作"泸",据《明会典》卷一五、《明史·地理志》改。

整饬辰、常、黎、靖兼制黎平府兵备参政 驻扎沅州。

辰州卫。平溪卫。沅州卫。

**永州府**全。少校。荥阳。零陵。

辖一州六县。粮六万八千零。

零陵少主。祁阳少丞。东安一典。道州少同。宁远少丞。江华一典。永明一典。

永州卫。宁远卫。靖州卫。

**靖州**全。渠阳。

辖三县。

会同①少丞。绥宁少丞。通道一典。

**郴州**全。桂阳。

辖五县。

永兴一典。桂阳一典。宜章一典。兴宁二典。桂东一典。

**施客州**土官一目。

**上溪州**土官一目。

施州卫军民指挥使司。清浪。镇远。偏桥。

# 福建八府一州五十七县

古闽地。

**福州府**三判。全。管粮、总捕。闽中。

辖九县。粮十六万六千零。

侯官全。闽县全。古田全。长乐全。连江全。福清全。闽清一典。罗源一典。永福一典。

---

① "同"，底本作"通"，据《明会典》卷一五、《明史·地理志》改。

都转盐运使司。水口分司。竹奇分司。

海道、汛期、巡历沿海兼理边储兵备副使　驻扎省城。

管通省清军、驿传道、贴堂兵备参政　驻扎省城。

管通省水利、屯粮、盐法道兵备佥事　驻扎省城。

福州卫、中、右。镇东。

**泉州府**全。清源。

辖七县。粮七万九千零。

晋江全。南安全。惠安少丞。同安全。德化全。永春一典。安溪一典。

分巡福、兴、泉三府兵备参政　驻扎泉州府。

泉州卫。永宁卫。

**建宁府**全。建安。富沙。

辖八县。粮十六万三千零。

建安全。瓯宁①全。崇安全。浦城全。建阳全。松溪少主。政和少主。

寿宁一典。

分巡建南道、管辖三府按察使　驻扎建宁府。

福建行都指挥使司。

建宁左卫。建宁右卫。

**延平府**全。剑浦。

辖七县。粮八万六千零。

南平全。大田少丞。将乐全。永安少丞。沙县全。尤溪少主。顺昌少主。

分守建南道、管辖三府兵备参议　驻扎延平府。

延平卫。

**汀州府**全。临汀。鄞江。

辖八县。粮折银三万三千七百零。

① "瓯"，底本作"欧"，据《明会典》卷一五、《明史·地理志》改。

长汀全。清流少丞。宁化全。连城少丞。上杭全。武平一典。归化少丞。永定一典。

分巡漳南兼管广东饶平、大埔二县参政 ①　　驻扎上杭县。

汀州卫。

**兴化府**全。莆中。

辖二县。粮六万零。

莆田全。仙游一典。

分守福、永、泉三府及福宁州按察使　　驻扎兴化府。

平海卫。

**邵武府**全。樵川。邵武。

辖四县。粮六万二千零。

邵武全。光泽全。泰宁少丞。建宁全。

邵武卫。

**漳州府**二同、二判。全。清漳。漳浦。

辖十县。粮十一万六千零。

龙溪全。漳浦全。龙岩少主。南靖少丞。长泰一典。诏安少丞。宁洋一典。海澄少主。平和一典。漳平一典。

分守漳南道管辖二府兵备参政　　驻扎漳州府。

漳州卫。镇海卫。

**福宁州**全。

辖二县。粮二万八千五百零。

福安全。宁德全。

整饬福宁道并州兵备参政　　驻扎福宁州。

----

① "大埔"，底本"埔"作"浦"，据《明会典》卷一二八、《明史·地理志》改。以下径改。又"上杭县"，底本脱"上"字，亦据《明会典》卷一二八、《明史·地理志》补。

福宁卫。

# 广东十府八州七十五县

古南越地。

**广州府**二同、二判。经、照。羊城。南海。

辖一州十五县。粮三十三万零。

南海全。番禺全。顺德全。东莞全。从化一典。增城全。新会全。香山少主。三水少主。新宁一典。龙门一典。清远一典。连州少同。阳山一典。新安一典。连山一典。

市泊提举。

盐课提举。

管通省清军、驿传道兵副使　　驻扎省城。

分守岭南道,辖广、南、韶三府副使　　驻扎省城。

整饬海道兼理市舶税务副使　　驻扎省城。

广州左卫、右卫、前卫、后卫。南海卫。

广海卫。清远卫。

**韶州府**全。经、照。韶阳。广兴。

辖六县。粮五万零。

曲江全。乐昌全。仁化一典。乳源①一典。翁源少丞。英德少丞。

分巡广、南、韶三府,整饬兵巡道副使　　驻扎韶州府。

**南雄府**全。经、照。凌江。保昌。

辖二县。粮三万五千零。

保昌全。始兴少丞。

①"乳",底本作"郭",据《明会典》卷一六、《明史·地理志》改。

**惠州府**二判。经、照。抚民、管粮。梁化。龙川。

辖十县。粮六万七千零。

归善全。博罗全。长宁一典。海丰少主。河源少丞。长乐少丞。兴宁少丞。永安一典。和平少丞。龙川少丞。

整饬山防、分守岭东道兵备参议　　驻扎惠州府。

惠州卫。

**潮州府**二判。经、照。义安。凤城。

辖十县。粮十六万四千零。

海阳全。潮阳全。揭阳少丞。程乡少丞。澄海少丞。饶平少丞。平远一典。普宁一典。惠来一典。大埔一典。

整饬海防、分巡岭东道参政　　驻扎潮州府。

潮州卫。

**肇庆府**二判。经、照。信安。

辖一州十县。粮十六万零。

高要全。四会少丞。新兴全。阳江全。阳春一典。高明一典。恩平一典。广宁一典。德庆州少同。封川一典。开建一典。

**罗定州**全。开阳。

辖二县。

东安全。西宁全。

分巡岭西道,辖高、肇二府兵备副使　　驻扎肇庆府。

整饬罗定,管东安、西宁二县兵备副使　　驻扎罗定州。

肇庆卫。

**高州府**二判。经、照。高梁。高兴。

辖一州五县。粮六万六千零。

茂名少主。电白一典。信宜一典。化州少判。吴川少主。石城一典。

分守岭西道,管肇、高二府兵备副使　　驻扎高州府。

神电卫。

**廉州府**全。经、照。珠宫。合浦。

辖一州二县。 粮二万六千零。

合浦全。钦州少同。灵山少主。

海北盐课提举司。

分巡海道,整饬雷、廉提督珠池副使　驻扎廉州府。

廉州卫。

**雷州府**全。经、照。雷阳。海康。

辖三县。 粮五万五千零。

海康全。遂溪全。徐闻少丞。

分守海北道,辖雷、廉二府副使　驻扎雷州府。

雷州卫。

**琼州府**二判。经、照。管粮。驻罗马名。珠崖。琼山。

辖三州十县。 粮八万零。

琼山全。临高全。澄迈全。文昌全。安定一典。会同一典。乐会一典。儋州少判。昌化一典。万州少同。陵水一典。崖州少同。感恩一典。

整饬海南道兼摄琼州学校、兵备参政　驻扎琼州府。

南海卫。

# 广西十府一军民府四十二州五十县

古百粤地。

**桂林府**二判。少校。管粮、捕盗。建陵。八桂。

辖二州七县。 粮十二万五千零。

临桂全。兴安一典。灵川少丞。阳朔一典。永宁州少同。永福一典。义宁一典。全州全。灌阳一典。

分巡桂林兼永宁州县抚夷参政 <sub>驻扎省城。</sub>

分守桂平道辖桂林、平乐二府参政 <sub>驻扎省城。</sub>

桂林中卫。桂林右卫。广西护卫。

**柳州府**<sub>全。少校。龙城。</sub>

辖二州十县。<sub>粮五万二千零。</sub>

马平<sub>一典</sub>。罗城<sub>一典</sub>。怀远<sub>一典</sub>。融县<sub>一典</sub>。洛容<sub>一典</sub>。柳城<sub>一典</sub>。来宾<sub>一典</sub>。象州<sub>一目</sub>。武宣<sub>一典</sub>。宾州<sub>二判</sub>。迁江<sub>一典</sub>。上林<sub>一典</sub>。

整饬宾州,管柳州、庆远、思恩副使 <sub>驻扎宾州。</sub>

分守江右,管柳州、庆远、思恩副使 <sub>驻扎柳州府。</sub>

柳州卫。南丹卫。

**庆远府**<sub>少判。经、照。龙水。</sub>

辖四州五县。<sub>粮一万四千零。</sub>

宜山<sub>少主</sub>。天河<sub>一典</sub>。河池州<sub>少判</sub>。思恩<sub>少丞</sub>。荔波<sub>一典</sub>。忻城<sub>土官</sub><sub>一典</sub>。东兰州<sub>土官</sub>。<sub>一目</sub>。南丹州<sub>土官</sub>。<sub>一目</sub>。那地州<sub>土官</sub>。<sub>一目</sub>。

庆远卫。

**平乐府**<sub>二同。经、照。清军、抚夷。昭浑。</sub>

辖一州七县。<sub>粮六万二千零。</sub>

平乐<sub>一典</sub>。富川<sub>一典</sub>。贺县<sub>一典</sub>。恭城<sub>一典</sub>。昭平<sub>一典</sub>。荔浦<sub>一典</sub>。永安州<sub>一目</sub>。修仁<sub>一典</sub>。

整饬府江兼分巡兵备参政兼佥事 <sub>驻扎平乐府。</sub>

**梧州府**<sub>二判。经、照。苍梧。</sub>

辖一州九县。<sub>粮十一万零。</sub>

苍梧<sub>全</sub>。藤县<sub>少丞</sub>。容县<sub>一典</sub>。怀集<sub>一典</sub>。岑溪<sub>一典</sub>。郁林州<sub>全</sub>。博白<sub>一典</sub>。陆川<sub>一典</sub>。北流<sub>一典</sub>。兴业<sub>一典</sub>。

运司提举。

整饬苍、梧道整理事务参议 <sub>驻扎郁林州。</sub>

分守苍、梧道,管梧州一府参政　驻扎梧州府。

**浔州府**全。经、照。浔江。桂平。

辖一州三县。粮三万六千零。

桂平一典。贵县少主。平南一典。武靖州土知一目。

整饬江左等浔州、南宁、太平、思明四府副使　驻扎浔州府。

浔州卫。奉议卫。

**南宁府**全。少校。晋兴。朗宁。

辖三州三县。粮四万七千零。

宣化全。新宁州一目。隆安一典。上思州一目。横州少同。二判。永淳一典。

整饬江左,管浔、南、太、思四府兼武休金事　驻扎南宁府。

南宁卫。

**太平府**少同。一经。丽江。

辖十五州二县。粮三千零。

太平州一目。安平州一目。养利州一目。万承州一目。左州一目。全茗州一目。思城州一目。镇远州一目。思同州一目。结伦州一目。茗盈州一目。结安州一目。龙英州一目。上下东州一目。都结州一目。以上俱土知州。

崇善一典。永康一典。罗阳土官。一典。陀陵土官。一典。

**思恩军民府**少判。一经。

辖一县。武缘一典。

**思明府**少判。一经。

辖五州。

思明州土知。一目。上石西州土知。一目。下石西州土知。一目。凭祥州土知。一目。忠州土知。少判。一目。

**镇安府**一同。一知。

辖八州三县。

泗城州土知。一目。程县土官。利州土知。一判。奉议州土知。一判。向武州土知。一目。富劳。都康州土官。一目。龙州土官。一目。江州土官。一目。罗白土官。思陵州土官。一目。

广西都司。

# 四川九府四军民府二十一州一百十二县

古益州之地，即蜀国。

**成都府**六判。全。威、茂管粮，越雋捕盗。建昌抚民、建昌管粮。松潘管粮。益州。锦城。

辖六州二十五县。粮十六万六千零。

成都少丞。华阳少丞。双流少丞。温江少丞。新繁少丞。金堂少丞。仁寿少丞，二主。内江少丞，二主。井研少丞。郫县少丞。灌县少丞。彭县少丞。资县少丞。新都少丞。安县一典。崇宁一典。简州少判。资阳少丞。崇庆州少同。新津少丞。汉州少同，二判。什邡少丞。绵竹少丞。德阳少丞。绵州少同，二判。彰明少丞。罗江少丞。威州一目。保县一典。茂州少同。汶川一典。

**盐课司提举。**

分守川西道，管辖成、龙二府兵备副使　驻扎省城。

分巡川西道，管辖成、龙二府副使　驻扎省城。

整饬威、茂，抚治羌夷、综理粮饷副使　驻扎茂州。

整饬安、绵，管龙安、保宁二府兵备副使　驻扎绵州。

成都右卫、中卫、前卫、后卫。宁川卫。

茂州卫。成都左护卫。

**保宁府**全。巴西。阆中。

辖二州八县。粮二万零。

阆中<sub>少丞</sub>。苍溪<sub>少丞</sub>。南部<sub>少丞</sub>。广元<sub>少丞</sub>。昭化<sub>少丞</sub>。巴州<sub>少判</sub>。通江<sub>少丞</sub>。南江<sub>一典</sub>。剑州<sub>少同</sub>。梓潼<sub>少丞</sub>。

分巡川北，管顺、保、潼川兼茶法、水利参政　　驻扎保宁府。

整饬松潘，抚治羌夷、兼理粮饷参议　　驻扎松潘。

利州卫。

**顺庆府**<sub>全</sub>。少检。宕渠。南充。

辖二州八县。<sub>粮十二万三千零</sub>。

南充<sub>少丞</sub>。西充<sub>少丞</sub>。蓬州<sub>少同，二判</sub>。营山<sub>少丞</sub>。仪陇<sub>少丞</sub>。广安州<sub>全</sub>。渠县<sub>少丞</sub>。大竹<sub>少丞，二主</sub>。岳池<sub>少丞，二主</sub>。邻水<sub>少丞，二主</sub>。

分守川北，管顺、保、潼川等处兵备副使　　驻扎顺庆府。

**叙州府**<sub>二同</sub>。全。税粮。僰国。南溪。

辖十县。<sub>粮十万零</sub>。

宜宾<sub>全</sub>。庆符<sub>一典</sub>。富顺。筠连<sub>一典</sub>。高县<sub>一典</sub>。南溪<sub>少丞</sub>。隆昌<sub>少丞</sub>。长宁<sub>少丞</sub>。珙县<sup>①</sup><sub>一典</sub>。兴文<sub>一典</sub>。

分守川南，管叙、马、泸等处建武、乌撒、永宁宣抚司副使　　驻扎叙州府。

叙州卫。

**重庆府**<sub>二同、二判</sub>。全。渝州。南平。

辖三州十七县。<sub>粮二十五万零</sub>。

巴县<sub>二主</sub>。全。江津<sub>全</sub>。长寿<sub>全</sub>。大足<sub>全</sub>。永州<sub>全</sub>。荣昌<sub>全</sub>。安居<sub>少丞</sub>。綦江<sub>少丞</sub>。南川<sub>少丞</sub>。壁山<sub>一典</sub>。黔江<sub>一典</sub>。合州<sub>全</sub>。铜梁<sub>全</sub>。定远<sub>少丞</sub>。忠州<sub>少同</sub>。酆都<sub>少丞</sub>。垫江<sub>少丞</sub>。涪州<sub>少丞</sub>。涪州<sub>少同，二判</sub>。彭水<sub>少丞</sub>。武隆<sub>一典</sub>。

分守上川东道，管重、夔二府兼理刑名参政　　驻扎涪州。

---

① "珙县"，底本脱"珙"字，据《明会典》卷一六、《明史·地理志》补。

分巡上川东道、管重庆兼制播州副使　驻扎重庆府。

重庆卫。

**夔州府**二判。全。管粮、捕盗。固陵。

辖一州十二县。粮二万零。

奉节少丞。巫山少丞。云阳少丞。大宁少丞。万县少丞。开县少丞。新宁少丞。大昌一典。建始一典。达州少同。梁山少丞。东乡少丞。太平一典。

整饬川东道，抚民捕盗，夔州、石柱宣抚司佥事　驻扎达州。

瞿塘卫。

**马湖府**二同。经、照。备倭。

辖一县。粮二千零。原系改土为流。

屏山少主。

**龙安府**二判。少校。龙湖。

辖三县。嘉靖四十五年，改土为流。

平武一典。江油少丞。石泉一典。

**遵义府**全。播州。

辖一州四县。万历二十九年，平播改为流。

遵义全。桐梓全。真安州全。绥阳全。仁怀全。

**镇雄军民府**经、照。

**乌撒军民府**同、经、照。

**东川军民府**一判、经、照。

**乌蒙军民府**判、经、照。

乌撒卫。遵义卫。

**潼川州**全。梓橦。

辖七县。粮一万零。

射洪少丞。盐亭少主。中江少丞。安岳全。蓬溪少丞。乐至少丞。遂宁少丞。

整饬叙、马，抚民、永宁宣抚土司兵备副使　驻建武镇城。

**眉州**少同。通义。

辖三县。粮三万零。

彭山少丞。青神少丞。丹稜一典。

**嘉定州**全。眉山。

辖六县。粮四万零。

**峨眉**少丞。洪雅少丞。峡江少丞。犍为少丞。荣县少丞。威远一典。

分守上川南道,辖嘉、眉、邛、雅四州参政　驻扎嘉定州。

**邛州**少同。临邛。

辖二县。粮二万零。

大邑少丞。蒲江一典。

分巡上川南道,辖嘉、眉、邛、雅兵备副使　驻扎邛州。

**泸州**全。江阳。

辖三县。粮二万零。

江安全。纳溪少丞。合江少丞。

分巡川南,管叙、马、泸、建武、乌蒙、东川、镇雄、永宁等处参

政　驻扎泸州。

**雅州**少同,二判。蒙山。

辖三县。粮八千零。

名山少丞。荣经少丞。芦山少丞。

整饬建昌道、督理粮饷按察使　驻扎建昌卫。

四川行都指挥使司。

建昌卫。建昌前卫。宁番卫。越儁卫。盐井卫。会川卫。

# 云南十二府八军民府四十一州三十一县

古南夷地。

**云南府**三判。全。滇南。晋宁。

辖四州九县。粮三万四千二百零。

**昆明**[①]少主。**富民**一典。**宜良**一典。**嵩明州**少判。**晋宁州**少判。**归化**一典。**呈贡**一典。**安宁州**少判。**罗次**一典。**禄丰**[②]一典。**昆阳州**[③]少判。**三泊**一典。**易门**一典。

安宁盐井提举司。

分守安普道,管云、曲、浔三府,安宁提举副使　　驻扎省城。

分巡安普道,管云、曲、浔三府,安宁提举副使　　驻扎省城。

云南左卫、右卫、中卫、前卫、后卫。广南卫。

**大理府**二判。少校。管粮、捕盗。南诏。

辖三州三县。粮二万三千八百零。

**太和**少主。**赵州**少判。**云南**二典。**邓川州**土知。一目。**浪穹**[④]少主。**宾川州**一目。

五井盐课提举司。

分巡金沧,管蒙、鹤、永、丽江、永宁、五井金事　　驻扎大理府。

大理卫。洱海卫。

**临安府**[⑤]全。经、照。秀山。建水。

辖四州五县。粮一万六千零。

**建水州**一目。**阿迷州**少判。**宁州**少判。**石屏州**一目。**通海**一典。**嶍峨**少主。**蒙自**少主。**河西**一典。**新平**一典。

整饬临安,管临、澄、西、南、元、镇六府兵备副使　　驻扎临安府[⑥]。

---

① "昆",底本作"崑",据《明会典》卷一六、《明史·地理志》改。
② "禄",底本作"六",据《明会典》卷一六、《明史·地理志》改。
③ "昆",底本作"崑",据《明会典》卷一六、《明史·地理志》改。
④ "穹",底本作"雩",据《明会典》卷一六、《明史·地理志》改。
⑤ "临",底本作"宁",据《明会典》卷一六、《明史·地理志》改。
⑥ "驻扎临安府",底本脱"临"字,据《明会典》卷一二八及上下文改。

临安卫。通海卫。

**楚雄府**全。少校。威楚。

辖二州五县。粮八千九百零。

楚雄一典。定边一典。定远一典。广通一典。南安州一目。镇南州一目。

碍嘉一典。

里盐井盐课提举司。

分巡洱海、管楚雄等五府右布政　驻扎楚雄府。

楚雄卫。

**澄江府**少同、推。经、照。河阳。

辖二州三县。粮九千八百零。

江川一典。河阳一典。阳宗一典。新兴州①一目。路南州少判。

分守临元,管临安、澄江、广西、广南、镇沅、新化按察使　驻新兴

州②。

分巡临元,管临安、澄江、广西、广南、镇沅、新化参政　驻扎路南。

**景东府**一同。一经。南诏。

景东卫。

**广南府**一府。经、照。所名。

辖一州。粮一千零。

富州一目。

**广西府**少同、推。一经。古滇。

辖三州。粮三千三百零。

弥勒州少判。维摩州一目。师宗州一目。

**顺宁府**一判。一经。

---

① "新兴州",底本脱"兴"字,据《明会典》卷一六、《明史·地理志》补。

② "兴",底本作"安",《明会典》卷一六、《明史·地理志》澄江府有新兴州
而无新安州,据改。

**镇沅府**一经。

**永宁府**少判、推。一经。

**曲靖军民府**全。一经。兴古。南宁。

辖四州二县。 粮三千三百零。

南宁一典。亦佐一典。霑益州少判。陆凉州一目。马龙州少判。罗雄州一目。

整饬曲靖、寻甸①、马龙、木密兵备参政　　驻扎曲靖府。

曲靖卫。平夷卫。越州卫。陆凉卫。

**姚安军民府**少同、推。一经。弄栋。国城。

辖一州一县。 粮三千六百零。

姚州一目。大姚一典。

**蒙化州**一判。一经。

辖一州。 粮四千八百零。

云龙州少判。

蒙化卫。

白盐井盐课提举司。

分守洱海,管楚、姚、武、景东、顺宁、黑白盐井参议　　驻姚安府。

**鹤庆军民府**少同、推。一经。鹤川。

辖二州。 粮四千零。

剑川州一目。顺州一目。

弥沙盐井盐课司。

分守金仓道,管大、蒙、永、丽盐井提举右参政　　驻扎鹤庆府。

**武定军民府**少判。一经。罗□。昆州。

辖二州一县。 粮二千五百零。

---

① "寻",底本作"浔",据《明会典》卷一六、《明史·地理志》改。

和曲州一目。元谋少主。禄劝州一目。

**寻甸军民府**少同、推。一经。

**元江军民府**土知、一判。一经。

**永昌军民府**全。经、照。

辖一州二县。粮八千三百零。

腾越州少同。保山少主。永平土丞。一典。

**丽江军民府**土知，少判。一经、照。蒿州。

辖四州。粮二千一百零。

通安州土知。一目。宝山州土知。一目。兰州土知。一目。巨津州土官。

**北胜州**土知。一目。

**威远州**土官。

**湾甸州**土官。

**镇康州**土官。

**大候州**土官。

**新化州**少判。

**菠藻州**土知。一目。

整饬金腾道兼理戎务参议　　春夏驻扎永昌府，秋冬驻扎腾冲卫[1]。

整饬澜沧道、管大理八府兵备参政　　驻洱海卫。

腾冲卫军民指挥使司。

澜沧卫军民指挥使司。

平夷卫。曲靖卫。陆凉卫。澜沧卫。永昌卫。大罗卫。腾冲卫。

---

① "腾冲卫"，底本脱"腾"字，据《明会典》卷一六、《明史·地理志》改。

# 贵州九府八州十二县

古西南夷地。

**贵阳府**二判。经、照。贵竹。

辖一州一县。粮六千五百零。

新贵一典。定番州少判。

分守清军,管安顺、镇、永、普、威、平坝等卫粮储副使　　驻扎省城。

分巡贵宁兼管四川乌撒、镇雄、东川、乌蒙、永宁宣抚副使　　驻扎省城。

贵州卫。贵州前卫。

**思州府**府、推。一经。**府治孤县**。粮八百零。

**思南府**少判。经、照。宁夷。

辖二县。粮一千八百零。

婺川一典。印江一典。

**镇远府**少同、判。一经。

辖二县。粮八百零。

镇远一典。施秉一典。

镇远卫。偏桥卫。清浪卫。

**石阡府**少同、判。一经。**府治孤县** [①]。粮八百零。

**铜仁府**少同、判。一经。

辖一县。粮一千一百零。

铜仁县一典。

**黎平府**少同、判。一经。

辖一县。粮一千一百七十零。

---

① "府治孤县",《纪要》卷一二一、《明史·地理志》石阡府皆领有龙泉县,底本误。

永从一典。

五开卫。铜鼓卫。

**都匀府**少同、判。一经。

辖二州一县。粮四千九百零。

麻哈州土知。少同。清平一典。独山州一目。

都匀卫。清平卫。

**平越府**全。

辖一州四县①。万历二十九年,平播改为流。

湄潭全。余庆一典。黄平州全。瓮安一典。龙泉②一典。

**安顺州**少同。

**普安州**少同。

**永宁州**一目。

**镇宁州**一目。

整饬威清兵巡道,管贵阳、镇、永、普、广、泗、云南江宁州参政　驻扎普定卫。

整饬毕节卫所兼乌撒、镇雄、永宁司兵备副使　驻毕节卫。

贵州都指挥使司。

平溪卫。安庄卫。兴隆卫。普安卫。永宁卫。新添卫。龙里卫。普定卫。平越卫。赤水卫。毕节卫。威清卫。南安卫。乌撒卫。宣慰司③。龙里司。乌罗司。邦水司。

平州六洞。

---

① "辖一州四县",《纪要》卷一二一、《明史·地理志》平越府皆辖一州三县,底本误。

② "龙泉",《纪要》卷一二一、《明史·地理志》龙泉县属石阡府,底本误。

③ "宣慰司",底本"慰"作"尉",脱"司"字,《明会典》卷一六、《纪要》卷一二〇有贵州宣慰使司,据补正。

# 运粮船数

进京粮船共九千九百九十九只,每船装粮米五百石,共计四百九十九万九千五百石,系南直隶、湖广、江西、浙江四省运。但别省俱各水舟不便,故此不设运粮之法。

# 各省王府

**江西王府三:**

宁王府在南昌,今国除。郡王府八。

淮王府在饶州。郡王府十。

益王府在建昌。郡王府二。

**湖广王府七:**

楚王府在武昌府。郡王府十三。

岷王府在宝庆府武冈州。郡王府十四。

荆王府在黄州府蕲州。郡王府十六。

辽王府在荆州府。郡王府十九。

襄王府在襄阳府。郡王府四。

荣王府在常德府。郡王府五。

吉王府在长沙府。郡王府一。

**河南王府九:**

周王府在开封府。郡王府五十四。

伊王府在河南府。郡王府七。

郑王府在怀庆府。郡王府九。

徽王府在开封府禹州。郡王府十六。

唐王府在南阳府。郡王府十一。

赵王府<sub>在彰德府</sub>。郡王府三。

崇王府<sub>在汝宁府</sub>。郡王府三。

潞王府<sub>在卫辉府</sub>。郡王府一。

福王府<sub>在彰德府</sub>。

**山东王府三：**

鲁王府<sub>在兖州府</sub>。郡王府十四。

德王府<sub>在济南府德州</sub>。郡王府八。

衡王府<sub>在青州府</sub>。郡王府六。

**山西王府三：**

晋王府<sub>在太原府</sub>。郡王府三十一。

代王府<sub>在大同府</sub>。郡王府十四。

沈王府<sub>在潞安府</sub>。郡王府二十。

**陕西王府四：**

秦王府<sub>在西安府</sub>。郡王府十一。

庆王府<sub>在宁夏</sub>。郡王府十三。

韩王府<sub>在平凉府</sub>。郡王府二十四。

肃王府<sub>在临洮府兰州</sub>。郡王府七。

**四川王府一：**

蜀王府<sub>在成都府</sub>。郡王府十。

**广西王府一：**

靖江王府<sub>在桂林府</sub>。


# 亲王、郡王子孙授受官职俸禄


子授镇国将军,孙授辅国将军,

曾孙授奉国将军,玄孙授镇国中尉,

五世孙授辅国中尉,六世孙授奉国中尉。

凡亲王钱粮,就于王所封国内府分,照依所定则例,期限放支,毋得移文,当该衙门亦不得频奏。若朝廷别有赏赐,不在已定则例之限。

凡亲王、郡王、王子、王孙,及公主、郡主每岁支拨:

亲王　米一万石,　　郡王　米二千石,

镇国将军　米一千石,　　辅国将军　米八百石,

奉国将军　米六百石,　　镇国中尉　米四百石。

辅国中尉　米二百石,　　公主及附马　米二千石,

郡主及仪宾　米八百石,　　县主及仪宾　米四百石,

郡君及仪宾　米四百石,　　县君及仪宾　米三百石,

乡君及仪宾　米二百石。

凡郡王嫡长子袭封郡王者,其岁赐比初封郡王减半支给。

# 诸夷国名

**东北**:朝鲜国,即高丽。其李仁人及子李成桂,今名旦者,自洪武六年至洪武二十八年,首尾凡弑王氏四,王姑待之。

**正东偏北**:日本国,虽朝实诈,暗通奸臣胡某,谋为不轨,故绝之。

**正南偏东**:大琉球国,朝贡不时。王子及陪臣之子,皆入大国读书,礼待甚厚。

小琉球国,不通往来,向未朝贡。

**西南**:安南国,三年一朝贡。

真腊国,朝贡如常。其国滨海。

暹罗国,朝贡如常。其国滨海。

占城国,自占城以下,诸国来朝贡时,内带行商,多行诡诈,故阻之。自洪武八年,阻至洪武十二年方得止。其国滨海。

苏门答剌,其国滨海。

西洋国,其国滨海。

爪洼国。

溢亨国。

白花国。

三佛齐国。

浡泥国。以上五国,俱居海中。

## 历代帝王姓氏建都图

伏羲风姓。都于陈,即今陈州是也。

神农姜姓。都曲阜,今兖州府是也。

黄帝姬姓。都涿鹿,即今涿州是也。

少昊金天氏,都穷桑,即今东蒙山,属鲁地。

颛顼高阳氏,都帝丘,今濮阳是也。

帝喾高辛氏,都西亳,今陕西偃师县是也。

帝尧陶唐氏,伊姓。都平阳,今山西临晋县是也。

帝舜有虞氏,姚姓。都蒲坂,今山西蒲县是也。

夏禹姓姒氏。都于安邑,今山西蒲州是也。

帝相禹五代孙,徙居商丘,在太华之阳,今上洛县是也。

少康中兴,复还旧都。

商汤姓子氏。都南亳,今南京谷熟是也。

仲丁汤七代孙,迁都于嚣,今开封府陈留县是也。

河亶甲汤九代孙,都于相,今河北相州是也。

祖乙相都。因有河决之患,都于耿,今河东皮氏县。

盘庚耿都。又有河决之害,复迁于亳,即汤之旧都,改商曰殷,商道复兴。

周文王姓姬氏。都于丰，即今西安府鄠县是也。

武王文王之子。都于镐，今在西安府南数十里是也。

平王以丰镐逼近犬戎，不可居，乃东迁洛邑，即今河南府巩县是也。

秦姓嬴氏。都咸阳，今在西安府咸阳县是也。

汉姓刘氏。都长安，今西安府长安县是也。

东汉光武中兴，都洛阳，今河南府洛阳县是也。

蜀汉都西川，即今四川成都府是也。

魏姓曹氏。都于邺，即河南彰德府是也。

吴姓孙氏。都于鄂，再都建业，即今南京是也。

西晋姓司马氏。都洛阳，今河南府是也。

东晋都建康，即今应天府是也。

南朝宋刘姓。

齐萧姓。

梁萧姓。

陈陈姓。并都建业，今南京是也。

北朝后魏都平城，即今云中县是也。

西魏都长安。

东魏、北齐并都于邺，即今彰德府临漳县是也。

后周都长安。

隋姓杨氏。都长安，今西安府是也。

唐姓李氏。都长安，今西安府是也。

五代梁朱姓。都汴梁，今开封府是也。

汉刘姓。都晋阳，即今山西太原府是也。

周郭姓。都汴梁，即今开封府是也。

晋石姓。都洛阳，即今商州下洛县是也。

后唐李姓。都邺，迁洛阳。

宋姓赵氏。都汴梁，为之东京。以河南府为西京。至于

高宗，因徽、钦二宗被虏，南渡，迁都杭州。

元姓奇渥温氏。都燕山，即塞北幽州，今之北京是也。

大明朱姓。都南京。至永乐中，迁北京，为万世不拔之洪基也。

# 帝王源流

伏羲、神农、黄帝，谓之三皇。少昊、颛顼、高辛、唐、虞，谓之五帝。

盘古氏，其民穴居野处，与物为敌。

有巢氏，作构木为巢，教民居之，以避风雨，然未知熟食也。

燧人氏，作钻木取火，教民以烹饪，而民利之。时未有文字，又作结绳之政，为日中之市，兴交易之道，而人情以遂矣。

太昊伏羲氏，始画八卦，造书契，以代结绳之政，制嫁娶，正姓氏，通媒妁，作荒乐歌，而乐音兴焉。

炎帝神农氏，教民艺五谷，兴农事，又作方书以疗民疾，味百草之滋，察其寒湿平热之性，辨其君臣佐使之义，而医道兴焉。

黄帝有熊氏，时蚩尤作乱，帝擒之于涿鹿。始有星官之书，作舟车以济不通，画野分州，而教政布焉。

少昊金天氏，置立城郭曲阜，作大洲之乐，以治都人，以和上下。

颛顼高阳氏，作历，以孟春月为元。治九卿、尚书、仆射，又作承云乐。

帝喾高辛氏，作九韶之乐。有四妃：曰姜源，兴帝禋祀上帝系履天帝之武。而生稷；曰庆都，有赤龙之祥系感赤龙之精。而生尧；曰简狄，有飞熊之祥系吞玄鸟之卵。而生契。

帝尧陶唐氏，作大章乐。时洪水为患，四岳举鲧治之，九载续用弗成，后鲧之子禹治之而始效。

帝舜有虞氏,置立十二州,广开视听,求贤自辅。立诽谤之木,弹五弦之琴,歌南风之诗。是时土地方五千里,至于荒服外夷,四方之内,咸戴帝舜之功。

夏大禹,鲧之子也。悬钟鼓磬铎韶以待四方之士,铸九鼎以象九州。时仪狄作酒,禹饮而甘之,遂疏仪狄。绝旨酒曰:"后世必有以酒亡国者。"

商成汤,契事唐、虞,为司徒,封商,传至太乙,是为成汤。成汤畋猎,见人张网四面,而祝之曰:"从天坠者,从地出者,从四方来者,皆入吾网。"遂解其三面,止置一面。更祝之曰:"欲左者左,欲右者右,欲高者高,欲下者下,不用命者,乃入吾网。"汉南诸侯闻之,曰:"汤德至矣,及于禽兽。"归之者四十余国。

周文王名昌,王季之子。因纣宠妲己,惨虐万民,退而修德,诸侯多归之,三分天下有其二。及子发,曰武王,以太公望为师,弟周公旦为辅,召公奭、毕公高为左右。武王率修文王事业。时商纣无道,九年,武王东观兵于孟津,诸侯不期而会者八百。诸侯皆曰:"纣可伐矣。"武王以为天命尚未可伐,乃还。居二年,纣暴虐益甚,杀王子比干,囚箕子,纣兄微子抱宗器而奔周,于是偏告诸侯,曰:"殷有重罪,不可以不伐。"乃举兵东伐。纣走,反入登鹿台,衣其珠玉,自焚而死。于是诸侯尊武王为天子。武王即为天子,遂释箕子之囚,表商容之闾,封比干之墓,散鹿台之财,发钜桥之粟以赈贫弱。乃改正朔,以建子之月为正月,色尚青,服以冕,营都于洛邑,纵马于华山之阳,放牛于桃林之野,衅其鼓,甲兵藏之府库,以示天下不复用。

秦始皇名政,实吕姓。并吞六国,自以为德承三皇,功过五帝,乃更号曰皇帝。以为周得大德,秦代周从,所不胜为水德,以十月为岁首;分天下为三十六郡;焚书坑儒;筑长城,延袤万余里,威振匈奴。出游,崩于沙丘。

汉高祖姓刘,名邦,沛人也。为人隆准龙颜,左股下有七十二黑子,及壮考试,补吏为泗上亭长。沛令遣送徒夫赴骊山中,夜遇大蛇,长十余丈,当径不可进,遂撩衣仗剑,挥蛇为两段。后有人到断蛇处,见一老妪伏蛇哀哭,人问其故,妪曰:"吾子白帝子也,化为蛇当道,今被赤帝子斩之,是以哀哭,无所归也。"言讫忽不见。因秦暴虐无道,起兵丰沛,破秦灭楚,在位十三年,寿五十二岁。

东汉光武名秀,字文叔,长沙王之后,景帝孙也。九岁而孤,养于叔父良,避王莽乱,改姓金,以布衣起兵,诛莽灭新①,乃有天下,在位三十三年,寿六十九岁。

后汉昭烈名备,字玄德,景帝子中山靖王之后。与关羽、张飞结为异姓兄弟,誓同生死。以布衣起兵,破黄巾贼有功,封平原相。以诸葛孔明为军师,奄有西蜀。值曹丕篡汉,遂正位于成都,在位三年,寿六十三岁。

晋世祖名炎,司马懿之孙,昭之子也。仕魏。袭封晋王,灭魏称帝,在位二十五年,寿五十五岁。

宋高祖姓刘,名裕,下邳人。以布衣起兵,诛桓玄,斩南燕王慕容超,戮秦王姚泓,为晋太尉,封宋王。受恭帝禅,国号宋。在位三年,子义符立。

齐太祖姓萧,名道成,萧何三十四代孙,仕宋,为辅政。以王俭、诸渊之谋,称禅代宋。在位四年,子赜立。

梁武帝姓萧,名衍,以齐之同姓,因宝卷失政,起义兵于襄阳,以宰天下。在位四十八年,为侯景所逼而殂。

陈高祖姓陈,名霸先,吴兴人,汉陈寔之后。仕梁,斩王僧辨,封陈王,遂移梁祚。在位三年,兄始兴王之长子名蒨立。

---

① "新",底本作"郎",误。按光武帝刘秀,推翻王莽政权新,建立东汉,"郎"为"新"之误,据改。

隋高祖姓杨,名坚,汉杨震之后。仕陈,以后之父得以执政,遂灭陈称帝[1]。在位二十四年,为太子广所弑。

唐高祖名渊,姓李氏。乘隋亡之弊,举兵晋阳,六年之中,海内威服。在位九年,传位太子,自为太上皇。

唐太宗名世民,高祖太子。唐得天下,皆其功也。在位二十三年,第九子名治以嫡立,是为高宗。

后梁太祖姓朱,名温,砀山人。初从黄巢起兵,既而降唐,赐名全忠,为相国,封魏王,加九锡,移唐自立。在位七年,为子友珪所弑。

后唐庄宗,名存勖,雁门仆射李克用之子。以平黄巢功,封晋王,灭梁自立。在位三年,因中流矢而殂。

后晋高祖,名敬塘,姓石氏,唐明宗婿也。与潞王有隙,乃借契丹兵,灭唐称帝,割雁门关以北十六州为谢。至是幽、蓟诸州不见天日者,至于四百三十二年,晋之罪也。在位七年,子重贵立。

后汉高祖名暠,字智远,姓刘氏。以晋阳赘婿,为晋之强藩,因重贵被房,遂即位于晋阳。在位二年,子承祐立。

后周太祖名威,姓郭氏。以隐帝刑杀冤滥,举兵入朝,将士拥而立之。在位三年,后兄之子柴荣为帝养子立。

宋太祖姓赵,名匡胤,为周殿前检点。将兵御北汉,至陈桥驿,诸将谋而立之。在位十七年,弟匡义立。

元世祖姓奇渥温氏,名忽必烈。初袭为蒙古部长,承宋正统,在位一十六年,寿八十一岁。

国朝　太祖高皇帝姓朱氏,建元洪武。元至正十五年乙未六月,起兵和州,渡江,拔采石,取太平,定京都,擒友谅,歼伪吴,鱼凫、闽、广,尽入版图。元君北遁,建都金陵,为之南京。在位三十一年,懿文

---

① "仕陈"至"遂灭陈称帝",按史实有误。杨坚仕北周,为北周孝静帝之外祖,后弑孝静帝自立为帝。

－ 161 －

太子早薨,嫡孙建文皇帝立,四年。

成祖文皇帝　永乐二十二年。

仁宗　洪熙一年。

宣宗　宣德十年。

英宗九岁即位,正统十四年北狩,立皇弟景泰。英宗北还,居西内。七年,景泰崩,英宗复立,改元天顺,八年。

宪宗　成化二十三年。

孝宗　弘治一十八年。

武宗　正德一十六年。

世宗　嘉靖四十五年。

穆宗　隆庆六年。

神宗　万历四十七年。

光宗　泰昌一年。

当今　天启七年。

崇祯　年。

# 历代历数歌

粤惟盘古初开世,天、地、人皇,巢、燧氏。下及三皇历数明,伏羲、神农与黄帝。运临五帝迭相承,少昊、颛顼、帝喾兴。七十二年尧禅舜,舜帝六一享升平。夏禹绍圣君十七,四百五十八年讫。商汤继夏念八君,六百四十四年零。周朝三十七位残,八百六十七年间。强秦并吞惟三主,十五年来汉入关。汉年四百零九岁,二十四帝分三国。蜀汉父子四十三,被魏灭来为晋夺。晋又灭吴三国尽,十五君传正朔运。一百五十五年间,南迁争奈五胡混,当时天下南北分,南传宋、齐及梁、陈,共历百七十三载,四朝二十有四君;北自五胡归元魏,东魏、西魏分于内,东传北齐西后周,附统无过叙始末。隋平南北但三王,三十八载没于唐。唐纪二十有一主,二百八十九年亡。梁、唐、晋、汉、周五季,共十三君多寡异。五十七年附列邦,大小总归为宋地。宋十八君三百念,内附辽、金被元陷。元十主年八十八,一统大明清海甸。太祖龙兴应天府,三十五年号洪武。内有建文君四春,避位出亡因附祖。成祖永乐始北迁,在位二十有二年。仁宗洪熙止一载,宣宗宣德十年延。英宗正统先十四,景帝七年景泰是。天顺八年仍英宗,宪宗念三成化治。孝宗弘治十八秋,武宗正德十六周。世宗嘉靖四十五,穆宗隆庆六年收。神宗万历四十七,光宗泰昌一载毕。自此传来今天启,永祝皇图无尽极。括成总要历朝歌,庶便群蒙明记习。

## 历代国号诗

三皇、五帝、夏、商、周,战国归秦及汉刘。

吴、魏、晋终南北纪,隋、唐、五代、宋、元休。

大明一统乾坤晓,黎民千古颂皇猷。

## 汉麒麟阁十一人歌

汉代麒麟阁上,股肱之美昭然。

霍光、安世冠时贤,魏相、丙吉并见。

充国、韩增五六[1],延年、刘德当名。

梁丘贺后问苏武[2],萧望之名可并。

---

[1] "增",底本作"曾",据卷四及《汉书·魏豹田儋(王)信传》第三改。

[2] "武",底本作"卿",按苏武字子卿,此处七字一句,当作苏武而不作苏子卿,据卷四及《汉书·李广苏建传》改。

## 晋竹林七贤诗

七士稽康盖有名，山涛、向秀并刘伶。
阮家叔侄夸咸、籍，亦有王戎得见称。

## 国朝配享功臣十二人歌

徐达功首乎诸将，常遇春勇冠三军。
李文忠战胜功取，邓愈奉公守法循。
招降纳附是沐英，汤和临阵决机神。
首拔诸国赵德胜，胡大海累建奇勋。
张德胜擒陈友谅，桑世杰亦立功频。
耿再成与俞通海，配享高庙之功臣。

## 文官服色

一二仙鹤与锦鸡，三四孔雀云雁飞。
五品白鹇惟一样，六七鹭鸶鸂鶒宜。
八九品官并杂职，鹌鹑练雀与黄鹂。
风宪衙门专执法，特加獬豸迈伦夷。

## 武官服色

公侯附马伯，麒麟白泽裘。
一二绣狮子，三四虎豹优。
五品熊罴俊，六七定为彪。

八九是海马,花样有犀牛。

# 科举成式

洪武四年岁次辛亥开科,至洪武六年罢科举,专用辟荐。其自有经明行修,有怀才抱德,有贤良方正,有人材孝廉,群举于朝。而各省贡士,皆令卒业大学,以次除用。盖罢进士之科贡十有二年。至洪武十七年,颁行科举成式,每三年一大比,遇子午卯酉之年为乡试,遇辰戌丑未之年为会试。

乡试:八月初九头场,三篇《四书》、四篇《经》。十二日二场,表、判、论各一篇。十五日三场,策五道。

会试:二月初九头场,《四书》三篇《经》四篇。十二日二场,表、判、论各一篇。十五日三场,策五道。

# 卷四

## 乾坤定位

夫太极者,天地未分之前,混沌如鸡卵,溟涬始芽,鸿蒙滋萌。二气即分之后,轻清者浮上而为天,重浊者凝下而为地,于是天地位焉,谓之两仪。乾为天,坤为地者,天地之位也。日属阳,月属阴,日月者谓之两曜。五星者,东方岁星,木也。南方荧惑星,火也。西方太白星,金也。北方辰星,水也。中央镇星,土也。此谓五星,金、木、水、火、土是也。阴、阳、风、雨、晦、朔,谓之六气。太阳、太阴、金、木、水、火、土,谓之七政。日、月、五星、罗睺、计都、紫炁、月孛,谓之十一曜。东方角、亢、氐、房、心、尾、箕,北方斗、牛、女、虚、危、室、壁,西方奎、娄、胃、昴、毕、觜、参,南方井、鬼、柳、星、张、翼、轸,谓之二十八宿是也。

天有三光:日、月、星辰是也。地有五岳:东岳泰山、在山东泰安州。西岳华山、在陕西华阴县。南岳衡山、在湖广衡阳县。北岳恒山、在山西浑源州。中岳嵩山。在河南登封县。

江、河、淮、济,山川岳渎。三川者:洛川、秦川、蜀川是也。三江者:荆江、松江、浙江是也。

五湖者:太湖、在苏州府。鄱阳湖、在南康府。青草湖、在鄂州。丹阳湖、在镇江府。洞庭湖。在岳州府。

四海者:东南二海、咸。西北二海。淡。

九州者：青、徐、兖、冀、雍、豫、梁、荆、扬是也。

四时者：春、夏、秋、冬是也。

八节者：立春、春分、立夏、夏至、立秋、秋分、立冬、冬至是也。

十干者：甲、乙、丙、丁、戊、己、庚、辛、壬、癸是也。

十二支者：子、丑、寅、卯、辰、巳、午、未、申、酉、戌、亥是也。

二十四气者：立春，正月节。雨水，正月中。惊蛰，二月节。春分，二月中。清明，三月节。谷雨，三月中。立夏，四月节。小满，四月中。芒种，五月节。夏至，五月中。小暑，六月节。大暑，六月中。立秋，七月节。处暑，七月中。白露，八月节。秋分，八月中。寒露，九月节。霜降，九月中。立冬，十月节。小雪，十月中。大雪，十一月节。冬至，十一月中。小寒，十二月节。大寒，十二月中。

三伏者：夏至后，三庚为初伏，四庚为中伏，立秋后，逢庚为末伏。

八卦者：乾、坎、艮、震、巽、离、坤、兑是也。

五腊者：正月初一为天腊，五月五日为地腊，七月七日为道腊，十月初一为王侯腊，十二月初八为岁腊。

六合者：天、地、四方是也。

# 人伦三教

天、地、人，谓之三才。儒、释、道，谓之三教。三纲者，君为臣纲，父为子纲，夫为妻纲。三公者，太师、太傅、太保。三法司者，都察院、刑部、大理寺。三族者，父族、母族、妻族。三父者，同居继父、不同居继父、从母嫁继父。三清者，玉清元始天尊居之，上清玉宸道君居之，太清混元老君居之。三宝者，佛宝、法宝、僧宝是也。礼、义、廉、耻，谓之四维。鳏、寡、孤、独，谓之四穷。平、上、去、入，谓之四声。四生者，人兽胎生，禽鸟卵生，鱼鳖湿生，虫蚁化生是也。五常者，仁、义、礼、智、信。五音者,宫、商、角、徵、羽。五味者,咸、酸、甜、苦、辣。五果者,李、杏、桃、枣、栗。五谷者,粟、麦、麻、豆、黍。五脏者,心、肺、肝、脾、肾。五窍者,眼乃木之精,属肝;舌乃火之精,属心;口乃土之精,属脾;鼻乃金之精,属肺;耳乃水之精,属肾。五逆者,一逆天,二逆地,三逆君,四逆亲,五逆师。五戒者,凡出家人,一不杀生,二不偷盗,三不邪淫,四不妄语,五不饮酒。五刑者,墨、劓、荆、宫、大辟。墨,刺字于面也。劓,去鼻也。荆,刖指也。宫,淫刑也。大辟,斩首也。汉文帝易之。今者,笞、杖、徒、流、充军、绞、斩、凌迟之类是也。礼、乐、射、御、书、数,谓之六艺。牛、马、猪、羊、猫、犬,谓之六畜。六顺者,君义、臣忠、父慈、子孝、兄爱、弟敬。六卿者,六部尚书为之正卿,六部侍郎为之亚卿。六科者,吏、户、礼、兵、刑、工给事中是也。六亲者,父、母、兄、弟、妻、子是也。七情者,喜、怒、哀、乐、爱、恶、欲。八珍味者,龙肝、凤髓、猩唇、豹胎、熊掌、驼峰、鸽胸、雀舌。八母者,嫡母、继母、养母、慈母、嫁母、出母、庶母、乳母是也。九流者,一举子,二医士,三阴阳,四卜筮,五丹青,六相视,七僧家,八道家,九杂家。九卿者,六部尚书、都御史、通政使、大理寺正卿,为之大九卿;六部侍郎、太常、太仆、光禄、鸿胪、尚宝司等卿、副都金、都大理寺少卿、左右通政,为之小九卿。九族者,高祖、曾祖、祖、父、己身、子、孙、曾孙、玄孙是也。

# 起置诸物

尝谓荆山之玉,天下之至宝也,不琢不磨,不能成其美。邓林之木,天下之良材也,不斧不斤,不能成其用。粤自盘古氏置尺,伏羲氏立秤,有巢氏教民作房屋,以避风雨。燧人氏钻木取火,教民为日中之市。神农氏树艺五谷,造升斗。黄帝有熊氏置琴,造历日。伏羲画八卦。少昊置城廓。尧帝制围棋而教丹朱。大禹置钟、鼓、磬、铎、鞀,以待四方之士。苍颉制书字。舜帝立学堂。蒙恬制笔。蔡伦造纸。邢溪造墨。子路置砚。仪狄造酒。殷果造醋。鲁班造船。张平造栊。祝融造镢镰。吕秦造匙箸。吕契造床。卓爽造荐席。彭碁造米礱水碓。凌律造团箕米筛。罗公勘教人养蚕。洪巧穿池养鱼。隶首作算。许负相视。梁王造佛像。陆石造箫笛。宣礼教人种桑。东方朔教人种果。罗明造瓶罐。梁侯造毡毯。马宣诈为鸡鸣度关。葛仙翁吐饭成蜂。投壶系汉光武臣祭遵所制。骨牌乃宋高宗所制。舞狮系诸葛武侯七擒孟获之时,制破象阵,流传至今;馒头亦是当时祭泸水所制。傀儡何人起置?昔汉高帝平城被围,陈平设计,用木刻美人,以绳牵舞。匈奴妻阏氏见之,恐匈奴主宠爱,故此退兵,高祖得遁而归。平城,今大同府是也。

# 先贤名士

舜有臣五人,禹、稷、契、皋陶、伯益是也。

殷有三仁焉,微子、箕子、比干是也。

武王曰:予有乱臣十人,周公旦、召公奭、太公望、毕公、荣公、太颠、闳夭、散宜生、南宫适、邑姜是也。

周有八士:伯达、伯适、仲突、仲忽、叔夜、叔夏、季随、季騧。

战国四君:齐有孟尝君,姓田名文。赵有平原君,姓赵名胜。魏有信陵君,姓魏名无忌。楚有春申君。姓黄名歇。

汉有三杰:张良、萧何、韩信。

商山四皓:东园公①、夏黄公、绮里季②、甪里先生。

麒麟阁十一人:霍光、张安世、魏相、丙吉、赵充国、韩增、杜延年、刘德、梁丘贺、苏武、萧望之。

光武中兴二十八将:邓禹、马成、吴汉、贾复、耿弇、寇恂、王梁、陈俊、岑彭、杜茂、傅俊、坚镡、冯异、王霸③、朱祐④、任光、祭遵、李忠、景丹、万修、盖延、邳彤、铫期⑤、马武、刘植⑥、耿纯、臧宫⑦、王常、李通、刘隆⑧、窦融、卓茂。

蜀汉五虎将:关羽、张飞、马超、赵云、黄忠。

晋竹林七贤:嵇康、山涛、向秀、刘伶、阮籍、阮咸、王戎。

唐十八学士:杜如晦、房玄龄、虞世南、褚亮、李玄道、李守素、于志宁、苏世长、苏旭、孔颖达、薛元敬⑨、蔡允恭、盖文达、薛收、陆德明、许敬宗、颜相时、姚思廉。

饮中八仙:贺知章、汝阳王琎⑩、李适之、崔宗之、苏晋、李白、张旭、焦遂。

香山九老:胡杲、吉玫、张浑、刘嘉、白居易、狄兼谟⑪、卢真、郑据、僧如满。

---

① "东园公",师古曰:"四皓称号,更无姓名可称知。至于后代皇甫谧、圈称之徒,及诸地理书说,竟为四人施安姓字,自相错亘,语又不经,班氏不载于书。诸家臆说,今并弃略,一无取焉。"《汉书·王贡两龚鲍传》无"东"字。

② "绮里季",底本"季"上有"李"字,据《汉书·王贡两龚鲍传》删。

③ "霸",底本作"伯",据《后汉书·铫期王霸祭遵列传》改。

④ "祐",底本作"佑",据《后汉书·朱景王杜马刘傅坚马列传》改。

⑤ "铫",底本作"姚",据《后汉书·铫期王霸祭遵列传》改。

⑥ "植",底本作"直",据《后汉书·任李万邳刘耿列传》改。

⑦ "臧宫",底本作"减朗",据《后汉书·吴盖陈臧列传》改。

⑧ "隆",底本作"降",据《后汉书·朱景王杜马刘傅坚马列传》改。

⑨ "敬",底本作"钦",据《新唐书·薛收传》改。

⑩ "琎",底本作"琏",据《新唐书·三宗诸子传》改。

⑪ "兼",底本作"谦",据《旧唐书·狄仁杰传》改。

二十四孝:虞舜、汉文帝、曾参、闵损、子路、董永、剡子、江革、陆绩、唐夫人、吴猛、郭巨、老莱子、杨香、韩伯愈、王哀、丁兰、孟宗、姜诗、王祥、庾黔娄①、黄香、蔡顺、黄庭坚。

我朝封功臣十二人:徐达、魏国公。常遇春、郑国公。李善长、韩国公。刘基、诚意伯。李文忠、曹国公。邓愈、卫国公。汤和、信国公。沐英、黔国公。冯胜、宋国公。傅友德、颖国公。郭英、武定侯。廖永忠。德庆侯。

## 丧礼古制

草木有生而无本,禽兽有知而无义,人之所异于禽兽者,以其有知,兼有礼义也。人之一身,皆禀阴阳之气,阳气聚则生,阴气聚则死,故能调摄其气者,则能寿命延长,不能慎护其身者,则多病患。生死之事,始终之常理也。昔上古五帝之时,有孝子郭子玄,父死欲葬,恐被狐狸分张,乃号天大哭,七昼夜哀声不绝,感天起雾迷漫,王遣人造木函以助其葬。庶人见之,皆造棺木,至今不绝也。用面衣例者,昔吴王不受忠臣伍员之谏,子胥亡后,果被越军灭国,临死之时,谓诸臣曰:"吾悔不听子胥之言,今死,羞见伍子胥之面。吾死之时,当为我作面衣,遮掩其羞。"诸臣依其言,因此至今效之。用熟食五谷袋者,昔有伯夷、叔齐,因弟兄让国不仕,后见周武王起兵伐纣,二人叩马而谏,曰:"父死不奔,可谓孝乎? 以臣弑君,可谓忠乎? "武王不听。遂隐于首阳山之下,不食周粟,甘饿而死。后载尸而还本国,恐灵神饥饿,遂设熟食五谷袋引魂,相送之礼而今不绝也。

凡人死亡,各有期号。天子曰崩,诸侯曰薨,大夫曰卒,士曰不禄,庶人曰死。父母之丧,望星而哭。兄弟之丧,列闾而哭。大功之丧,

---

① "庾黔娄",底本脱"娄"字,据《梁书·孝行传》补。

到门而哭。小功之丧,到堂而哭。缌麻之丧,见棺而哭。父亡,用竹杖者,以其中直而节著,昭彰于外也。母亡,用桐杖者,以其外柔而劲,节存于内也。此为孝之仪制也。

# 起居格言

东方之域,海滨傍水,民食鱼而嗜盐,鱼热中,盐胜血,故多病痈疡,治宜砭石。西方金玉沙石之域,水土刚强,民华实而脂肥,邪不能伤其形体,病多生于内,内谓喜怒悲食,男女过,治宜毒药。南方水土,弱霜露,所聚民嗜酸而食胕,不考嗜食过也。病多挛痹,治宜微针。北方天地闭藏之域,民野处,乳食藏寒,多满病,治宜灸焫。中央地平以湿,民食杂而不劳,故多病痿,厥寒热治,宜引导按跷。春宜夜卧早起,广步被发,以使志生,逆之则伤肝,复为寒变。夏宜夜卧早起,无厌于日,使志无怒而气得泄,逆之则伤心,秋则为痎疟。秋宜早卧早起,与鸡俱兴,使志安宁,收敛神气,逆之则伤肺,冬为飧泄。冬宜早卧晚起,必待日光,使志若伏若匿,勿妄出,触冒寒气也。去寒就温,无泄皮肤,勿汗。逆之则伤肾,合为痿厥。久视伤神,久立伤骨,久行伤筋,久坐伤血,久卧伤气。有所失亡,所求不得则发肺鸣,肺鸣则肺热叶焦,为痿躄。悲哀太甚则炮烙绝,炮烙绝则心下崩,数溲血,发为肌痹。思想无穷,所愿不得,意淫于外,入居太甚,发为筋痿,反为自淫。有渐于湿,以水为事,若有所留,居处相湿,肌肉濡溃,痹而不仁,发为肉痿。有所远行劳倦,逢太热而渴,渴则阳气内伐,热舍于肾,发为骨痿。数食甘美而多肥,令人内热中满,故其气上溢,而口为之甘,转为消渴。发谋虑不决,故胆虚,气上溢,而口为之苦,名曰"脾痹"。热病少愈,食肉则复,多食则遗。久坐湿地,强力入水,伤肾。喜怒,气逆上而不下,伤肝。饮食劳倦,伤脾。忧愁太过,伤心。拘于鬼神者,不可与言至德。恶于针石者,不可与言至巧。病不许治者,病必不治。眼者,身之镜,视多则镜昏。耳者,身之牖,听多则牖闭。面者,神之庭,心悲则面焦。发者,脑之华,脑减则发素。气清则神畅,气浊则神昏,气乱则神劳,气衰则神去。起晏则神不清。

## 起居杂忌

醉眠当风处,主病。醉卧黍穰中,成大风。醉不可强食。嗔怒生痈疽。醉人大吐,不以手紧掩其目,则转睛。频浴,热气壅脑,血凝而气散。食饱即睡,成气疾。空心茶加盐,直透肾经,又冷胃。炊汤洗面,不精神。行路有汗,跋床悬脚,成血痹腰疼。醉不可便卧,而生疮疖,内生积聚。醉不可忍大小便,成癃闭肠痔等疾。停灯行房,损寿。醉饱行房,致百病。夏月并醉时,不可露卧,生风癖冷痹。坐、卧、沐浴,勿当檐风及窗隙风,皆成病。醉后用冷水洗面,生黑点,成目疾。有目疾,行房事,成目盲。汗出,露卧及浴,害风疹。暑月于石上不可坐,热则生疮,冷则成疝气。醉未解,冷水洗面,发面疮。猛汗时,河内浴,成骨痹。马尾作牙刷,损齿。热汤嗽口,损牙。诸禽兽鱼油点灯,令人盲目。烧甘蔗粗,令人目暗。乱发藏卧房中久,招不祥。橘花上有蛊凌霄、金钱花,近鼻闻,皆有毒。麝香、鹿茸有细虫,闻之则虫入脑。虎豹皮上睡惊神,毛入疮,有大毒。枕内放茉莉,多引蜈蚣。凌霄花露入眼,则失明。夜梦不祥不宜说。夜间不宜说鬼神事。星月下,不可裸形。夜间不宜朝西北小遗。夏月远行,不可用冷水濯足。雪寒草履,不可用热汤洗足。水过夜,面上有五色光彩者,不可洗手。汗出时,并醉时,不可扇,主生偏枯。大小便不可忍,成膝劳冷痹。向星神庙宇,不可大小便。夜行勿歌唱大叫。晦日不可大醉。本命日及风、雨、雷、电、大寒、大暑、日月薄蚀、庚申、甲子,并朔望、晦日、四时、二社、二分、二至，并忌房事。食饱，不可洗头。口勿吹灯，损气。凡日光不可疑视，损目。昼不可睡，损元气。食勿言，寝勿语。怒不可暴，生气疾恶疮。立秋日，不可澡浴。磨刀水洗手，生癣。凡睡觉，饮水更眠，成水癖。凡夜卧歌咏，大不祥。雷鸣时，不可仰卧。睡卧时，不可张口，泄气损神。夜停灯，招恶梦。沐浴未干，不可睡。时行病，新汗方解，不可用冷水浴。饥忌浴，饱忌沐。常以晦日浴、朔日沐，吉。洗头，不宜冷水淋。向午后，阴气起，不可沐发。上厕不可咳唾。夜卧，鞋顺，宜仰放或置床上，吉。虹霓不可指。睡卧勿当舍脊，主招不祥。

# 起居之宜

睡宜卷侧，足宜伸舒。老人患风湿、脚气、腰痛者，宜作暖炕宿卧。行路劳倦骨疼，宜得暖炕睡。五更，两手擦摩令热，熨腮去皱纹，熨眼明目。临睡用湿盐汤嗽口，坚牙益肾。晚饭少，得寿。晚饭后，徐步庭下，无病。将睡，叩齿则牙牢。未语时服补药，入肾经。不语唾涂疮则肿消。早起出路，含煨生姜少许，则不犯雾露。早行、腹实或饮酒，则鲜瘴气。下床先左足，百事吉。太寒早出，嚼真酥油，则耐寒。临睡，服痰药则痰去。夜起，用毡作鞋则足温，不受寒邪。卧不覆面则得寿。行路多，夜向壁角拳足睡，则明日足不劳。欲入疫室，于春分之日，日未出，用远志去心水，煎二盏泄之。又法：于雨水日后三浴，以药泻汗则无疫。渡江河，朱书"禹"字佩之，能免风涛之危。又方，旋取净笔研墨，写"土"字，或以手书之，可不恐惧。夜行，用手掠脑后发，能长精神，常叩齿则鬼不敢近。雷初鸣，打床荐，能去壁虱。入名山，未到百步，呼曰"林兵"，能却百邪。默念"仪方"，可不见蛇狼。念"仪庚"，可不见虎。入深山，将衣裾摺三摺，插于腰间，可令蛇虫不敢近。夜归，以右手中指书手心"我是鬼"三字，再握固，则不惧。遇恶梦，以左手蹑人中二七，扣齿二七，吉。遇吉梦，摩目二七，扣齿二七，吉。卒遇凶恶，当扣左齿三十六，名"打天鼓"，辟邪秽。叩右齿，名"搥天磬"，存念至真。叩中央齿，名"天鼓齿"，宜朝暮叩会神。濯足而卧，无冷疾。寒而衣，先热而解，则无病。凡卧，先卧心，后卧眼。清旦闻恶事，即向所来之方三唾之，吉。鸡鸣时，叩齿三十六，遍舐唇，漱口，舌撩上齿咽三遍，能杀虫、补虚损。早起，以左右手摩肾，次摩脚心，则无脚气诸疾。早起东向坐，以两手相摩令热，从头至顶上，摩二九次，名曰"存泥丸"。以两手叉两耳极，上下摩二七止，令人不聋。次缩鼻闭气，右手从头上引流通。又摩手令热，以摩身体从上至下，名曰"干浴"，令人除百病。上床卧，先脱左足，吉。枕内放麝香一脐，能除邪辟恶，安决明子能明目。夜卧，带雄黄一块则不魇。凡食讫，用温水漱口，无齿疾，口不臭。夜卧，或侧或仰，一足伸屈不并，则无梦泄之患。

## 阳宅宜忌

　　凡人家起屋，不可先砌墙垣，为之"困"字，主人家不兴旺也。凡人家屋后，不宜起小屋，为之停丧屋，主损人口。凡人家起屋，宜前低后高，主发财，禄兴旺。凡人家起屋，莫开池塘，为之"漏胎泄气"，主退财绝嗣。凡人家起屋，门前新开池塘，为之"血盆照镜"，主人无子。若门稍远，开半月塘无妨。凡人家屋前，不许屋箭来射，主子孙忤逆。凡人家屋后，不可起仓屋，为之"龙顿宅"，主家财不兴。凡人家门前，不宜见赤、红、黑石，为之"火星"，主出麻疯眼疾。凡人家住屋朝空，主退财不发。凡人家门前有探头山，四时防盗。凡人家住屋折去半边，为之破家，主人不旺、贫穷。凡人家住宅，不宜屋角侵射及当门射来。凡人家门前后，沟渠水不可分，八字水主绝嗣退财。凡人家天井中，不可积屋水、堆乱石,主患疟痢、眼疾。凡人家不可在当门开井。凡人家厕屋,不可冲大门,主生灾祸。凡人家食乳小儿秽衣,不可高晒并过夜,主生灾病。凡人家造新屋,防木匠放木笔于屋柱下,更防用倒木作柱,令人家不吉。桑树不宜作屋料,死树不宜作栋梁。凡人家屋傍,不宜栽芭蕉,久而招祸。凡人居止之房,必须周密,勿令有细隙,致使风气得入。凡人卧床当令高,高则地气不及,鬼气不可侵也。但凡门以栗木为门者,夜可以远盗。庚寅日不可作门。凡门下水出,财物不聚。东北开门,多招怪异之事。门前青草多愁怨,门外垂杨非吉祥。但人骑井,今古大忌。见露井莫窥,损寿。凡人家故井,不可填塞,令人耳聋目盲。凡堂前不可穿井,男子越井,不可填塞,妇人越灶,皆招口舌分外之祸。井在灶边,虚耗年年,井灶不可令相见。妇人祭灶事,不祥。刀斧不宜安灶上,簸箕盖饭鬼来尝。向灶骂詈,不祥。不可对灶吟咏及哭,不宜用灶火烧香。灶面向西南,大吉;向东北,凶。戊子、戊午年,九良星占灶,忌修灶支锅。凡作灶,泥须取净土,以井花水并香合泥,大吉。天井内,不可种花,主妇人淫乱。栽木,大凶。天窗宜就左边开,为之"青龙开眼",吉。凡沟渠通峻,屋宇洁净无秽气,主人不生灾病。墙头冲门直路,冲门神。社对门,与门中水出,并凶。正门前,不宜种柳。大树不宜近轩。井畔不宜栽桃。室宇不宜太广,深阔则阴气盛,而人气不能克,故其势不得坚久,而居者且多不利,此昔人所以有木妖之说,而谓其不安人也。

# 人事防闲

夜饮之家生奸盗。睡人不宜戏画其面,或致魇死。夜间卧处停灯,与贼为眼。闻犬吠,宜密唤醒同伴,不可自解说。夜独起,必唤知同伴。出门向外,必回身掩门,恐人乘隙而入。起逐盗贼,防改易原路。

贼以物入探，不可用手拿。夜遇物有声，只言有贼，不可指言鼠及猫犬。夜觉盗入，直叫有贼，令自逃窜，不可轻易赶逐。遇贼，不可乘暗击之，恐误击自家人。获得盗贼，即便解官，不可先自毁伤。灶中不可留宿火，灶前不可积柴薪。宿火不可盖烘篮底。屋内不宜炙蚕簇。暮年不可置宠。蓄妾不宜大惠。妇人婢仆之言，不可听信。兄弟不和，大都起于妯娌；言语搬斗，多生于婢仆。每见富贵之家，多有以是取败者，不可以不戒。生子勿置乳母。小儿当谨其出入，则免于水火之患。富人有爱其小儿者，以金银珠玉之属饰其身，小人有贪者，于僻静处坏其性命而取其物，虽闻于官而置于法，无益于事也。棺中不宜厚敛，墓中不宜厚葬。蓄婢妾之家，有僻室而人所不到，有便门而可以通外，或夜饮集于内堂，而使仆伻供送，或群聚呼卢，通宵达旦，其弊有不可言者。男仆非有紧急修葺，不得入中门；女婢无故不得出中门，只令一童仆在中门外司其出入，治家之法，此过半矣。仆婢有过，第当薄惩，毋得过督，以至寒暑、饥饱、疾病、劳佚，与其心曲中微隐，有疑虑而不敢声言者，皆当一一体恤。陶渊明曰："此亦人子也。"斯言深有味。婢仆宿卧去处，皆为点检，令冷时无风寒之患。以至牛、马、猪、羊、猫、狗、鸡、鸭之属，遇冬寒时，各为区处，牢圈栖息之处，此皆仁人之用心，备物我为一理也。兄弟子侄同门异户而居，于众事各宜秉公尽心，虽是细微，亦防起争之渐。居于乡曲，舆马、衣服不可鲜华，盖乡曲亲故居贫者多，在我者揭然异众，贫者羞涩，必不敢相近，我亦何安之有？此说不可与口尚乳臭者言。尼姑、媒婆及算命相手、以买卖针炙为名之女人，皆不可令入人家，凡脱漏妇女财物，并引诱妇女为不美之事，皆此曹也。族人、邻里、亲戚有狡狯子弟，富家多用为牙爪，且得目前快意，此曹内既奸巧，外尝柔顺，为人自爱，他日诱子侄为非者，皆此等人也，不可不预察之。

# 四时调摄

夜半生气时,或五更睡觉、无事闲坐、空腹时,宽衣解带,气微呵,出腹中浊气三五口,定心闭目,叩齿集神,然后以大拇指背拭目九遍,明目去风,亦补肾气。兼按鼻左右七遍,令表里俱热,所谓"灌溉中岳以润肺"。次搓热两手,闭口鼻气,然后摩面不拘数,连发际,面有光,所谓"灵宅既清玉帝游"也。又摩耳轮、耳根不拘数,所谓"修理城郭,以补肾气,以防聋聩"。次以舌抵上腭,漱口中内外,俟津液满口,作三次咽下,如此三度九咽。《黄庭经》云"嗽咽灵根体不枯"是也。便兀然放身,心同太虚,身若委衣,万虑俱遣。久久行之,血气调畅,可以却病延年。人之一身,以津液为本,在皮为汗,在肉为血,在肾为精,在鼻为涕,在口为津,在眼为泪,出则皆不可回。惟津在口,独可还元,人能终日不唾,则精液不泄而目有光。古人云:"多唾损神,远唾损气。"良有以也。语云:"漱口通头并洗足,临卧之时小太平。"发是血之余,一朝百度梳。足是人之底,一夜一次洗。笑谈中,惜精气为本,多言则损气,多笑则伤脏,多记则伤心。凡食毕即漱口,牙齿不败,口不臭。食饱不宜坐与卧,欲得行步以散之,不尔令人得积聚不消之疾。强食则脾劳,强饮则胃胀。每学淡食益人。伏热者,不可饮水。冲寒者,不可饮汤。热饮伤胃,冷食伤肺,夜食损寿。好食生冷者,将为肠痛、心疼、呕吐、泄痢之疾。暑月远行,不宜用凉水濯足。或大醉,不可露卧。大寒、大热、震雷、浓雾,不宜出门及犯房事。神仙不禁酒,以能行气壮神,然不可过饮也。酒之毒在齿,每饮酒数杯,即吸水漱涤则不醉。凡饮酒,忌诸甜物。铜器久贮酒食害人,暂时则可。卯时酒、酉时饭,宜少。东坡《茶说》:"除烦去腻,不可缺茶。"然暗损人不小,但少饮之则可也。空心茶,宜戒。菊花作枕,明目。浴汤用枸杞叶,益人《百陵学山》曰:"饮食有节,脾土不泄。调息寡言,肺金自全。动静以敬,心火自定。宠辱不惊,肝木以宁。恬然无欲,肾水自足。"心属火,肺金,肝木,脾土,肾水,此五行之所属也。心欲苦甘多,伤心。肺欲辛苦多,伤肺。脾欲甘酸多,伤脾。肝欲酸辛多,伤肝。肾欲咸咸多,伤肾。此五味之所宜忌也。假如春三月,此为万物发生,肝旺脾弱之时,夜卧早起,宜忌酸增甘,以养脾气,内节饮食,外慎风寒,频宜行步而和四肢也。夏三月,伏阴在内,心旺肺弱之时,宜令养志无怒,减苦增辛以养肺气,不可久眠以昏神气也。凡夏月,老少皆宜食热,不可过餐生冷,及至秋来,多生疟痢。秋三月,天气消铄,毛发枯槁,肺旺肝弱之时,宜减辛增酸以养肺气,宜收敛神气也。立秋日,切勿落水洗澡,令人皮肤粗糙。冬三月,此谓水藏水闭、血气凝涩、肾旺心弱之时,宜减咸增辛以养心气,固守元阳,以顺真气也。《经》云:"冬不藏精,春必湿病。"万物惟人为最贵,百岁光阴如旅寄,自非留意修养中,未免疾苦为身累。春寒莫放棉衣薄,夏衣汗多频换着,秋冬衣服渐加添,莫待病行才服药。

## 随时避忌

凡坐卧当风处,稍觉有风,宜速起避,不可强忍。凡遇狂风、暴雨、震雷、浓雾,尤宜避之。故孔子云:"迅雷、风烈必变。"但人侵晨出路,宜煨生姜少许含口内,能避邪开胃。又早起空腹,不宜见尸。湿衣,汗衣,不可久着。暑月不宜露体卧冷物,致令皮肤成癣疾或作面风。遇有石块,不可便坐,热则生疮,冷成疝气。五月二十八日,人神在阴,切忌欲事。又忌庚申、甲子日、每月十五日,人神在遍身,尤当戒之。岁除之夜,乃天地交会日,切忌欲事。如犯之,主有三年离别之厄。青天白日,和风庆云,不特人多喜色,即鸟雀亦有好音。若狂风急雨,迅雷闪电,鸟亦投林,人亦闭户,乖戾之感至此,故君子以太和元气为主。颐养天和用保持,劳烦用意切须知。清晨坐卧无思想,空腹行藏最不宜。春宜早,夏宜迟,寒暄冷暖减添衣。大风疾雨当回避,悔悟难追已噬脐。

# 饮食杂忌

铜器内盛酒过夜,不可饮。插瓶内养花水,饮之能杀人。凡肉汗以铜器盖,滴汗入者有毒。凡生肉坠地不黏尘,及煮难熟者,皆有毒。凡熟鸡过夜者,不可食。黑牛白头并独肝者,不可食。凡禽畜肝青色者,不可食。诸畜脑皆滑精,不可食。凡鸟兽自死者,不可食。凡白鸟黄首者,不可食。凡鱼目能开闭,或无腮无胆,及有角、白背、黑点者,皆不可食。蟹目相向并独钤者,不可食。黑鸡白首并四距者,不可食。河豚鱼浸洗,血不尽、眼赤班者及鱼子,皆不可食。鳖腹有蛇蟠痕者,能杀人。鲇鱼赤须赤目者,有毒。虾无须及腹下黑者,有毒。兔合眼者,不可食。面瘟有□气者,不可食。一应檐水滴菜者,有毒。猪肉、鲤鱼,病人新起者不宜食。猪头肉并猪嘴、小肠,有风疾者忌食。醉后饮冷水,失声。吐多饮冷水,成消渴之症。醉中洗冷水,成手颤。饮酒过多,能腐腹、烂胃、溃髓、蒸肌、伤神、损寿。饮酒食红柿,令人心痛。饮白酒,忌诸甜物。葡萄架下,不宜饮酒。驴马肉能发故疾,害人。牛肝不与鲇鱼同食。羊肝不与猪肉同食。犬肉不与蒜同食。猪肉不与生姜同食。鳖不与薄荷、苋菜同食。生果品停久,有损烂处者,不可食。茶与韭同食,耳重。螃蟹不与红柿同食。鸡蛋不与李子同食。蜜糖不与生葱同食。孕妇食兔肉,令子缺唇。食山羊肉,令子多疾。食犬肉,令子无声。食羊肝,令子多厄。食鳖肉,令子颈短。食桑椹鸭子,主倒生。食螃蟹,主横生。食不厌精细,饮不厌温热,茶宜漱口,不宜多啜。《玄天垂训》云:"人食百物,牛犬可戒,神圣之言,尤当敬信。"又曰:"牛有耕种之功,犬有看家之义。"此二味极宜戒之。善养生者,不宜多伤物命以自养,但食众用之物而戒杀可也。

# 立身持己

永乐间,司徒夏元吉公器量宽宏。或问曰:"量可学乎?"公曰:"某幼时遇有犯者,未尝不怒,怒忍于色,终忍于心,久则自熟,不与人较,何尝不自学来。"凡横逆来侵,先思所以取之之故,即得所以处之之法,不可便动气,一毫之拂即勃然而怒,一事之违即愤然而发,是无涵养之力,薄福之人也。稠人广坐之中,不可极口议论,逞己之长,非惟惹妒,抑亦伤人,岂无有犯者在其中耶?或议论到彼,则彼不言而心憾矣。好议论前辈得失,乃初学之大病。前辈诚有不可及者,未可轻议也。亲戚故旧当厚密时,不可尽以私事语之,一旦失欢,彼且挟我而中我矣。然失欢之时,毋出绝言,不独隙深,恐既平之后,更与通好,则前言可愧。俗语近于市,谶语近于娼,诨语近于优,士君子一涉此,不独损威,亦难迓福。与人戏谑,最害事嗣,虽有诚实之言,人亦勿之信矣。人不能受言者,切不可妄与一言。莫因事变之来,便仓皇失措,先定己之心,心定自有区处。人于仓卒颠沛之际,善用一言解救者,上资祖考,下荫儿孙。富以能施为德,贫以无求为德,贵以下人为德,贱以忘势为德。小人专望人恩,恩过不感。君子不受人恩,受则不忘。处乡里皆当敬而爱之,虽三尺童子,亦不可悔慢。敬老为其近于父也,敬长为其近于兄也。人有所短,必有所长,与人交游,若常见其短而不见其长,则时日不可同处;若常念其长而不顾其短,虽终与交可也。处事最宜熟思缓处,熟思则得其情,缓处则得其当,轻言轻动之人,不可与深计;易喜易怒之人,不可与远谋。人有子须使有业,贫贱而有业则不至于饥寒,富贵而有业则不至于为非。子幼必待以严,子壮无薄其爱。欲吾之诸子和同,须以吾之处兄弟者示之。欲吾子之孝于己,须以其善事伯叔者先之。冠始成人,极为重事,即不能一一如古礼。是日,私家拜祖先及父母,公堂拜尊长同侪,致祝颂之语,以存牺羊之意。男女不可于幼小之时便议婚姻,大抵女欲得托,男欲得偶,若论目前,悔必在后。今人不拘老少,每岁生日,大张宴乐,此无名之费也。先辈有言:"葬之丰也,不如养之薄也。"但有新味,未荐祖先,不得辄自入口。君子有终身之丧,忌日之谓也。服自小功已下,俗多不行。夫父党之服,由父推也。母党之服,由母推也。薄其党非薄吾父母耶,乃弗思耳。

为人妇者,举正安详,敛容缓步,不出厅堂,不窥门户,语莫高声,笑莫露齿,耳无余听,目无余视,早起宴眠,夜行以烛,战战兢兢,常忧玷辱。妹喜戴男子之冠而忘国,何晏服女人之裙而忘身,所谓阴阳反常,不祥之甚。宁使仆从得罪于己,无使仆从得罪于人。富贵之家,宜学善良;聪明之人,宜学忠厚。税粮乃国家重务,迟速必不可免者,每年宜早办完纳,毋得延捱,自取罪辱。凡遇人有急难之处,宜行方便,以积阴功。司马温公有言:"积书以遗子孙,子孙未必能读。积金以遗子孙,子孙未必能守。不如积阴德于冥冥之中,以为子孙长久之计。"斯言信不诬也。

一勤俭为治家之本,斯言信矣。夫人一勤则天下无难事,其功名富贵无不自勤中来也。一俭则胜于求人,其布帛粟麦未尝不是俭中事也。为士者勤则事业成,为农者勤则衣食足,为工者勤则手艺精,为商者勤则财利富。男子各务生理勤乎外,妇人各务纺绩勤乎内,如此未有家不成者。其懒惰奢侈,不破荡家筵者,吾未之信也。

予尝见世人负少年豪气,胸襟高傲,言语刚强,眼中无人。惟知有己,好议人之差错,不责己之过失,嫉贤妒能,重利忘义,尤善于拒谏饰非,难逃乎。□评众论,一日时衰运去,祸起萧墙,盖为不仁之所召也。呜呼！岂若遵礼惧法，屈己让人，安分修德，使乡党称为端人正士，不亦善乎。

# 省心法言

一呵十搓，一搓十摩，久而行之，皱少红多。莫吃卯时酒，昏昏醉到酉。莫吃申时饭，寿元九十九。软蒸饭，烂煮肉，少饮酒，独自宿。避色如避仇，避风如避箭。远唾不如近唾，近唾不如不唾。身闲不如心闲，药补不如食补。富贵不知止杀身，饮食不知节损寿。戒酒后语，忌食时嗔，忍难耐事，顺不明人。执虚物如执盈，入虚室如有人，渴不饮盗泉之水，热不息恶木之阴。夫心者神之舍也，心静则神安，心劳则神散，故心为四体之主。凡人少思虑，少嗜欲，扫除杂念，则此心湛然，一物不能侵，则神自全、身自安，可以延年益寿，是乃修身之道也。诗曰："无劳尔心，无伤尔神，神全身安，可以长生。"

# 思虑醒言

同僚子元有心疾，每疾作辄昏愦如梦，或发谵语。或曰："真空寺有一老僧，不用符药，能治心疾。"子元往叩之。老僧曰："相公贵恙，根于烦恼，烦恼生于妄想。夫妄想之来有三：或追忆数十年前荣辱恩仇、悲欢离合及种种闲情，此是过去妄想也；或事到眼前，可以应顺，却乃畏首畏尾，三番四复，犹预不决，此是现在妄想也；或期望日后富贵荣华，皆如其愿，或期望子孙登庸、继美承前，与夫一切不可成不可得之事，此是未来妄想也。三者妄想，忽然而生，忽然而灭，禅家谓之'幻心'。能照见其妄而斩断念头，禅家谓之'觉心'。故曰：'不患念起，惟患觉迟。'此心若同太虚，烦恼何处安脚。"又曰："相公贵恙，亦原于水火不交,凡溺冶容而作色荒,禅家谓之'外感之欲'。夜深,枕上思得美色,或成宵寐之变,禅家谓之'内生之欲'。绸缪染着,皆消耗元精。若能离之,则肾水自然滋身,上交于心。至若思索文字,忘其寝食,禅家谓之'理障'。经纶职业,不告劳动,禅家谓之'事障'。虽非人欲,亦损性灵。若能遣之,则心火不致上炎下交于肾,水火即交,疾病自祛。故曰:'苦海无边,回头是岸。'"子元如其言,乃独处一室,归室万缘,静坐月余,心疾如失。予在汴台,闻子元之言,曰:"禅说可治心疾,姑取其一节可也。"

## 养心穷理

以言讥人,此学者之大病,取祸之大端也。夫君子存心皆天理,天理存则心平而气和,心平而气和则人有过自能容之矣,尚何以言讥之哉。大抵好以言讥人者,必其忮心之重者也。惟其忮心之重也,所以见人富贵则忌之,见人声名则疾之。忌之疾之之心,蓄之于平日,讥之激之之言,发之于寻常,殊不知结怨已深,构祸已稔,身亡家败,不可已矣。是故君子贵乎养心焉。"恕"之一字,固为求仁之要,"量"之一字,又为行恕之要,未有能恕而无量者,亦未有量而不恕者也。是故恕当勉,量当学。有杯盂之量,有池沼之量,有江湖之量,有天地之量。天地之量,圣人也。江湖之量,贤人也。池沼之量,中人也。杯盂之量,则小人也。易喜易怒者,小人也。易予易夺者,小人也。未满而先盈者,小人也。未富而先富者,小人也。中人则有宽有狭,贤人则多宽而少狭,圣人则万物不能挠其志,与日月同其明,鬼神合其德,荡荡熙熙,无所不容矣。然则学量之功何先? 曰:"穷理。"穷理则明,明则宽,宽则恕,恕则仁矣。

# 居官莅政

不会着衣,看傍人例。不会做官,看傍州吏。好例子休与人坏了,歹例子休与人做下。进一步思退一步,要一文不值一文。得意处早回头,力到处行方便。不可以无鼠而畜不捕之猫,不可以无盗而畜不吠之犬。猛则济人之以宽,太猛则民残。宽则济人之以猛,太宽则民弛。太刚则折,太柔则废。画地为狱议不入,刻木为吏期不对。法虽重,当恤民以仁。令虽严,当济民以恕。临事戒急躁暴怒。勤谨和缓,乃为政之要。同寅不可交构事非,事虽微细,必谨关防;事有疑似,当避毁谤。所恶之人,防其害已。所亲之人,防其卖己。治公事如家事,爱人民如赤子。刑狱贵详审推断,尸场必亲临检视。居上位不可凌下,在下位不可慢上。子弟不可干预公事,牙侩不可出入私宅。戒贪污如仇雠,防私谒如盗贼。非理相加,处之以忍。礼貌相及,承之以谦。立朝务正大,不宜阿附。旦失色于堂,暮传笑于国。两虎共斗,势不俱生,鹬蚌相持,渔人得利。好女入室,丑女尤之。忠臣立朝,奸人仇之。

# 孝顺父母

事亲之道,《经》《书》备载,当讲究而力行之,求为孝子可也。父母年老,事之尤当曲尽其礼。盖其胆虚,事勿惊恐。其力弱,动必扶持。其口淡,食必滋味。其血衰,衣必绵絮。其气促,令必顺从。倘有过差,亦宜和柔以谏,不可直言抵触,以逆其气。气顺则安,气逆则病,气散则死。孝子之有深爱者,必有和气,有愉色,有婉容,岂有逆之者哉。

## 敬兄爱弟

兄弟异形同气，均一父母遗体也，宜相友爱，以全天性之恩。今人多计财利，惑妇言，以至疏间，甚者互相伤害，与禽兽奚异哉。周公赋《棠棣》之诗，极言兄弟死生苦乐相须之意，欲人究而图之，以信其然耳。然人之兄弟，未必皆贤，当养其德性，以俟其化。孟子曰："中也养不中，才也养不才。"故人乐有贤父兄也。又或下愚，不移亦思，所以处之不藏怒焉，不宿怨焉，亲爱而富贵之。若舜之于象，则至善矣。

## 和睦宗族

凡处宗族，当以义为重。盖枝派虽远，根蒂则同。仁人之恩，由亲以及疏，笃近而举远，岂可视之如路人邪。昔范文正公为参知政事，所得俸禄必与宗族人共享之。尝曰："吾不如此，将何面目见祖宗于地下。"又立义田以周宗族之贫乏者，是岂不可以为万世亲亲者法哉。

## 勤读书史

教子读书，先观其质。质如颖敏，勿令自弃，须博览经书子史，究天地人物之理，识弥缝参赞之宜，考古今治乱之由，求历代兴亡之故，不徒记诵之而已。然读书之法，在勤与思，勤则有日新之功，思则有上达之妙，庶几其能自得矣。又必旁通用武之书，以备不虞，养就文武全材，以为邦家之基也。盖周公、孔子之圣，亦未免有东山之征、夹谷之会，岂专于文而无事于武哉。其次令读小学，使知礼节。又其次则力田应役，毋强其进，因其材而笃焉耳。

## 谨戒戏谑

戏谑本非正大之事，然亦无害于义，故自古圣贤间亦有之。或以言戏，或以文戏，或以局戏，皆假此以适趣，以通情，以见忘形之意耳。其戏也君子，非若小人，尚力斗智以为戏，至于忿争而不止者可乎。《诗》曰："善戏谑兮，不为虐兮。"人固不免于戏。《书》曰："不矜细行，终累大德。"戏可以为虐乎。

## 戒浪饮酒

酒之为物，祭天地，享百神，养耆老，燕宾客，皆不可缺者。但过于饮，则乱性败德、烂肠腐胁，所谓狂药非佳味者。以此神禹恶而绝之，良有以也。大凡饮酒，只宜五七行，微醺而止。盖无圣人之德，不足以将之，慎勿以无量为词。妇人无饮酒之理，尤宜戒之。

## 禁作无益

无益之事，甚不可为，最宜禁绝。《书》曰："勿作无益害有益。"如擎笼养鸟、驰马试剑、博奕好酒及淫声美色，凡无益于身家者，皆能坏人心志。有一于此，其不损德亏名而破荡家业者，未之有也。故曰："有音荒、有禽荒、有酒荒、有色荒，四者皆能荒废正事。"为身家之谋者不为也。戒之，戒之。

## 雾验阴晴

正月雾，雨水遍满路。岁朝宜黑四边天，大雪纷纷是瑞年。最喜立春晴一日,农夫不用力耕田。

岁旦晴明,丰热、大风雨,米贵伤蚕。初八日为谷旦,此日无风和暖,高田大熟;此夜若雨,元宵亦有雨。月内有三子日,叶少蚕多;有三卯日,早豆多收。立春日,天气晴明百事成。春甲子晴,夏至后有六十日大雨。

二月雾,父子不相顾。惊蛰闻雷米似泥,春分无雨病人稀。月中再得逢三卯,稻麦棉花处处肥。

二月朔日值惊蛰,主蝗虫;值春分,岁歉;风雨,米贵。十五日为花朝日,晴明则岁丰,又主百果实;若雨,则有四十日阴雨。春分前后各一日内有雷,主岁丰。春社日晴,主六畜旺。相社,羹浇果木则子多。月内有三卯,宜豆。惊蛰日雷鸣,主寒。惊蛰前后有雷,俗谓之"发蛰"。起自东方,主蝗;南,主旱,西主金铁贵,北主大水。

三月雾,病人无限数。初三晴日不须愁,谷雨闻雷亦可忧。清明风雨从南至,菜麦田禾定有收。

三月初一日值清明,草木荣;值谷雨,岁丰登。三月三日晴,桑树挂银瓶。三月三日雨,卖桑人叫苦。清明日听蛙,声小,主旱;声哑,水小;声响,水大。谚云:"田家无五行,水旱听蛙声。"三月七日南风而晴,岁旱;北风而雨,年丰。三月无三卯,田家米不饱。

四月雾,二麦满仓库。立夏无风少病疴,晴明八日果生多。雷鸣甲子庚申日,定有蝗虫侵稻禾。

四月朔日值立夏,主地动;值小满,主凶灾。谚云:"四月初一见青天,高山平地好种田。四月初一满天涂,丢了高田去种湖。"初八日晴则雨多,阴雨则季丰而果实。十三日雨,小麦不收。十四日晴,则岁丰。十六日上早,低田好种稻。十六日上迟,高年剩者稀。

月内有三卯日,宜麦;无则麦不收。夏甲子晴,秋有六十日干旱。

五月雾,井田全不措。端阳有雨是丰年,芒种闻雷亦美然。夏至风从西北起，瓜蔬园内定忧煎。

五月朔日值芒种，六畜凶；值夏至，米大贵。五月五日晴，田稻好收成。端阳日值夏至，主米贵；是日逢壬，三伏热。进霉月不宜有雨。谚云："雨打梅头，溪水断流。"月内寒，主旱。谚云："黄梅寒，井底干。"二十六日为分龙雨。谚云："熟不熟，但看五月念五六。"是月有三卯，种稻为上；无则宜早豆。五月十三为竹醉日，可栽竹，勿用脚踏，只以锤打，次年便出笋。谚云："种竹无时，雨过便移。"

六月雾，高低多失误。三伏之中逢酷热，准定冬来多雨雪；此时若不见炎威，五谷在田愁不结。

六月朔日，值大暑，主人灾病；值夏至，主岁荒；日食，主旱；风雨，则米贵。初三日雨，逐日有阵头。谚云："六月初三一阵雨，日日风潮直到秋。"初六日晴，则收干稻；若雨，则秋水多。小暑日雨，名"倒梅"，主水大。谚云："六月不热，五谷不结。""伏里西北风，腊后船不通。"三伏要晴，如天凉则雨多、水大。三伏大热，冬多雨雪。

七月雾，官河为大路。立秋无雨最堪愁，万物观来尽欠收。处暑若还天不雨，纵然结实也担忧。

七月朔日，值立秋及处暑，则人多疾。立秋日大雨，伤禾；有雷，损晚稻；西南风，则禾倍收；晴明，主岁稔。七夕有雨，主小麦、麻、豆贱。十六日上早，好收稻；月上迟，秋雨随。月内有三卯，田禾有收；无则宜晚麦。七月耕地、杀草、开垦地，宜先种芝麻。田家五行曰："朝立秋，凉飕飕。夜立秋，热到头。"

八月雾，切莫开仓库。秋分天气白云多，处处欢歌好稻禾；只怕此时雷电发，冬来米贵道如何。

八月初一晴，连冬旱，略有雨，宜麦。白露日晴，稻有收成；若雨，为之"苦雨"，万物伤损。秋分日阴雨，来年丰熟。中秋日晴，则来年高田熟，低田水伤；中秋日雨，则来年低田熟，高田干旱。此月龙挂，主棉花伤损。谚云:"棉花本是白龙精,只怕八月龙现身。"各月初一宜晴,惟八月初一宜雨。

九月雾,贫者就欺富。初一飞霜最损民,重阳戊遇一冬晴。月中虹见人多病,更遇雷声米价增。

九月朔日值寒露,主冬寒;值霜降,则岁歉。重阳无雨,一冬晴,但柴薪贵。十三日俗谓丁靴生日,晴则冬晴,雨则冬来雨雪多。月内有雷,米谷贵。不下霜,来年三月多阴寒。重阳日东北风,主丰;西北风,主歉;遇戊日,主冬晴。谚云:"端午逢壬三伏热,重阳遇戊一冬晴。"

十月雾,水牛岗上卧。立冬之日怕逢壬,来岁高田少去耕。此月若逢壬子日,人民冻死在来春。

十月朔日值立冬,有灾异;晴则一冬晴,雨则多阴寒;值小雪,有东风,来春米贱,西风反之。十六日晴,一冬和暖。立冬日有西北风,来年大熟;晴则多鱼。立冬日属火,无雨雪,主暖,来年旱;属水、木,来年春雨多。月内虹见,主麻、谷贵;月蚀,主鱼、盐贵;有雷,主灾疫;有雾,主来年水大。

十一月雾,鲤鱼行陆路。初一西风盗贼多,更兼大雪有灾磨。冬至天阴无日色,来年定唱太平歌。

十一月朔日值冬至及大雪,有灾凶;西北风,主盗起;晦日风雨,来春少雨。冬至日有雾,主来年旱。冬至后一日得壬,大旱;二日得壬,小旱;三日得壬,平;四日得壬,丰;五日得壬,小水;六日得壬,大水;七日得壬,河决流;八日得壬,海翻腾;九日得壬,大熟;十、十一、十二得壬,五谷不成。

十二月雾,来年米谷富。初一东风六畜灾,若逢大雪旱年来;但教此日晴明好,分付农夫放下怀。

腊月朔日值大寒,人有灾,虎为患;值小寒,有祥瑞。冬至后第三戌为腊,腊前后三两番雪,来年菜麦熟。谚云:"若要麦,岁前三见白。"腊月多雾,来年旱,稻有伤。谚云:"腊月多雾露,无水做米醋。"凡雾收起,晴;收不起,非阴即雨。

## 四季杂占

阴阳一气先,造化总由天。但看立春日,甲乙是丰年,丙丁遭大旱,戊己损伤田,庚辛人不静,壬癸水盈川。

春甲子雨,撑船入市。夏甲子雨,麦烂蚕死。秋甲子雨,禾稻生耳。冬甲子雨,雪飘千里。但遇单日,是雄甲子,极验。双日是雌甲子,虽雨不妨。

春丙旸旸,无水插秧。夏丙旸旸,干死禾粮。秋丙旸旸,干晒入仓。冬丙旸旸,无雪无霜。

春己卯风,树头空;夏己卯风,禾头空;秋己卯风,水里空;冬己卯风,栏里空。

四季甲申风雨,五谷暴贵,大雨大贵,小雨小贵。

日生晕者,主有雨。乌云接日,次日大雨。日生南耳,主晴;北耳,主雨。日生双耳,断风绝雨;长而下垂近地者,曰"日幢",主久晴。日晕则雨,日落云里走,雨落半夜后。日落西方云,明朝雨纷纷。日没返照,主晴。一云:"日落臙胭红①,无雨也有风。"

月晕主风,何方有门,即此方风。月晕若无门,半夜雨沉沉。月如仰瓦,不求自下。月如湾弓,沙雨多风。新月下,有黑云横截,主来日雨。

"一个星,保夜晴。"此言雨后天阴,但见一二星,此夜必晴。星光闪烁不定,主有风。夏夜星密,主热。明星照烂地,次日雨不住。

---

① "臙胭",底本同,疑为"胭脂"之误。

如夏多南风，冬多北风，盖亦可见。春南夏北，无雨也黑。久晴西风雨，久雨西风晴。春东风，雨祖宗。东风急，备蓑笠。

云自东南起者，无雨；自西北起者，必黑如泼墨，又必起作眉梁阵，主先大风雨，后雨，终易晴。云疾如飞，或暴雨乍倾乍止，其中必有神龙隐见。云大片如鳞，主日晴；细细鱼鳞，非雨即风。

雷声响烈者，雨虽大而易止；声殷殷然者，卒不晴。雷初发声微和者，岁内吉，甲子日尤吉；猛烈者，凶。雷起于东南之前，主无雨。雷起卯时前，主有雨。雷自夜起，必连阴。

电多在夏秋之间，夜晴而见。连电谓之“热闪”。在南，主久晴；在北，便主雨。

朱子曰：“龙，水物也。其出与阳气交蒸，故能成雨。然雨者，阴阳之气蒸郁而成，非必龙之为也。”

四季壬子要晴。此日雨，名“水生日”。春，人无食。夏，牛无食。秋，鸟无食。冬，鱼无食。又名“小灶荒”。雨落五更，日晒水坑，天下太平，夜雨日晴。雨点起钉泡者，主久雨。晏雨不晴，骤雨易晴，雨夹雪难晴。久雨昏暗，忽自明亮，正是雨候。地面湿润，柱石汗津，四野郁蒸，皆主雨。己亥、庚子、己巳、庚午谓之“木土”。有□□破日，亦多风雨。冬壬寅、夏甲申有雨，米贵。春寒，多雨水。久晴逢戊雨，久雨望庚晴。甲日雨下乙日晴，乙日雨下十日阴。久雨不晴，且看丙丁。久晴不雨，且看戊巳。

禾稼成时，辰未日雨，生虫；丁未日雨，杀虫。

“朝霞不出市，暮霞走千里”，谓朝主雨，暮主晴。

虹在东，主晴；西，主雨。虹多，主米贵。雄曰虹，赤白色者，雌曰霓，青白色、纯白色者，凶兆也。

霜即露，凝寒气而结者。上有枪芒者，吉；平者，凶。春多，主旱。霜初下，只一朝，谓之孤霜，主来年歉；连得两朝以上，主熟。

朱子曰："雪非能为丰年,其所以然者,以其凝结阳气在地,至来岁发达而生长万物也。"雪霁而不消,名曰"待伴"。主再有雪;久经日照而不消,亦是来年多水之兆。雪中有雷,主阴雨百日方晴。

甲子丰年丙子旱,戊子年荒庚子乱;惟有壬子水滔滔,只在正月上旬看。

## 警世歌词

宋仁宗皇帝《警世四阕》:一星之火,能烧万顷之薪;半句非言,误损平生之德。身披一缕,常思织女之劳。日食三餐,每念农夫之苦。苟贪妒损终,无十载安康;积善存仁,必有荣华。后裔福禄善庆,皆因积德而生,入圣超凡,尽是真实之得。

乾坤宏大,日月照见,分明宇宙,宽洪天地,岂容奸党使心用倖,果报只在今生。善布浅求,祸福休言后世;千般巧计,不如本分为人。万种强图,争似随缘节俭;心行慈善,何须努力看经;意欲损人,空读如来一藏。

知危识险,不遭罗网之门;举善荐贤,自有安身之路。施恩布德,乃世代之荣昌;怀妒报冤,与子孙之为患。损人利己,终无显达云仍;害众成家,岂有久长富贵。改名异体,皆因巧语花言;祸体传身,盖是不仁之召。

远非道之财,戒过度之酒。居必择邻,交必择友。嫉妒勿起于心,谗言勿宣于口。骨肉贫者莫疏,他人富者莫厚。克己以勤俭为先,爱众以谦和为首。当思已往之非,每念未来之咎。若依朕之斯言,治家国而可久。

吕蒙正《劝世文》:天地有常运,日月有常明,四时有常序,鬼神有常灵,君子有常德,小人有常情。天有宝:日、月、星辰。地有宝:五谷、金、银。国有宝：正直忠臣。家有宝：孝子顺孙。合天道则天府鉴应，合地道则地府消愆，合人道则民用和睦。三道既合，祸去福填。天道和而万物生，地道和而万物享，父子和而家有庆，兄弟和而家不分。时势不可倚，贫穷不可欺。世事翻来覆去，须防周而复始。予昔居洛阳之时，朝投僧寺，夜宿破窑，布衣不能遮其体，馕粥不能充其饥，上人嫌，下人憎，皆言予之贱也。予曰："非贱也，乃时也，命也，运也。"予后登科第，入中书，官至极品，位列三公。思衣有罗绮千箱，思食则珍馐百味，有挞百僚之杖，有斩佞臣之剑。出则壮士执鞭坠镫，入则佳人捧袂持觞，廪有余粟，库有余资，人皆仰羡，皆言予之贵也。予曰："非贵也，乃时也，命也，运也。"于是蜈蚣有足，行不及蛇；稚鸡有翼，飞不过鸦；马有千里之能，无人而不能自往；人有凌云之志，无运而不能自达。故为此以劝世也。

邵康节先生《养心歌》：得岁月，延岁月；得欢悦，且欢悦。万事皆由总在天，何必愁肠千万结。放心宽，莫胆窄，古今兴废言可彻。金谷繁华眼里尘，淮阴事业锋头血。陶潜篱畔菊花黄，范蠡湖边芦花白。临潼会上胆气雄，丹阳县里箫声绝。时来顽铁有光辉，运去良金无艳色。逍遥且学圣贤心，到此方知滋味别。粗衣淡饭足家常，养得浮生一世拙。

夏桂洲《西江月》四首：粗衣淡饭足矣，村居陋巷何妨。谨言慎行礼从常，反复人心难量。骄奢起而败坏，勤俭守而荣昌。骨肉贫者莫相忘，都在自家心上。

本分顺乎天理，前程管取久长。他非我是莫争强，忍耐些儿为上。礼、乐、诗、书勤学，酒色财气少狂。闲中检点日行藏，都在自家心上。

作善堪为庆泽，作恶终有祸殃。怜贫爱老效忠良，何用躬诚俯仰。运去黄金失色，时来顽铁争光。眼前得失与存亡，都在自家心上。

凡事有成有败,任他谁弱谁强。身安饱暖足家常,富贵从天所降。得意浓时便罢,知恩深处休忘。远之愚谬近贤良,都在自家心上。

申瑶泉《百字铭》:欲寡精神兴,思多血气衰。贪杯能乱性,和气免伤财。富向勤中得,贵从修礼来。温柔终有益,强暴必生灾。善处真君子,刁唆是祸胎。暗中休放箭,乖礼用些呆。养性须修善,欺心莫吃斋。衙门休出入,乡党要和谐。安分身无辱,闹非日莫开。世人依此理,灾退福星来。

仙家《十叹世》:

一叹世人痴,贫不辛勤富不施。那见穷人穷到老,困龙也有上天时。

二叹世人痴,不敬父母只敬妻。父母生身恩似海,妻无柴米便分离。

三叹世人痴,埋怨祖上没家私。世间多少成家子,谁人个个有根基。

四叹世人痴,亲兄亲弟不和气。不记古人说得好,家不和而邻里欺。

五叹世人痴,好打官司不见机。有理没理要钱用,那个告状得便宜。

六叹世人痴,好酒贪花没了时。败尽家私气成病,酒色迷人你不知。

七叹世人痴,吃斋把素念阿弥。为人只要心肠好,何须桩这假慈悲。

八叹世人痴,不肯勤谨怨天时。记得人勤地不懒,百般宜早不宜迟。

九叹世人痴,狂为泼做不三思。后悔怎如前悔好,小心谨慎不为亏。

十叹世人痴,不安本分却为非。眼前漏网休言好,犯了官条没药医。

念洲先生《恒以是警》:

一日之计在于寅,宰相何曾睡到明。

忽听五更鸡报晓,衣冠齐整候朝门。

一年之计在于春,耕种田园只在勤。

富贵皆从勤苦出,何曾懒惰得公卿。

一生之计在于勤,耕读营求总系心。

未到天明虽要起,何愁百事不安宁。

又观人家大略法:

入门兴废观墙壁,一出茶来便见妻。

老父出官无好子,若知慈母看儿衣。

又书有云:观人家起息之迟早,亦可验其兴衰矣。

自警:年来须了生前事,镇日常依天理行。醉后讴歌倦后睡,眼前书史膝前琴。纲常伦理陶真乐,耕牧渔樵适至情。凡百让人三五步,敲门半夜不须惊。

或菜或鱼,随饭随粥,客可常来,主可常续。数杯可适情,几碗免枵腹,他自逞奢风,我自敦朴俗。俭约可久行,奢侈不常足,不在酒肉丰,惟在情意笃。

座右铭:施人惠不责其报,成人美不求其知,遇人急不吝其有,解人难不避其疑。

去暴怒以养其性,少思虑以养其神,省言语以养其气,绝私欲以养其心。

# 历科及第

洪武四年辛亥开科：

会元俞友仁<sub>浙江杭州仁和人</sub>。状元吴伯宗<sub>江西抚州金溪人</sub>。

榜眼郭翀<sub>山西潞安壶关人</sub>。探花吴公达<sub>浙江处州丽水人</sub>。

洪武六年，罢科举，专用辟荐。其自有经明行修，有怀才抱德，有贤良方正，有人材孝廉，群举于朝。而各省贡士，皆令卒业大学，以次除用。盖罢进士之科者十有二年，而复举之。是科，高丽国入试者三人，惟金涛登授东昌府安丘县丞。涛以不通华言，请还本国。诏给路费送之。

洪武十八年乙丑科：

会元黄子澄<sub>江西袁州分宜人</sub>。状元丁显<sub>福建建宁建阳人</sub>。

榜眼练子宁<sub>江西临江新淦人</sub>。探花黄子澄<sub>江西袁州分宜人</sub>。

洪武二十一年戊辰科：

会元施显<sub>直隶苏州常熟人</sub>。状元任亨泰<sub>湖广襄阳襄阳人</sub>。

榜眼唐震<sub>福建福州闽县人</sub>[①]。探花卢原质<sub>浙江台州海宁人</sub>。

洪武二十四年辛未科：

会元许观<sub>直隶池州贵池人</sub>。状元许观<sub>直隶池州贵池人</sub>。

榜眼张显宗<sub>福建汀州宁化人</sub>。探花吴言信<sub>福建邵武邵武人</sub>。

洪武二十七年甲戌科：

会元彭德<sub>陕西凤翔凤翔人</sub>。状元张信<sub>浙江宁波定海人</sub>[②]。

榜眼耿清<sub>陕西庆阳真宁人</sub>。探花戴德彝<sub>浙江宁波奉化人</sub>。

---

[①] "唐震"，底本"唐"下有"日"字，据乾隆《福州府志》卷四〇、《民国闽侯县志》卷三八删。

[②] "定"，底本作"宁"，据乾隆《宁波府志》卷一七、《明清进士题名碑录索引》（以下简称《碑录索引》）改。

洪武三十年丁丑科：

会元宋琮<sub>江西吉安泰和人</sub>①。状元陈䢲<sub>福建福州闽县人</sub>。

榜眼尹昌隆<sub>江西吉安泰和人</sub>。探花刘谔<sub>浙江绍兴山阴人</sub>②。

此六月后榜。

三月先榜，取皆南士，北方举子在北。上亦疑有弊，故再试，而有六月之后榜，又以韩克忠为状元。

状元韩克忠<sub>山东东昌清平人</sub>③。榜眼王恕<sub>山东济南长清人</sub>。

探花焦胜<sub>山西太原乐平人</sub>。

革除建文二年庚辰科：

会元吴溥<sub>江西抚州崇仁人</sub>。状元胡广<sub>江西吉安吉水人</sub>。

榜眼王艮<sub>江西吉安吉水人</sub>④。探花李贯<sub>江西吉安庐陵人</sub>⑤。

永乐二年甲申科：

会元杨相<sub>江西吉安泰和人</sub>。状元曾棨<sub>江西吉安永丰人</sub>。

榜眼周述<sub>江西吉安吉水人</sub>。探花周孟简<sub>江西吉安吉水人</sub>。

永乐四年丙戌科：

会元朱缙<sub>江西吉安永丰人</sub>。状元林环<sub>福建兴化莆田人</sub>。

榜眼陈经<sub>福建福州长乐人</sub>⑥。探花刘素<sub>江西吉安永丰人</sub>。

永乐九年辛卯科：

会元陈璲<sub>浙江台州宁海人</sub>。状元萧时中<sub>江西吉安庐陵人</sub>。

榜眼苗衷<sub>直隶凤阳定远人</sub>。探花黄旸<sub>福建兴化莆田人</sub>。

---

① "泰"，底本作"太"，据《纪要》卷八三、《明史·地理志》改。以下径改。

② "刘谔"，《碑录索引》"刘"下有"仕"字。

③ "清平人"，《碑录索引》"清平"作"武城"。

④ "艮"，底本作"良"，据光绪《吉安府志》卷二一、《碑录索引》改。

⑤ "李贯江西吉安庐陵人"，底本"贯"作"贵"，"庐陵"作"庆阳"，并据光绪《吉安府志》卷二一、《碑录索引》改。

⑥ "经"，《碑录索引》作"全"。

永乐十年壬辰科：

会元林志<sub>福建福州闽县人</sub>。状元马铎<sub>福建福州长乐人</sub>。

榜眼林志<sub>福建福州闽县人</sub>。探花王钰<sub>浙江绍兴诸暨人</sub>①。

永乐十三年乙未科：

会元洪英<sub>福建福州怀安人</sub>。状元陈循<sub>江西吉安泰和人</sub>。

榜眼李质<sub>福建漳州南靖人</sub>②。探花陈景著<sub>福建福州闽县人</sub>③。

永乐十六年戊戌科：

会元董璘<sub>直隶扬州高邮人</sub>。状元李骐<sub>福建福州长乐人</sub>。

榜眼刘江<sub>直隶应天江宁人</sub>。探花邓珍<sub>江西吉安吉水人</sub>。

永乐十九年辛丑科：

会元陈中<sub>福建兴化莆田人</sub>。状元曾鹤龄<sub>江西吉安泰和人</sub>。

榜眼刘矩<sub>北直大名开州人</sub>。探花裴纶<sub>湖广荆州监利人</sub>④。

永乐二十二年甲辰科：

会元叶恩<sub>浙江台州临海人</sub>。状元邢宽<sub>直隶庐州无为人</sub>。

榜眼梁禋<sub>直隶顺天宛平人</sub>。探花孙曰恭<sub>江西南昌丰城人</sub>。

宣德二年丁未科：

会元赵鼎<sub>浙江台州黄岩人</sub>⑤。状元马愉<sub>山东青州临淄人</sub>⑥。

榜眼杜宁<sub>浙江台州天台人</sub>。探花谢琏<sub>福建漳州龙溪人</sub>。

宣德五年庚戌科：

会元陈诏<sub>浙江处州青田人</sub>。状元林震<sub>福建漳州长泰人</sub>。

---

① "绍"，底本作"少"，据《纪要》卷八九、《明史·地理志》改。

② "质"，《碑录索引》作"贞"。

③ "陈景著"，底本脱"著"字，据乾隆《福州府志》卷四〇、民国《闽侯县志》卷三八补。

④ "监"，底本作"蓝"，据《纪要》卷七五、《明史·地理志》改。

⑤ "岩"，底本作"石"，据《碑录索引》改。

⑥ "淄"，《碑录索引》作"胊"。

榜眼龚锜<sub>福建建宁建安人</sub>。探花林文<sub>福建兴化莆田人</sub>。

宣德八年癸丑科：

会元刘哲<sub>江西吉安万安人</sub>。状元曹鼐<sub>直隶真定宁晋人</sub>。

榜眼赵恢<sub>福建福州连江人</sub>。探花钟复<sub>江西吉安永丰人</sub>。

正统元年丙辰科：

会元刘定之<sub>江西吉安永新人</sub>。状元周旋<sub>浙江温州永嘉人</sub>。

榜眼陈文<sub>江西吉安庐陵人</sub>。探花刘定之<sub>江西吉安永新人</sub>。

正统四年己未科：

会元杨鼎<sub>陕西西安咸宁人</sub>。状元施槃<sub>直隶苏州吴县人</sub>。

榜眼杨鼎<sub>陕西西安咸宁人</sub>。探花倪谦<sub>直隶应天上元人</sub>。

正统七年壬戌科：

会元姚夔<sub>浙江严州桐庐人</sub>。状元刘俨<sub>江西吉安吉水人</sub>。

榜眼吕原<sub>浙江嘉兴秀水人</sub>。探花黄谏<sub>陕西临洮兰州人</sub>。

正统十年乙丑科：

会元商辂<sub>浙江严州淳安人</sub>。状元商辂<sub>浙江严州淳安人</sub>。

榜眼周洪谟<sub>四川叙州长宁人</sub>。探花刘俊<sub>陕西凤翔宝鸡人</sub>。

正统十三年戊辰科：

会元岳正<sub>直隶顺天漷县人</sub>①。状元彭时<sub>江西吉安安福人</sub>。

榜眼陈鑑<sub>辽东卫籍、直隶长州人</sub>②。探花岳正<sub>直隶顺天漷县人</sub>。

景泰二年辛未科：

会元吴汇<sub>江西临江新喻人</sub>。状元柯潜<sub>福建兴化莆田人</sub>。

榜眼刘昇<sub>江西吉安永新人</sub>。探花王㒜<sub>直隶常州武进人</sub>。

景泰五年甲戌科：

会元彭华<sub>江西吉安安福人</sub>。状元孙贤<sub>河南开封杞县人</sub>。

---

① "漷"，底本作"郭"，据《纪要》卷一〇、《明史·地理志》改。以下径改。

② "辽东卫籍"，《碑录索引》作"辽东盖州卫"。

榜眼徐涛<sub>直隶常州宜兴人</sub>①。探花徐镅<sub>直隶常州武进人</sub>。

天顺元年丁丑科：

会元夏积<sub>江西吉安吉水人</sub>。状元黎淳<sub>湖广岳州华容人</sub>。

榜眼徐琼<sub>江西抚州金溪人</sub>。探花陈秉忠<sub>浙江湖州乌程人</sub>②。

天顺四年庚辰科：

会元陈选<sub>浙江台州临海人</sub>。状元王一夔<sub>江西南昌新建人</sub>。

榜眼李永通<sub>四川叙州长宁人</sub>。探花郑环<sub>浙江杭州仁和人</sub>。

天顺七年癸未科③：

会元吴钺<sub>直隶苏州昆山人</sub>④。状元彭教<sub>江西吉安吉水人</sub>。

榜眼吴钺<sub>直隶苏州昆山人</sub>。探花罗璟<sub>江西吉安泰和人</sub>。

成化二年丙戌科：

会元章懋<sub>浙江金华兰溪人</sub>。状元罗伦<sub>江西吉安永丰人</sub>。

榜眼程敏政<sub>直隶徽州休宁人</sub>。探花陆简<sub>直隶常州武进人</sub>。

成化五年己丑科：

会元费訚<sub>直隶镇江丹徒人</sub>。状元张昇<sub>江西建昌南城人</sub>。

榜眼丁溥<sub>直隶松江华亭人</sub>。探花董越<sub>江西赣州宁都人</sub>。

成化八年壬辰科：

会元吴宽<sub>直隶苏州长洲人</sub>。状元吴宽<sub>直隶苏州长洲人</sub>。

榜眼刘震<sub>江西吉安安福人</sub>。探花李杰<sub>福建兴化莆田人</sub>⑤。

---

① "涛"，《碑录索引》作"溥"。

② "忠"，《碑录索引》作"中"。

③ "天顺七年癸未科"，《碑录索引》作"天顺八年甲申科"，注云：天顺七年
（癸未）会试，因试场焚毁，改至八月举行，殿试也推迟到次年（甲申）三月。
因此本科也称癸未科。

④ "钺"，底本作"越"，据光绪《苏州府志》卷六一、《碑录索引》改。光绪
《苏州府志》卷六一又云："吴钺，本姓陆，太仓卫籍。"以下径改。

⑤ "李杰"，《碑录索引》"李"下有"仁"字。

成化十一年乙未科：

会元王鏊<sub>直隶苏州吴县人</sub>。状元谢迁<sub>浙江绍兴余姚人</sub>。

榜眼刘戬<sub>江西吉安安福人</sub>。探花王鏊<sub>直隶苏州吴县人</sub>。

成化十四年戊戌科：

会元梁储<sub>广东广州顺德人</sub>。状元曾彦<sub>江西吉安泰和人</sub>。

榜眼杨守阯<sub>浙江宁波鄞县人</sub>①。探花曾追<sub>江西吉安泰和人</sub>。

成化十七年辛丑科：

会元赵宽<sub>直隶苏州吴江人</sub>。状元王华<sub>浙江绍兴余姚人</sub>。

榜眼黄珣<sub>浙江绍兴余姚人</sub>。探花张天瑞<sub>山东东昌清平人</sub>。

成化二十年甲辰科：

会元储巏<sub>直隶扬州泰州人</sub>②。状元李旻<sub>浙江杭州钱塘人</sub>。

榜眼白钺<sub>直隶真定冀州人</sub>③。探花王敕<sub>山东济南历城人</sub>。

成化二十三年丁未科：

会元程楷<sub>江西饶州乐平人</sub>④。状元费宏<sub>江西广信铅山人</sub>。

榜眼刘春<sub>四川重庆巴县人</sub>。探花涂瑞<sub>广东广州番禺人</sub>。

弘治三年庚戌科：

会元钱福<sub>直隶松江华亭人</sub>。状元钱福<sub>直隶松江华亭人</sub>。

榜眼刘存业<sub>广东广州东莞人</sub>。探花靳贵<sub>直隶镇江丹徒人</sub>。

弘治六年癸丑科：

会元汪俊<sub>江西广信弋阳人</sub>⑤。状元毛澄<sub>直隶苏州昆山人</sub>。

榜眼徐穆<sub>江西吉安吉水人</sub>。探花罗钦顺<sub>江西吉安泰和人</sub>。

弘治九年丙辰科：

---

① "阯"，底本作"陟"，据《明史·杨守陈传》、《碑录索引》改。

② "巏"，底本作"㠉"，据嘉庆《扬州府志》卷三九、《碑录索引》改。

③ "白钺直隶真定冀州人"，《碑录索引》"钺"作"钺"，"冀州"作"南宫"。

④ "楷"，《碑录索引》作"楷"。

⑤ "弋"，底本作"代"，据《纪要》卷八三、《明史·地理志》改。

会元陈澜<sub>直隶顺天宛平人</sub>。状元朱希周<sub>直隶苏州昆山人</sub>。

榜眼王瓒<sub>浙江温州永嘉人</sub>。探花陈澜<sub>直隶顺天宛平人</sub>。

弘治十二年己未科：

会元伦文叙<sub>广东广州南海人</sub>。状元伦文叙<sub>广东广州南海人</sub>。

榜眼丰熙<sub>浙江宁波鄞县人</sub>。探花刘伦<sub>山西路州襄垣人</sub>①。

弘治十五年壬戌科：

会元曾铎<sub>湖广沔阳州景陵县人</sub>②。状元康海<sub>陕西西安武功人</sub>。

榜眼孙清<sub>直隶武清卫籍、余姚人</sub>。探花李子达<sub>山东濮州人</sub>③。

弘治十八年乙丑科：

会元董玘<sub>浙江绍兴会稽人</sub>。状元顾鼎臣<sub>直隶苏州昆山人</sub>。

榜眼董玘<sub>浙江绍兴会稽人</sub>。探花谢丕<sub>浙江绍兴余姚人</sub>。

正德三年戊辰科：

会元邵锐<sub>浙江杭州仁和人</sub>。状元吕柟<sub>陕西西安高陵人</sub>④。

榜眼景旸<sub>应天上元县籍句容人</sub>。探花戴大宾<sub>福建兴化莆田人</sub>。

正德六年辛未科：

会元邹守益<sub>江西吉安安福人</sub>。状元杨慎<sub>四川成都新都人</sub>。

榜眼余本<sub>浙江宁波鄞县人</sub>。探花邹守益<sub>江西吉安安福人</sub>。

正德九年甲戌科：

会元霍韬<sub>广东广州南海人</sub>。状元唐皋<sub>直隶徽州歙县人</sub>。

榜眼黄初<sub>江西广信贵溪人</sub>。探花蔡昂<sub>直隶淮安卫籍、嘉定人</sub>。

正德十二年丁丑科：

会元伦以训<sub>广东广州南海人</sub>。状元舒芬<sub>江西南昌进贤人</sub>。

---

① "伦"，《碑录索引》作"龙"。

② "曾铎湖广沔阳州景陵县人"，《碑录索引》"曾"作"鲁"。又，底本"沔"作"沔"，"陵"作"阳"，并据《纪要》卷七五、《明史·地理志》改。

③ "子达"，《碑录索引》作"廷相"。

④ "高陵"，底本作"泾阳"，据《明史·儒林传》《碑录索引》改。

榜眼伦以训<sub>广东广州南海人</sub>。探花崔桐<sub>直隶扬州通州海门人</sub>。

正德十五年庚辰科①：

会元张仁<sub>湖广长沙茶陵人</sub>②。状元杨维聪<sub>直隶顺天固安人</sub>。

榜眼陆钺<sub>浙江宁波鄞县人</sub>③。探花费懋中<sub>江西广信铅山人</sub>。

嘉靖二年癸未科：

会元李舜臣<sub>山东青州乐安人</sub>。状元姚涞<sub>浙江宁波慈溪人</sub>。

榜眼王教<sub>河南开封祥符人</sub>。探花徐阶<sub>直隶松江华亭人</sub>。

嘉靖五年丙戌科：

会元赵时春<sub>陕西平凉平凉人</sub>。状元龚用卿<sub>福建福州怀安人</sub>。

榜眼杨维杰<sub>直隶顺天固安人</sub>。探花欧阳衢<sub>江西吉安泰和人</sub>。

嘉靖八年己丑科：

会元唐顺之<sub>直隶常州武进人</sub>。状元罗洪先<sub>江西吉安吉水人</sub>。

榜眼程文德<sub>浙江金华永康人</sub>。探花杨名<sub>四川潼川遂宁人</sub>。

嘉靖十一年壬辰科：

会元林春<sub>直隶扬州泰州人</sub>。状元林大钦<sub>广东潮州海阳人</sub>。

榜眼孔天胤<sub>山西汾州孝义人</sub>。探花高节<sub>四川成都绵州人</sub>④。

嘉靖十四年乙未科：

会元许谷<sub>直隶应天上元人</sub>。状元韩应龙<sub>浙江绍兴余姚人</sub>。

榜眼孙陞<sub>浙江绍兴余姚人</sub>⑤。探花吴山<sub>江西瑞州高安人</sub>。

**嘉靖十七年戊戌科：**

---

① "正德十五年庚辰科"，《碑录索引》作"正德十六年辛巳科"，注云：本科于正德十五年（庚辰）会试后，因明武宗南巡，殿试未及举行，次年二月武宗殁，至世宗接位后方举行殿试。因此本科也称庚辰科。

② "仁"，《碑录索引》作"治"。

③ "钺"，底本作"钱"，据乾隆《宁波府志》卷一七、《碑录索引》改。

④ "绵州"，《碑录索引》作"罗江"。

⑤ "陞"，底本作"陛"，据光绪《余姚县志》卷一九、《碑录索引》改。

会元袁炜<small>浙江宁波慈溪人</small>。状元茅瓒<small>浙江杭州钱塘人</small>。

榜眼罗珵<small>江西吉安泰和人</small>。探花袁炜<small>浙江宁波慈溪人</small>。

嘉靖二十年辛丑科：

会元林树声<small>直隶松江华亭人</small>。状元沈坤<small>直隶大河卫籍、昆山人</small>。

榜眼潘晟<small>浙江绍兴新昌人</small>。探花林一凤<small>河南府祥符县人</small>。

嘉靖二十三年甲辰科：

会元瞿景淳<small>直隶苏州常熟人</small>。状元秦鸣雷<small>浙江台州临海人</small>。

榜眼瞿景淳<small>直隶苏州常熟人</small>。探花吴清<small>直隶常州无锡人</small><sup>①</sup>。

嘉靖二十六年丁未科：

会元胡正蒙<small>浙江绍兴余姚人</small>。状元李春芳<small>直隶扬州兴化人</small>。

榜眼张春<small>江西临江新喻人</small>。探花胡正蒙<small>浙江绍兴余姚人</small>。

嘉靖二十九年庚戌科：

会元傅夏器<small>福建泉州南安人</small>。状元唐汝楫<small>浙江金华兰溪人</small>。

榜眼吕调阳<small>广西桂林临桂人</small><sup>②</sup>。探花姜金和<small>江西饶州鄱阳人</small>。

嘉靖三十二年癸丑科：

会元曹大章<small>直隶镇江金坛人</small>。状元陈谨<small>福建福州闽县人</small>。

榜眼曹大章<small>直隶镇江金坛人</small>。探花温应禄<small>浙江湖州乌程人</small>。

嘉靖三十五年丙辰科：

会元金达<small>江西饶州浮梁人</small>。状元诸大绶<small>浙江宁波山阴人</small>。

榜眼陶大临<small>浙江宁波慈溪人</small><sup>③</sup>。探花金达<small>江西饶州浮梁人</small>。

嘉靖三十八年己未科：

会元蔡茂春<small>直隶顺天三河人</small>。状元丁士美<small>直隶淮安清河人</small><sup>④</sup>。

---

① "清"，《碑录索引》作"情"。

② "广西桂林临桂"，《碑录索引》"桂林"下有"中卫"二字。

③ "慈溪"，《碑录索引》作"会稽"。

④ "丁"，底本作"张"，据乾隆《淮安府志》卷二〇、光绪《清河县志》卷
一一改。

榜眼毛惇元<sub>浙江绍兴余姚人</sub>。探花林士章<sub>福建漳州漳浦人</sub>。

嘉靖四十一年壬戌科：

会元王锡爵<sub>直隶苏州太仓人</sub>。状元申时行<sub>直隶苏州吴县人</sub>。

榜眼王锡爵<sub>直隶苏州太仓人</sub>。探花余有丁<sub>浙江宁波鄞县人</sub>。

嘉靖四十四年乙丑科：

会元陈栋<sub>江西南昌府南昌县人</sub>。状元范应期<sub>浙江湖州乌程人</sub>。

榜眼李自华<sub>浙江嘉兴嘉善人</sub>。探花陈栋<sub>江西南昌府南昌县人</sub>。

隆庆二年戊辰科：

会元田一俊<sub>福建延平大田人</sub>。状元罗万化<sub>浙江绍兴会稽人</sub>。

榜眼黄凤翔<sub>福建泉州晋江人</sub>。探花赵志皋<sub>浙江金华兰溪人</sub>。

隆庆五年辛未科：

会元邓以赞<sub>江西南昌新建人</sub>。状元张元忭<sub>浙江绍兴山阴人</sub>。

榜眼刘瑊<sub>直隶苏州常熟人</sub>[①]。探花邓以赞<sub>江西南昌新建人</sub>。

万历二年甲戌科：

会元孙矿<sub>浙江绍兴余姚人</sub>。状元孙继皋<sub>直隶常州无锡人</sub>。

榜眼余梦鳞<sub>直隶应天江宁人</sub>。探花王应选<sub>浙江宁波慈溪人</sub>。

万历五年丁丑科：

会元冯梦祯<sub>浙江嘉兴秀水人</sub>。状元沈懋学<sub>直隶宁国宣城人</sub>[②]。

榜眼张嗣修<sub>湖广荆州江陵人</sub>[③]。探花曾朝节<sub>湖广衡州临武人</sub>。

万历八年庚辰科：

会元萧良有<sub>湖广汉阳汉阳人</sub>。状元张懋修<sub>湖广荆州江陵人</sub>。

榜眼萧良有<sub>湖广汉阳汉阳人</sub>。探花王廷谋<sub>陕西西安华州人</sub>。

---

① "苏州常熟人"，《碑录索引》作"直隶苏州卫"，又作"江西峡江"人。

② "宁国宣城"，底本"国"作"固"，底本"城"作"成"，据《纪要》卷
二八、《明史·地理志》改。

③ "江陵人"，《碑录索引》作"锦衣卫、湖广江陵"人。下同。

万历十一年癸未科：

会元李廷机<sub>福建泉州晋江人</sub>。状元朱国祚<sub>浙江嘉兴秀水人</sub>①。

榜眼李廷机<sub>福建泉州晋江人</sub>。探花刘应秋<sub>江西吉安吉水人</sub>。

万历十四年丙戌科：

会元袁宗道<sub>湖广荆州公安人</sub>。状元唐文献<sub>直隶松江华亭人</sub>。

榜眼杨道宾<sub>福建泉州晋江人</sub>。探花舒弘志<sub>广西长安桂林人</sub>②。

万历十七年己丑科：

会元陶望龄<sub>浙江绍兴会稽人</sub>。状元焦竑<sub>南京卫籍、山东日照人</sub>③。

榜眼吴道南<sub>江西抚州崇仁人</sub>。探花陶望龄<sub>浙江绍兴会稽人</sub>。

万历二十年壬辰科：

会元吴默<sub>直隶苏州吴江人</sub>。状元翁正春<sub>福建福州侯官人</sub>。

榜眼史继偕<sub>福建泉州晋江人</sub>。探花顾天俊<sub>直隶苏州昆山人</sub>④。

万历二十三年乙未科：

会元汤宾尹<sub>直隶宁国宣城人</sub>。状元朱之蕃<sub>直隶应天锦衣卫人</sub>⑤。

榜眼孙慎行<sub>直隶常州武进人</sub>。探花汤宾尹<sub>直隶宁国宣城人</sub>。

万历二十六年戊戌科：

会元顾起元<sub>直隶应天江宁人</sub>。状元赵宾忠<sub>山东青州益都人</sub>⑥。

榜眼邵景尧<sub>浙江宁波象山人</sub>。探花顾起元<sub>直隶应天江宁人</sub>。

万历二十九年辛丑科：

会元许獬<sub>福建泉州同安人</sub>。状元张以诚<sub>直隶松江青浦人</sub>。

---

① "嘉兴秀水人"，《碑录索引》作"太医院、浙江秀水"人。

② "广西长安桂林人"，《碑录索引》作"广西全州"人，或"广西宾州"人。底本作"长安桂林"，误。

③ "南京卫籍"，《碑录索引》"南京"下有"旗手"二字。

④ "俊"，《碑录索引》作"埈"。

⑤ "锦衣卫"，底本脱"卫"字，据《碑录索引》补。

⑥ 宾"，《碑录索引》作"秉"。

榜眼王衡<sub>直隶苏州太仓人</sub>。探花曾可前<sub>湖广荆州石首人</sub>。

万历三十二年甲辰科：

会元杨守勤<sub>浙江宁波慈溪人</sub>。状元杨守勤<sub>浙江宁波慈溪人</sub>。

榜眼孙承宗<sub>浙江绍兴余姚人</sub>[①]。探花吴宗达<sub>直隶应天上元人</sub>[②]。

万历三十五年丁未科：

会元施凤来<sub>浙江嘉兴平湖人</sub>。状元黄士俊<sub>广东广州顺德人</sub>。

榜眼施凤来<sub>浙江嘉兴平湖人</sub>。探花张瑞图<sub>福建泉州晋江人</sub>。

万历三十八年庚戌科：

会元韩敬<sub>浙江湖州归安人</sub>。状元韩敬<sub>浙江湖州归安人</sub>。

榜眼马之骏<sub>河南邓州新野人</sub>[③]。探花钱谦益<sub>直隶苏州常熟人</sub>[④]。

万历四十一年癸丑科：

会元周延儒<sub>直隶常州宜兴人</sub>。状元周延儒<sub>直隶常州宜兴人</sub>。

榜眼庄奇显<sub>福建泉州晋江人</sub>。探花赵师尹<sub>江西九江府德化人</sub>[⑤]。

万历四十四年丙辰科：

会元　　　　　　　　状元钱士升<sub>浙江嘉兴嘉善人</sub>[⑥]。

榜眼林釪<sub>福建泉州晋江人</sub>[⑦]。探花贺逢圣<sub>湖广德安应城人</sub>[⑧]。

万历四十七年己未科：

会元庄际昌<sub>福建泉州晋江人</sub>。状元庄际昌<sub>福建泉州晋江人</sub>。

---

① "浙江绍兴余姚人"，《碑录索引》作"直隶高阳人"。

② "应天上元"，《明史·吴中行传》《碑录索引》作"武进"，底本误。

③ "骏"，《碑录索引》作"骐"。

④ "益"，底本作"敬"，据光绪《苏州府志》卷六一、《碑录索引》改。

⑤ "江西九江府德化人"，底本脱"德化"二字，据同治《德化县志》卷二九、《碑录索引》补。

⑥ "升"，底本作"昇"，据《明史·钱士升传》《碑录索引》改。

⑦ "泉州晋江"，《明史·林釪传》《碑录索引》皆作"同安"，底本误。

⑧ "德安应城"，《明史·贺逢圣传》、同治《江夏县志》卷四皆作江夏人。底本误。

榜眼孔贞运<sub>直隶应天句容人</sub>。探花陈子壮<sub>广东广州南海人</sub>。

天启二年壬戌科：

会元刘必达<sub>湖广沔阳景陵人</sub>。状元文震孟<sub>直隶苏州吴县人</sub><sup>①</sup>。

榜眼傅冠<sub>江西抚州临川人</sub>。探花陈仁锡<sub>直隶苏州长洲人</sub>。

天启五年乙丑科：

会元华琪芳<sub>直隶常州无锡人</sub>。状元余煌<sub>浙江绍兴会稽人</sub>。

榜眼华琪芳<sub>直隶常州无锡人</sub>。探花吴孔嘉<sub>直隶徽州歙县人</sub>。

# 文职公署

内阁：

太师，太傅，太保。俱正一品。少师，少傅，少保。俱从一品。太子太师，太子太傅，太子太保。俱从一品。太子少师，太子少傅，太子少保。俱正二品。太子宾客。正三品。

宗人府：

宗人令，左、右宗正，左、右宗人。俱正一品。经历。正五品。

詹事府：

詹事。从三品。少詹事。正四品<sup>②</sup>。府丞<sup>③</sup>。正六品。主簿。从七品。录事。从九品。

春坊府：

左、右春坊大学士，左、右庶子。俱正五品。左、右谕德。从五品。左、右中允。正六品。左、右赞善，左、右清纪。俱从六品。左、右司谏。从九品。

翰林院：

---

① "吴县"，《明史·文震孟传》同，《碑录索引》作"长洲"。

② "正"，底本作"从"，据《续通典》卷四四、《明史·职官志》改。

③ "府"，底本作"寺"，据《续通典》卷四四、《明史·职官志》改。

中极殿大学士,建极殿大学士,文华殿大学士,武英殿大学士,文渊阁大学士,东阁大学士。俱正五品。侍讲学士,侍读学士。俱从五品。侍讲,侍读。俱正六品。修撰。从六品。编修。正七品。检讨。从七品。庶吉士。未入流。五经博士。正八品。典籍。从八品。侍书。正九品。待诏。从九品。孔目。未入流。

国子监:

祭酒。从四品。司业。正六品。监丞。正八品。博士,助教,典簿。俱从八品。学正,学录,典籍。俱从九品<sup>①</sup>。常馔。未入流。

吏部:

尚书。正二品。左右侍郎。正三品。文选司、验封司、稽勋司、考功司四清吏司郎中。俱正五品。员外。从五品。主事。正六品。司务。从九品。

户部:

尚书。左、右侍郎。十三省清吏司郎中。员外。主事。司务,照磨。正八品。检校。正九品。

礼部:

尚书。左、右侍郎。仪制、祠祭、主客、精膳四清吏司郎中。员外。主事。司务。韶舞。从九品。司乐。从九品。儒士。散职。

兵部:

尚书。左、右侍郎。武进、车驾、职方、武库四清吏司郎中。员外。主事。司务。

刑部:

尚书。左、右侍郎。十三省清吏司郎中。员外。主事。司务。照磨。检校。

工部:

---

① "学正学录典籍俱从九品",按《续通典》卷四四、《明史·职官志》云:学正正九品,学录、典籍从九品。底本学正作从九品,误。

尚书。左、右侍郎。营膳、都水、虞衡、屯田四清吏司郎中。员外。主事。司务。

都察院：

左、右都御史。正二品。左、右副都御史。正三品。左、右佥都御史。正四品。经历。正六品。都事。正七品。司务。从九品。照磨。正八品。检校。正九品<sup>①</sup>。

十三道：

浙江、江西、福建、河南、湖广、陕西、山东、山西、广东、广西、四川、云南、贵州监察御史。正七品。

提学道：

提学副使。正四品。提学佥事。正五品。提学御史。正七品。

兵备道：

兵备副使。正四品。兵备佥事。正五品。

钦差都察院：

三边都堂。正二品。两广都堂。从二品。漕运都堂。从二品。巡抚都堂，操江都堂。俱从三品。

钦差察院：

巡按、巡盐、巡江、巡茶、巡城、巡关、巡仓、巡街、清军、刷卷、印马。俱正七品。

司经局：

洗马。从五品。检书。正九品。正字。从九品。通事舍人。从九品。

行人司：

司正。正七品。左、右司副。从七品。行人。正八品。

中书科：

① "正九品"，底本脱"正"字，据《续通典》卷四四、《明史·职官志》补。

中书舍人。从七品。

六科：

都给事。正七品。左、右给事中，给事中。俱从七品。

通政司：

通政使。正三品。左、右通政。正四品。左、右参议<sup>①</sup>。正五品。经历。正七品。知事。正八品。

大理寺：

正卿。正三品。左、右少卿。正四品。左、右寺丞。正五品。左、右寺正。正六品。左、右寺副。从六品。左、右评事。正七品。司务。从九品。

太常寺：

正卿。正三品。少卿。正四品。寺丞。正六品。典簿、博士。俱正七品。协律郎。正八品。赞礼郎。正九品。司乐。从九品。

太仆寺：

正卿。从三品。少卿。正四品。寺丞。正六品。主簿。从七品。

光禄寺：

正卿。从三品。少卿。正五品。寺丞。从六品。署正。从六品。署丞、典簿。俱从七品。录事、监事。俱从八品。

鸿胪寺：

正卿。正四品。少卿。正五品。寺丞。从六品。主簿。从八品。署丞。正九品。鸣赞、序班。俱从九品。

苑马寺：

正卿。从三品。少卿。正四品。寺丞。正六品。主簿。从七品。

尚宝司：

正卿。正五品。少卿。从五品。司丞。正六品。

---

① "参"，底本作"通"，据《续通典》卷四四、《明史·职官志》改。

上林苑监：

左右监正。正五品。左右监制。正六品。左右监丞。正七品。典署。正七品。监丞。正七品①。录事、典簿。俱正九品。

钦天监：

监正。正五品。监副。正六品。春官正、夏官正、秋官正、冬官正。俱正六品。五官灵台郎。从七品。保章正。正八品。挈壶正。从八品。监候。正九品。主簿。正八品。司历。正九品。司晨、刻漏博士。俱从九品。

太医院：

院使。正五品。院判。正六品。御医。正八品。吏目。从九品。

京府：

府尹。正三品。府丞。正四品。治中。正五品。通判。正六品。推官。从六品。经历。从七品。知事。从八品。照磨。从九品。检校。未入流。

京县：

知县。正六品。县丞。正七品。主簿。正八品。典史。未入流。

五城兵马指挥司：

指挥。正六品。副指挥。从七品。吏目。未入流。

管河：工部郎中。

简刑：刑部郎中。

砖厂：工部主事。

钞关：户部主事。

抽分：工部郎中。

布政司：

左、右布政使。从二品。左、右参政。从三品。左、右参议。从四品。经历。从六品。都事。从七品。照磨。从八品。检校。正九品。

---

① "正七品"，底本"七"作"八"，脱"品"字，《续通典》卷四四："上林苑监左右监丞正七品"。《明史·职官志》同，据补正。

按察司：

按察使。正三品。副使。正四品。佥事。正五品。经历。正七品。知事。
正八品。照磨。正九品。检校。从九品。

盐运司：

盐运使。从三品。运同。从四品。运副。从五品。运判。从六品。

提举司：

提举。从五品。副提举。从六品。吏目。未入流。

断事司：

断事。正六品。副断事。正七品。吏目。未入流。

理问所：

理问。从六品。副理问。从七品。案牍。未入流。

王府：

长史。正五品①。审理正。正六品。审理副。正七品。纪善。正八品。
典宝正。正八品。典宝副。从八品。典膳正。正八品。典膳副。从八品。
奉祠正②。正八品。奉祠副③。从八品。工正。正八品。工副。从八品。良医
正。正八品。良医副。从八品。典仪正。正九品。典仪副。从九品。典簿、
典灿。俱正九品。典读。从九品。引礼舍人。未入流。

各府：

知府。正四品。同知。正五品。通判。正六品。推官。正七品。经历。
正八品。知事。正九品。照磨。从九品。检校。未入流。

各州：

知州。从五品。州同。从六品。州判。从七品。吏目。从九品。

各县：

---

① "正"，底本作"从"，据《续通典》卷四四、《明史·职官志》改。
② "祠"，底本作"祀"，据《续通典》卷四四、《明史·职官志》改。
③ "祠"，底本作"祀"，据《明会典》卷四、《明史·职官志》改。

知县。正七品。县丞。正八品。主簿。正九品。典史。未入流。

儒学：

教授。从九品。学正、教谕、训导。俱未入流。

巡检司：巡检。从九品。

司狱司：司狱。从九品。

水马驿：驿丞。未入流。

税课司：大使。从九品。

仓库局：大使。从九品。

河泊所，递运所。俱未入流。

## 武职公署

国公、侯、伯。俱正一品。

五军都督府：

左、右都督。正一品。都督同知。从一品。都督佥事。正二品。经历。
从五品。都事。正七品。

留守司：

留守。正二品。副留守。正三品①。经历。正六品。都事。正七品。

都司：

都指挥使。正二品。都指挥同知。从二品。都指挥佥事。正三品。经历。
正六品。都事。正七品。

镇守三边：

总兵。正二品。副总兵。从二品。参将、游击、备倭。俱正三品。

锦衣卫：

---

① "正三"，底本作"从二"，据《续通典》卷四四、《明史·职官志》改。

指挥使。正三品。**指挥同知**。从三品。**指挥佥事**。正四品。**镇抚**。正五品。**经历**。正七品。**知事**。正八品。**正千户**。正五品。**副千户**。从五品。**百户**。正六品。**吏目**。正九品。

各卫：

**指挥使**。正三品。**指挥同知**。从三品。**指挥佥事**。正四品。**镇抚**。从五品。**经历**。从七品。**知事**。正八品。

各所：

**正千户**。正五品。**副千户**。从五品。**百户**。正六品。**镇抚**。从六品。**吏目**。从九品。**总旗**。未入流。**小旗**。未入流。

# 为政规模切要论

尝谓经者，圣贤道统之传。律者，治世安民之要。盖律以明经，则所以验其学者益广。经以通律，则所以资其学者益深。嗟夫，凡观政事，务在平论，律条有限，事变无穷。准者与真犯有间，以者与真犯相同。监临势要，借贷为准，虚出朱钞，同于监临，各者彼此同科，皆者不分首从，借者、与者各得其罪。监守自盗，职役同情，其者变于先意，即者意尽而复明，事发在逃，即同狱成。其犯十恶，不在奏请。及者事情连后，若者文殊上同，减降从轻，遇赦连后。以药迷人，图财罪同，律设大法，理推人情。事无冤抑，律已可平，罪无出入，五刑详明，在官呈举，立案施行。争讼讦告，取责定刑，机密重情，先拿后行，力不加众，暗行奏闻。婚姻田土，研审媒邻。人命详于殴图，盗贼分于亲疏，称加本罪加重，称减本罪减轻。二死三流，同于一减。妾与奴婢，加至死刑，重则监候待报，轻则即便决刑。同谋殴人，下手为重。同谋杀人，造意首论。互相殴打，验伤轻重，下手理直，减罪二等。杀死军人处死，家下抵数充军。抵数军人身死，被杀之家勾丁。雇人代替出征,替身收籍充军。雇人代替守御,其罪减二科惩。问赃须要追究赃证。检尸要见致死根因。问奸审问买奸之物。强奸询其来历之分。先奸后婚,罪有买休之故。纵容抑勒,断离归宗之亲。男女妄冒,见依原定,原定即妄冒之人。有事以财请求,难同事后受财。贪赃卖放,须要过钱之人。监临相盗,须要盘点见数。无故脱放,即有枉法相因。诈欺询其情由,威逼量其重轻。叔兄殴死弟侄,罪止论于流刑。侄不识叔相殴,律科止论凡人。监守盗财未获,合依擅开官封。窃盗弃财逃走,止笞五十,拒捕加罪二等,合得七十之惩。发冢见尸者绞,前子盗,母不应。放火烧主房屋,合依比骂家长律论。畜肉灌水货卖,比盐插沙之刑。弃毁号令首级,罪比弃毁榜文。立约相打致死,当论戏杀以闻。诈称平浅死伤,亦以斗杀伤论。监守押解盘点,又盗原收,例比常人。雇役代人看守,若有侵欺,即同监临。父有义,绝于母,子官得与同封。庶子官封,先封嫡母,嫡母亡故,生母同封,生母未曾得受赠,官妻不敢先封。文官出将入相,一体封侯谥公。武职不次擢用,盖因建立奇功。女子适人,从夫家之义。继母改嫁,别本族之亲。姑夫姨夫无服,舅妻无服有亲。异姓不许收养,立嫡须要同宗。表节年过五十,三十夫亡难旌。无子当重娶妾,无后为大匪轻。尊卑为婚离异,以妾为妻改正。因□奸盗致死,不分下手不下手,一体偿命。雇人医疗,无制畜之法,被畜杀伤勿论。杀死三人,凌迟处死,止流妻子。造蛊杀人该斩,全家流刑。为人所养,父母斩哀。过房与人,所生父母期亲。斩哀杀伤期亲,为子诘告,不在干名。期亲杀伤斩哀,为子私和,理当容隐。婚姻田土许于拦当,人命诈伪不许和平。详首准告论于可否,休亲成亲因为不应。强盗窃盗并准出首,私渡越度岂可准行。同母异父姐妹不许婚配,后妻带来之女婚娶勿论。夷狄之人不许本类嫁娶,中原之地安敢同姓为婚。罢闲官吏干预官司,追银给主,书写过名。结邀人心处死,同于佐使杀人。强横势要就便处治。土豪群党申上奏闻。三犯窃盗,合死十恶,解押赴京。法司许拿职官,亦当论职卑崇,京官不敢擅便,武职须当论功。一人犯罪,随赃从递。首赃不尽,至死减等。逃妇被尊改嫁,得免绞罪之刑。贪赃枉法,遇赦免死,亦当除名。私盐、赌博,止理见获之者。藏匿、引送,追究辗转之人。验伤定其辜限,毁物估价定刑。称谋二人以上,一人持刃,即同二人犯罪,律无该载,可以比附定刑。若有明条,不许繁引。律该同罪,至死减等。条该同罪,彼此皆刑。闻奏分于宽缓,奏闻严重之名。工乐杂户,不属州县贯籍。厨尉军丁,徒流俱得赎刑。妇人犯罪,分于夫男、男夫,夫男二人之号,男夫一人之称。寺院违犯,分于僧尼、尼僧,僧尼二人之称,尼僧一人之名。印信漏使,重于私用之罪。军器私藏,轻于私卖之刑。迎神赛会,里长知而不首,各笞四十,在乎假降邪神。放火杀伤他人畜产,各笞四十,在乎杀伤之分。纵放牲畜冲突仪仗,罪坐守御,在乎不谨。守边将帅,使军外境掳掠财物,罢职充军。诬告迁徙,比流减半,准徒二年,加诬三等,过枉一贯,无禄减等,该笞五十之刑。过枉一贯,有禄减等,合杖六十之惩。今告涉虚,成笞五而杖六,该流二千之程,以此之故,并入笞杖通论。诬告死罪未决,加役而有不加之名。全诬告人,理合审徒,就彼三年之辛。所告数事,轻实重虚,故无加役之情。定罪要识招眼,行移各有统论,五府照会六部,六部与府咨呈。府贴州,州贴县,县申州,州申府,循序而行。同品衙门,则与平关,岂可躐等。布政札付各府。各府与之申文。按察故牒各府,各府与之牒呈。六部照会布政,布政与部咨呈。知县关出本县,主簿例有牒行。县丞关出,典史呈文。本县故牒儒学,儒学与之牒呈。凡申金名不画,牒呈画字金名。咨呈金书不画,执结翻画金名。立案书判,各有相应。为之事,当要操□。凡各相犯,一一理论,先取年甲、籍贯、供词,来历分明,赃正明白取招,不必再三研审。倘有遗失之赃,亦当审其根由,强口能词,必须察言观色,泼皮奸诈，须要智策取问。如果皂白难辨，昼夜暗行察情，取责招伏，令其画字，事无反异，拟于五刑。笞杖之决，论于大头小头。少妇之罪单衣，奸妇去衣受刑。徒流死罪，取其复辨。强盗十恶，不待时而决刑。其余真犯，秋后处决。杂犯死罪，照例施行。呜呼！设官以敦教化，置学以明人伦。愚生浅学，大略敷陈。

# 金科一诚论

玉律贵原情，金科慎一诚。夫奸妻有罪，子杀父无刑。不杀得杀罪，流罪入徒萦。出杖从徒断，入徒从杖徵。纸甲殊皮甲，银瓶类瓦瓶。伤贱从良断，屠牛以豕名。达兹究奥理，决狱定详明。